末代皇帝溥仪与国宝

王文锋 著

夏出桂署

群众出版社
·北京·

图书在版编目（CIP）数据

末代皇帝溥仪与国宝 / 王文锋著. -- 北京 : 群众出版社，2015.1
ISBN 978-7-5014-5315-3

Ⅰ. ①末… Ⅱ. ①王… Ⅲ. ①爱新觉罗·溥仪（1906～1967）－生平事迹
②文物－介绍－中国 Ⅳ.①K827=7②K87

中国版本图书馆CIP数据核字(2014)第302716号

末代皇帝溥仪与国宝

王文锋 著

出版发行：群众出版社
地　　址：北京市丰台区方庄芳星园三区15号楼
邮政编码：100078
经　　销：新华书店
印　　刷：天津盛辉印刷有限公司

版　　次：2015年6月第 1 版
印　　次：2018年11月第 2 次
印　　张：22.5印张
开　　本：787毫米×1092毫米　1/16
字　　数：380千字

书　　号：ISBN 978-7-5014-5315-3
定　　价：98. 00元

网　　址：www.qzcbs.com
电子邮箱：qzcbs@sohu.com
营销中心电话：010-83903254
读者服务部电话（门市）：010-83903257
警官读者俱乐部电话（网购、邮购）：010-83903253
综合图书分社电话：010-83901870

序

提及溥仪与国宝这个话题，我是九曲回肠、心痛不已。因为作为溥仪的堂侄，也就是《我的前半生》一书中溥仪所说的“小固”，我在伪满皇宫中待了八年，而伴随在溥仪身边则长达二十年。当年，在伪满皇宫我曾见到过一些存放在小白楼中的法书名画，真是琳琅满目、精美绝伦。历朝历代流传下来的这些文物精品，就是国宝，是文物中的精华，是世间的无价之宝，是不可再造的民族智慧和科技结晶。

但末代皇帝溥仪从紫禁城中把这些国宝盗运出来，几经辗转，收藏在了伪满皇宫。1945 年 8 月，日本投降及伪满洲国垮台时，溥仪仓皇出逃之前，带着我们挑选了一小部分珍贵字画，带到了通化的大栗子。剩余的绝大部分国宝在伪满皇宫中遭受了一场空前的历史浩劫，散佚殆尽。这是中华文化的大劫难，也是中华民族的悲哀。

多年来，我一直关注着在大栗子和伪满皇宫散佚的国宝，有多少流传着，收藏在哪里，又有多少不知所踪，或被毁坏。通过各种渠道我也了解并掌握了一些这方面的情况，但都是零散的、片面的，直至看到了王文锋先生所著的《末代皇帝溥仪与国宝》一书，才对此有了全面和整体的了解，同时也消除了我心中的疑惑和牵念。

在溥仪携带的国宝散佚的这场空前的历史浩劫中，长期以来一直存在着许多待解之谜。例如，溥仪从北京故宫中盗取国宝的原因、盗运的准确数量及种类、盗运的手段，以及是采取什么形式秘运到天津的，又是怎样运到了长春伪满皇宫的；1945 年伪满政权垮台溥仪出逃后，留在伪满皇宫小白楼的国宝又是怎样被宫中的禁卫军、近卫军抢掠一空的；溥仪从伪满皇宫仓皇出逃到大栗子，究竟带走了多少国宝，有哪些品类，国宝在大栗子是如何散佚的，是哪支部队执行了追缴溥仪一行所带国宝的任务，他们缴获国宝后又是怎样交接的；新中国成立后，政府和博物馆采取了什么样的措施和方法追缴这些国宝，国宝又是怎样回归的，回归到哪里了，数量有多少……这些历史之谜，有待《末代皇帝溥仪与国宝》一书破解。

这是一部以溥仪及其盗运出故宫散佚书画、珍宝为研究对象，集历史、宫廷、文物研究于一身的著述，披露了许多珍贵的第一手资料，在推动社会各界对故宫散佚书画的关注和寻访方面将起到积极的作用。

此书按照历史进程，以事件中的主要人物溥仪的活动为经，以盗宝、运宝、藏宝、抢宝、毁宝、收宝为纬，见人见物，以物系事，以物系人，科学性、学术性、可读性兼顾。

作者和我相交多年。记得那还是在 1982 年，我当时在北京日坛公园的中国艺苑，王文锋先生为了复原伪满皇宫找到了我，了解当年的历史情况。从此，我们就开始了三十多年的交往，从未中断，相知甚深，诚为难得。

作者长期就职于伪满皇宫博物院，在伪满皇宫历史和溥仪研究等方面造诣颇深，功底厚重，见解独到，是这些方面的知名学者。缘于此，方完成了这部力作，还原了历史的真实和真实的历史，其心可嘉，其诚可感，其意堪谢，撰此小序以为贺。

爱新觉罗·毓嶦

2015 年 3 月

目录

宣统皇帝溥仪

第一章 盗运国宝的末代皇帝

一、少年天子的出洋梦

1908年12月2日，朔风凛凛，是北京城入冬以来奇冷的一天，一场空前绝后的“登基大典”正在紫禁城内举行。

紫禁城，旷世奇珍的宫殿之海红墙黄瓦，气势恢宏。金碧辉煌的雕梁画栋巍然高耸；深深的御河与宫墙的垛口，象征着封建帝王的九五之尊和赫赫威严。占地72公顷，有

宣统皇帝溥仪

房屋9999间半的皇宫，傲居于古老帝都的正中，周围簇拥着高低参差、一望无际的灰色屋顶，这里既有官绅的深宅大院，也有平民的砖瓦土屋，犹如诚惶诚恐的臣民俯拜在金色的帝王宝座之下。

作为明、清两代的都城，这里曾经有23位皇帝举行过登基大典。而今天，第24位皇帝，亦即中国末代皇帝的爱新觉罗·溥仪正在此登基即位，作为泱泱中华帝国的统治者接受臣子们千呼万岁的朝拜。然而，此时已处于风雨飘摇之中的清王朝无力也无法再现往日的辉煌。因此时正处于“国丧”期，丹陛大乐只设而不奏，如此肃穆庄严的场面，听到的却是坐在金銮宝座上的三岁小皇帝发出的号啕大哭声：“我不挨这儿！我要回家！我不挨这儿！我要回家！”而溥仪的父亲“监国摄政王”载沣此时急得手足无措，满头是汗。文武百官的三跪九叩没完没了，溥仪的哭叫声也越来越响。载沣只好哄他说：“别哭别哭，快完了，快完了！”

三年之后，清王朝267年的统治真的完了，中国封建社会两千多年的君主制结束了。溥仪是“糊里糊涂地做了皇帝，又糊里糊涂地退了位”。真龙天子的神话已成为过眼云烟，大清帝国终已化作历史的一页。

根据辛亥革命后中华民国政府签订的《清室优待条件》，溥仪逊位之后，皇帝的尊号“仍存不废”，中华民国政府以“待各外国君主之礼相待”。同时，中华民国政府每年拨给费用400万两银元。并且，溥仪及他的一家将“暂居宫禁。日后移居颐和园。侍卫人等，照常留用”。因此，皇宫里的一切都得以保留下来。但末代皇帝溥仪此时只能退守神武门以里乾清门以内发号施令，太和、中和、保和三大殿已划归中华民国所有。

此时，北京城内的政局呈现出异常复杂的现象：既有堂而皇之的中华民国大总统府，与之一路之隔的紫禁城内又有一小撮余孽“过着原封未动的帝王生活，呼吸着19世纪遗下的灰尘”。就在这“扑朔迷离”的动乱年代里，溥仪在紫禁城的“小朝廷”中开始了封建帝王的启蒙教育。中国历朝历代的帝王教育均被统治阶级看重。清代以后，传统的帝王教育制度更加完备，在读书时间、读书地点、老师选择、课程设置等方面都有严格的规定。1912年，六岁的溥仪按照祖制进入上书房读书。读书的书房开始是在中南海瀛台补桐书屋，后来移到了毓庆宫，这里曾经是嘉庆皇帝的寝宫，也是光绪皇帝读书的地方。

为了更好地培养这位“宣统皇帝”，隆裕太后亲自为溥仪选择老师。经过精挑细选，陆润庠、陈宝琛、朱益藩、徐坊、梁鼎芬被推为汉文老师，满文老师是伊克坦，他们既是清末有名的文人学者，又是封建朝廷的忠实维护者，思想极度顽固保守。“其中陈宝琛可谓‘A级’遗老，处于帝师中的首位，是‘汇集溥仪灵魂的工程师’。”陈宝琛的教育方式和思想带有明显的封建专制主义色彩，与当时进步的时代潮流完全背离。他矢志不渝地效忠朝廷，奉行祖宗传下的守旧与排外。在他眼中，革命、民主、共和等进步思想皆为大逆不道，是一切灾祸的根源。陈宝琛的保守思想，使他晚年极力维护封建专制统治。溥仪的英文老师庄士敦曾经回忆说：“他没有致力于革命后皇室的改革事务。他明知道其中有很大弊端，但他并不全力依据自己的地位去根除这些弊端。”这种信守传统道德的态度令他“在维护满清皇权统治的歧路上越走越远，越陷越深，最后导致他在一生清白的履历上，沾染了两大污点：1917年张勋复辟时，担任溥仪内阁的议政大臣；1931年‘九一八’事变后，担任伪满参议（未实际到任），成为顽固复辟的清室遗老”。尽管如此，溥仪早期的启蒙教育就是出自以陈宝琛为首的封

溥仪退位

溥仪与他的中文师父朱益藩(左)、陈宝琛(右)

建帝师之手。溥仪所学的主要课程是《孝经》《尔雅》，课本是十三经。辅助教材有：《大学衍义》《朱子家训》《庭训格言》《圣谕广训衍》《御批通鉴辑览》《圣武记》《大清开国方略》《全唐诗》《乾隆御制诗》等。通过这些教材，向思想尚未成熟的幼帝溥仪灌输作为封建统治者所应具备的理论思想，传授必备的治国之道。至于溥仪学到了多少，可能只有他自己清楚。

他的帝师既有陆润庠、伊克坦、陈宝琛、徐坊、朱益藩、梁鼎芬等著名的清朝遗老，又有英国殖民主义的“传教士”庄士敦。在这些人中间，对他影响最深的要属清末翰林内阁学士兼礼部侍郎陈宝琛和英国牛津大学毕业的庄士敦。正像溥仪所讲的那样：陈宝琛是“汇集我灵魂的‘工程师’，自从来了庄士敦，我又多了一个灵魂”。

庄士敦1874年出生在苏格兰爱丁堡，原名雷纳尔德·约翰·弗莱明，庄士敦是到中国后他给自己起的中文名字。1894年，庄士敦于爱丁堡大学毕业后，进入牛津大学攻读东方古典文明和历史，获硕士学位。曾任英国驻香港立法局文书、辅政司助理、港督私人秘书，后调到英国租界威海卫，主管华务司工作。在华工作期间，庄士敦游历中国大江南北，饱读诗书，努力钻研儒学和佛学。1917年，张勋复辟失败后，清室遗老遗少们越发感到自身的生存危机。于是李鸿章之子李经迈向溥仪的叔叔载涛提议：“让溥仪学习英文和自然科学的知识，如果政治环境恶化，出国留学不失为一条出路。”在与保守派激烈争辩后，载涛最终说服了溥仪的父亲载沣，并且得到了大总统徐世昌的支持，庄士敦被李经迈请进紫禁城担任溥仪的英文老师。

1919年3月4日，庄士敦来到了溥仪读书的毓庆宫，教授英文、数学，西方历史、地理等课程。对于英文书籍，据溥仪回忆：“只念了两本书，一本书是《爱丽丝漫游奇境记》，另一本是译成英文的四书。”然而，溥仪对学习英文却有很高的热情，这促使庄士敦想方设法地把相关内容翻译成英文，从日常用语到童话故事、从成语典故到儒家经典语句，无不在翻译之列，以方便溥仪的英文学习。庄士敦的教育模式带有明显的西式教育色彩，其教育思想和理念常常引起少年时代的溥仪对西方的向往和憧憬。庄士敦看到，尽管身为皇帝，和其他同龄孩子一样，爱玩同样是溥仪天性的真实流露。在教学过程中，他用一种真诚坦率的说教方式，让年轻的溥仪感受到了摒除君臣束缚下的真正意义上的师生关系。庄士敦能够了解到溥仪仍旧是个孩子，需要时间去玩耍。于是每当溥仪听讲走神或是突然跑出去玩儿，庄士敦直到下课都会耐心地等待。如此体察学生的老师怎么能不与他的学生建立起融洽的关系呢？后来溥仪回忆说："今天回想起来，这位爱红脸的苏格兰人能那样地对待我这样的学生，实在是件不容易的事。"师生之间建立良好的沟通关系是教学能够顺利进行的保障。庄士敦能够感觉到，相比其他中文老师的传统教育方式，这位皇帝学生更愿意听他的英文课，听他讲外国的风土人情和世界大事，这也令其他老师羡慕不已。正如庄士敦自己所说："我的中国同事告诉我，皇帝很少愿意听取和采纳他们的意见……由于这个缘故，皇帝的父亲和叔叔以及他的中国老师常常恳求我向皇上陈述这样或那样的建议，而这恰恰是他们无能为力的。"尽管有像庄士敦这样的"中国通"来给溥仪传道授业，其所带来的西式教育在教学内容和形式上确实摆脱了中国传统封建教育的桎梏，但溥仪的学习效果却并没有因此而发生重大改变。究其原因，仅从所开设的课程上看，溥仪所涉课程就不全面。直到 1922 年，已经十七岁的溥仪没有真正学过数学，也没有学习过西方先进的科学知识，更不能深入理解工业革命所带来的社会变革。他曾让庄士敦给自己起了个外国名字"亨利"，给婉容起名"伊丽莎白"，同时也给他的弟弟妹妹以及伴读都起了各自的外国名字。在说话方式上，他将中英文混在一起，他曾和他的伴读这样交流：

> "威廉姆（溥杰的名字），快给我把 Pencil（铅笔）削好，……好，放在 desk（桌子）上！"
>
> "阿瑟（溥佳的名字），today（今天）下晌叫莉莉（溥仪三妹的名字）她们来，hear（听）外国军乐！"

可见，溥仪所接受的西式教育只是徒有其表。他仅仅停留在好奇与追捧的表面，譬如学习骑脚踏车、戴近视镜、穿洋装、打网球和高尔夫球等。庄士敦并没有把西方先进的民主共和思想带给溥仪。相反，他反对共和，极力向溥仪宣传复辟思想。他曾对溥仪说："从每种报纸上都可以看得出来，中国人民思念大清，每个人都厌倦了共和。我想暂且不必关心那些军人们的态度，皇帝陛下也不必费那么多时间从报纸上去寻找他们的态度，也暂且不必说，他们拥护复辟和拯救共和的最后目的有什么区别，总而言之，陈太傅的话是对的，皇帝陛下圣德日新是最要紧的。但是圣德日新，不能总是在紫禁城

溥仪、润麒、溥杰、庄士敦（从右至左）在御花园

紫禁城外那个辽阔灿烂的世界。
去读书，开阔自己的眼界。到了
的“优待”，不再寄人篱下；也
的夙愿。

溥仪在其后半生对这段往
进行了深刻的剖析：“因为我在
免日后可能发生的生命危险，自
条件’纸面文章，还可以博得一
多少少总能得到一些‘新知识’
‘留学外国’的新政治资本，来

唐·阎立本《孔子弟子像》局部

清·恽寿平《仿李成山水图》局部

识到了别人的性格以及自己在他人心目当中的地位和形象，学会如何保持自己的观点或是放弃自己的想法，也懂得了如何与他人保持友谊，解决冲突，等等。这为其在今后分析、处理具体实际问题，起到了一定的帮助作用。

首席伴读当属溥杰，他从十五岁到十八岁每天上午都要到紫禁城伴溥仪读书。溥杰比溥仪小一岁，但他对外面的社会知识比溥仪丰富得多，更重要的是溥杰每天都可以出入宫廷禁地，并可以在外面活动。

按照清王朝的历代先例，“皇帝陛下”凭着权力可以随意将宫中珍品赏赐给臣下。溥仪也曾行使过这种祖传的“特权”。溥仪先后究竟赐赏了多少古物和书画，恐怕连他自己都搞不清楚。可以肯定的是，溥仪身边的人，只要一有可能，便会千方百计、花样百出地“逼”溥仪赐赏。溥仪身边最亲近、最常见面的帝师、近侍获赐最多，其次是近臣、政客，再次便是投机分子。

仅“宣统八年”十一月十四日的赏单，赐赏帝师的名贵古画就有：赏陈宝琛的王时敏《晴岚暖翠阁》手卷一卷；赏伊克坦的米元章“真迹”一卷；赏朱益藩的赵伯驹《玉洞群仙图》一卷；赏梁鼎芬的阎立本《孔子弟子像》（局部）一卷。“宣统九年”三月初十的赏单上有：赏伊克坦、梁鼎芬每人《唐宋名臣相册》一册；赏朱益藩的范中正《夏峰图》一轴、恽寿平《仿李成山水图》一轴。帝师讲修身、齐家、治国、平天下时，溥仪听得高兴，常常给赏；帝师讲贤君、名臣，也给赏；帝师劝导节俭勤政，自然也得给赏；当溥仪为“帝业”烦躁时，帝师们喋喋不休地大谈圣世治道，溥仪无处可躲，只好给赏打发帝师们，以图清静。所以，对帝师们的“赐

起”古书。事实上，溥仪正是据此书目，“提起”了一些珍贵的古书，或赏赐帝师，或送给后妃，或借机盗运出宫。自“宣统十五年”年初至十六年十一月，溥仪先后二十余次“提起”昭仁殿藏书，共约40部；每部“提起”的书籍，内府人员都在该书目此书书名下粘贴一小黄签，签上墨书“宣统某年某月某日上要去安养心殿”等字。仅“宣统十六年”八月二十一日，溥仪“提起”古书放到养心殿的，就达21部之多，都是十分珍贵的书籍，包括《御制翻译易经》《御选万善同归》《四圣心源》《帝鉴图说》《圣学心法》《天文详异赋》《地理心法》《诸葛武侯全集》《深省堂自箴录》《断易大全》《渤海阅师图》《古今格言》《庭训格言》等。

溥仪所写的“寿”字

从该书目可以看出，溥仪盗运古书出宫以后，昭仁殿中绝大多数珍贵的宋元珍本已流失宫外，留存在殿中的，仅有10部宋版书、15部元版书。10部宋版书共17套，包括：宋抄本《欧阳文忠公集》1部1套4匣；影宋本《列女传》1部1套；宋本8部——《古史》1部2套，晁公武《郡斋读书志》1部1套，《俞德邻文集》1部1套，《范文正公集》1部2套，《南轩文集》1部1套，《史记》1部8套，《六臣注文选》1部1套，《东都纪事》1部1套。15部元版书，共60套，包括：元抄本《赵惠四书笺义》1部1套；元本14部——《宋文鉴》1部3套，《博古图录》1部1套，《礼部韵略》2部2套，《松雪斋文集》《朱子成书》《通鉴纲目集览》《全唐诗话》《礼经会元》各1部1套，《玉海》2部36套，《后汉书》2部10套，《元丰类稿》1部2套。此外，还有抄本143部176套，包括较珍贵的《易图说》《龙虎山志》《东观奏记》《古今治统》《朱子诗集》《书经直解》等。这些秘籍，都是版本、书品较好的本子，但比起盗运出宫的珍本书籍，又稍逊一等。

三、监守自盗，法书名画偷运出宫

历代流传下来的法书名画，在我国最后一个封建王朝——清代，经历了又一次大集中。

康熙时，清王朝的统治已基本稳定。康熙皇帝从小即受汉文化熏陶甚深，对于书画的兴趣相当深厚，所以在康熙统治的六十一年间，即已留意书画的搜求，但规模不大，主要是臣工的进献，而且未作整理编目。清代皇家的书画收藏，在乾隆时期达到鼎盛。乾隆皇帝本人对历代书画极为爱好，此时正值民间收藏家从明末清初以来大力搜求流落各地的名迹，由多数收藏家收藏的分散局面已逐渐归入几家巨富之手时期，这为乾隆皇帝的大力访求、征集各地的名迹创造了十分有利的客观条件。加之乾隆皇帝对书画的占有欲特别强烈，于是清宫所积存的法书名画日盛一日，几乎流散民间的历代珍品，大都归于清内府所有。乾隆还组织人力进行系统的鉴别整理，并著录编撰成《石渠宝笈》和《秘殿珠林》初、重编。到嘉庆时又续编成《秘殿珠林·石渠宝笈三编》。总计所录历代书画约5000件，其中唐、宋、元的法书名画2000余件，明代作品也有2000件左右，加上清代诸帝和臣工的书画，总数在万件以上，基本上包罗了历代流传下来的名迹。

无逸斋精鉴玺

乾隆以后，宫中的收藏虽有积累，但已远不如前。随着政局的动荡，宫中的秘藏还遭到过几次大的劫掠：一次是咸丰十年（1860年）英法联军入京，洗劫圆明园，园内所藏200余件历代书画，或被火焚，或遭劫掠；另一次是光绪二十六年（1900年）八国联军攻陷北京，洗劫宫廷，宫内的收藏再遭厄运。同时，皇帝把法书名画颁赐给王公贵戚的举动也有增无减。最大的损失则是末代皇帝溥仪将1200多件历代名迹盗运出宫。

溥仪在盗运善本书得手之后，便把贪婪的眼光盯在了历代的法书名画上，因为溥仪深知这些名迹的珍贵程度。可以这样说，溥仪对书画等艺术品还是颇有兴趣的，这主要是受其客观的政治环境所致。溥仪在逊位后的十二年间，仍在北京紫禁城里称孤道寡“关上家门做皇帝”，既无军国大事，亦无朝政过问。溥仪无事可为，便要找点事情做一做，于是便开始了对宫中珍藏的历代法书名画的清理和鉴赏。

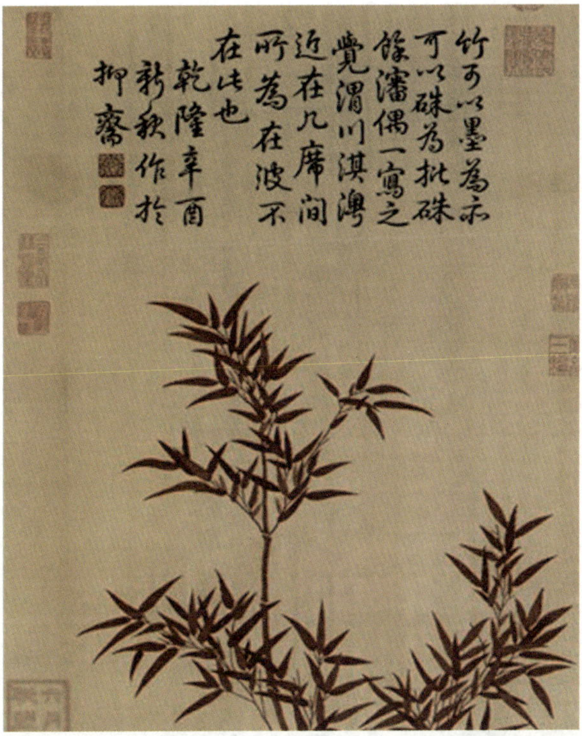

乾隆书画

清代自嘉庆以来，国事多变，也开始走上了衰弱之路。道光、咸丰、同治、光绪诸朝的皇帝已被内忧外患的国事搅得焦头烂额，无暇顾及他们本不感兴趣的书法艺术，真令人怀疑他们对宫中历代名迹是否展阅过。所以在宫中的书画藏品中也就看不到嘉庆之后诸位皇帝的鉴赏印记，倒是末代皇帝溥仪令罗振玉篆了“宣统御览”、“无逸斋精鉴玺”的印文，交由王福厂刻成，再令清理、鉴赏字画的大臣们将其钤在书画作品原件之上，与其说溥仪当时有什么鉴赏才能，倒不如说是他怀有的一种不可告人的意图促使其如此所为的。

意图之一便是沽名钓誉，附庸风雅。因为早在乾隆九年（1744 年）即对清宫书画藏品进行了第一次鉴定整理工作。以所贮宫殿为序，按书、画册、卷轴分类，逐件鉴定，区分上等、次等，用千字文编号，分详简逐一著录；上等品钤“乾隆御览之宝”、“石渠宝笈”外，加钤“乾隆鉴赏”、“三希堂精鉴玺”、“宜子孙”三印，称“五玺”。乾隆五十六年（1791 年）又进行了第二次鉴定整理工作，鉴藏的印迹除原来“五玺”和贮藏宫殿印记外，加钤“石渠重编”和“石渠定鉴”，称“七玺”；乾隆逊位后，又添钤“太上皇帝”、“古稀天子之宝”、“八徵耄耋之宝”等大玺。至嘉庆二十年（1815 年），进行了第三次鉴定，所钤嘉庆诸鉴藏印亦仿乾隆五玺、七玺格式。

溥仪觉得既然列祖列宗都已钤玺盖印，他便效仿着也堂而皇之地盖上了自己的鉴赏章。

意图之二是简洁而明确，摸清底数，以便“赏赐”为盗运出宫做准备。

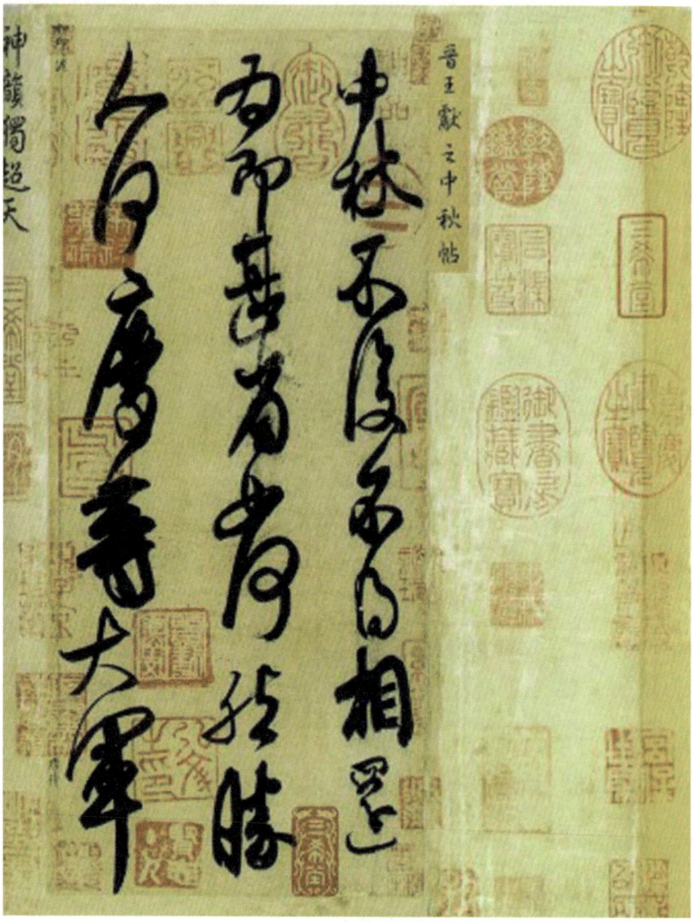

晋·王献之《中秋帖》

清宫所藏的法书名画，主要分贮在乾清宫、养心殿、重华宫、御书房等处。

乾清宫从明代到清初，一向是皇帝的寝宫，作为“天子之常居”，它对应的是天上紫微垣中“天皇大帝”星座。从清朝雍正时开始，皇帝移居养心殿，日常政治活动也随之转移至养心殿。但乾清宫仍是礼制上的“正寝”，皇帝每天要到这里阅读记录着前代皇帝言论、教导的“圣训”，一些重要的引见、召对仍在此进行，一些典章书籍、名贵的字画自然也在此收藏。

养心殿最初是雍正皇帝将其作为守孝之所，雍正在此为其父康熙守孝 27 个月后，就将养心殿作为他的寝殿了。从雍正开始，到末代皇帝溥仪为止，共有八个皇帝居住在养心殿。

养心殿为“工”字形建筑，前殿7间，后殿5间，两殿之间有穿堂相连。养心殿西暖阁临窗的三希堂，以乾隆皇帝在此收藏晋人王羲之的《快雪时晴帖》、王献之的《中秋帖》和王珣的《伯远帖》等晋、唐、宋、元诸名家法帖，并列《三希堂法帖》行世而中外闻名。养心殿既是皇帝的寝宫，又是日常读书的书斋，还是处理军政要事之处，所以皇帝在此活动的时间最长。乾隆皇帝酷爱书法绘画，政务之闲暇，欣赏名帖名画便是他一向较为固定的经常性活动。所以在养心殿三希堂，除收藏那三件稀世珍宝外，还收藏了相当数量的历代书画，并一直延续到清末。

宫中的书画，立轴有锦套，册页有绫锦包袱，手卷也有为其专制的淡黄或淡青花绫包袱，白软缎做裹，上面钤印墨色所报书画的品名，作者的姓名、年代，以及评定等级在内，每件均为专用，不得混淆。除此以外，每件作品还都定制有白玉撇子，正面浮雕图案，裹刻品名，并填赤金，文字与包袱皮裹一致。每件书画都由楠木匣盛装，其长短大小是根据书画本身的体积定做的。各处收藏的书画原先用的是大立柜，多为紫檀制成，有的高达屋顶，存放相当方便，提取也不太费事。另外，每件书画品名上加一个编号，提取时按号查找柜架。在溥仪的“赏赐”目录中，绝大多数作品都记有字号，最多的为“静”字号，次为虽列号而缺编字的，再次为“永”字号、“长”字号、“海”字号。

从乾隆到宣统溥仪的几个朝代近二百年间，书画等文物的收藏情况我们只能知其大略，前后的变动是肯定的，包括收藏的地点、收藏的方式，但这对溥仪进行有计划的盗运倒无多大关系，因为在紫禁城溥仪的小朝廷内，所有的宫殿仍由溥仪管辖，其虽已逊位，但发出的一道道圣旨在紫禁城内还是具有威慑力的，还能办到他想办的事情。所以，历代书画不论存放点在何处，关系都不很大，问题的关键在于如何密谋策划盗运出宫。

虽然神武门、北上门等出入紫禁城的大门仍由民国步兵统领指挥的“内城守卫队”把守，但溥仪觉得这依然不能对他实施盗运书画的计划构成威胁，因为成功地盗运出善本书的行动，一直在对他起着打气鼓劲的心理作用。既然善本书可以神不知、鬼不觉地盗运出宫，那书画的盗运又有何难呢?

溥仪仍然是仿照盗走善本书的办法，首先选择手卷和册页，因为它们体积较小，看起来并不显眼，不致引起警卫的注意，较容易蒙混过关。同时，一向由太监携带的黄绫包袱出出进进，跟着溥杰一道，值勤的人员司空见惯、熟视无睹，也就不予理睬且懒得过问，于是就听之任之、畅通无阻了。

1922 年 11 月 16 日，溥仪又开始把他的罪恶之手伸向晋唐以来的法书名画，经过千百年来代代相传而积累的国家之珍宝、全民族的精神财富，又大量流散出宫了。

溥仪第一次“赏赐”给溥杰的书画竟达 10 件。从同年 12 月 9 日起，他们见守门的警卫马马虎虎、麻痹大意、形同虚设，便乘机增加了每次盗运的件数：15 件、20 件、25 件，贼胆越来越大，简直是肆无忌惮。12 月 27 日的“赏赐”，一次竟高达 30 件，其中包括：

（明）唐寅《野航雨景》

（元）赵孟頫《乐志论书画合璧》

（宋）马远《溪山秋爽图》

（宋）赵伯驹《蓬瀛仙馆图》

（明）文徵明《赤壁赋图》

（明）仇英《五百罗汉图》

（元）黄公望《溪山无尽图》

1923年1月5日后的“赏赐”中，有好几次竟达到35件之多。就是用这种逐次递增、分批盗运的方法，溥杰、溥佳这两位“皇帝”的伴读几乎每天从紫禁城回去，都带走几大包法书名画。开始还是几天分两次来“赏”，随后干脆就一次“赏”出，其真正的企图就是要把宫内这一批法书名画全部盗出。

从1922年11月16日开始，一直到1923年1月28日，中间除去少有的间隔外，基本上是按天赏赐、逐日携走的。在这总计73天的时间里，共盗出书画手卷1285件、册页68件，平均每天盗出的数量竟达18件之多。记录在册、白纸黑字的“赏赐”数字是这样，但事实上绝非此数。在“赏赐”清单之外，还有不少隋、唐、宋、元、明的国宝品名根本没有登记在清单之上，这种情况一直到后来清理北京故宫文物时才逐渐被发现。

由此可知，溥仪在他所进行的“赏赐”活动中也在采取多方面手法，不但是掩耳盗铃欺骗自己，更为狠毒的是一不做二不休，干脆来个消灭罪证，不列入清单，撕去原来的伪装，变本加厉、无所顾忌，暗中窃取，连负责管理看守的太监们也被蒙混过去，留下的只能是一笔整理不清的糊涂账。

溥仪盗运国宝的计划绝非仅限于法书名画卷册部分，他是要把故宫中能盗运的国宝全部偷出宫外，据为己有。经过两个多月连续不断的“赏赐”，原藏的书画卷子，已基本上被洗劫一空，至于册子，所剩下的也十分有限，仅有画轴还没有动手。这些未动的画轴和极小部分的册页，并非是溥仪一伙“良心”发现而舍不得动手，而是客观上存在着不易克服的具体困难，主要是画轴的体积太大，有的还太长，无法进行包裹，明晃晃地往外拿又唯恐露了马脚。正在研究既安全又保险的新的盗运方法之时，就遇上了动荡的政治时局和剧变的国内形势。

1924年9月开战的第二次直奉战争已到胜败转折的关键之时。吴佩孚的直军起初尚处于优势。10月间，吴部正向山海关张作霖的奉军发动总攻之际，直系中的冯玉祥将军倒戈，发出了“停止内战”的和平通电，并进军北京，致使直系军一败涂地。占领北京的冯玉祥国民军把贿选出的“大总统”曹锟软禁在故宫武英殿后侧的“延庆楼”，紫禁城外的“内城守备队”已被冯玉祥的国民军改编，并加强了对紫禁城的兵力和监护。在这种形势之下，溥仪原拟的密谋计划，显然遇到了强大的阻力。所以说，是时局的突变迫使溥仪等有所收敛，暂时停止了盗运活动。只要时局再变，有了可乘之机，溥仪他们还会想出新的花招，直到把所有的书轴盗尽为止，这才是他的最终目的。

溥仪盗运出宫的书画精品的珍贵程度，是用言语难以表达的，更是无法估价的。其中有东晋王羲之的《破羌帖》《曹娥碑》《二谢帖》，唐欧阳询的《行书千字文》，唐玄宗李隆基《毛应佺知恤诏》的亲笔墨迹，宋徽宗赵佶的《后赤壁赋》，司马光的《资治通鉴》亲笔原稿，等等。在绘画方面，有东晋顾恺之的《洛神赋图》《列女仁智图》，隋展子虔的《游春图》，唐阎立本的《职贡图》《步辇图》，宋李公麟的《女史箴图》《九歌图》，宋代马远、夏圭以及马麟各自画的《长江万里图》等，真是举不胜举。我们看看下面这组不完全的统计数字：东晋王羲之、王献之的书法作品 7 件，东晋顾恺之的绘画作品 3 件，唐阎立本的绘画作品 4 件，宋苏轼的书法作品 5 件，宋米芾的书法作品 12 件，宋徽宗赵佶的书法作品 6 件、绘画作品 12 件，宋李公麟的绘画作品 26 件，元赵孟頫的书法作品 25 件、绘画作品 16 件，明文徵明的书法作品 11 件、绘画作品 32 件，明董其昌的书法作品 32 件、绘画作品 19 件，明沈周的绘画作品 26 件，明唐寅的绘画作品 9 件，明仇英的绘画作品 17 件，清乾隆皇帝的书法作品 33 件、绘画作品 5 件，等等。

其后，“清室善后委员会”对溥仪盗运的这批国宝曾做了如下描述：

民国十四年（1925 年）七月三十一日点查养心殿至吕字五二四号时，所发现的“赏溥杰单”一束，又“收到单”一束，

晋·王羲之《奉橘帖》

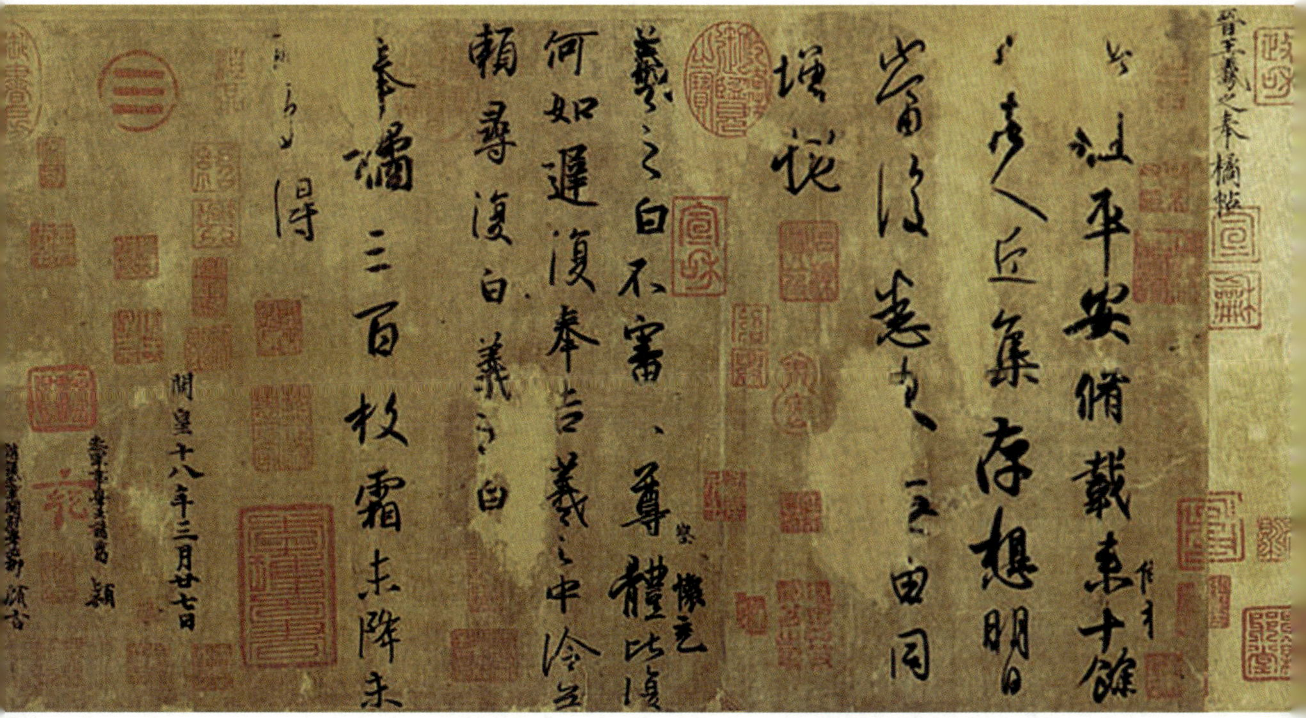

二者大致符合，内计宋、元、明版书籍二百余种，唐、宋、元、明、清五朝字画一千余件，皆属琳琅秘籍，缥缃精品，天禄书目所载，宝籍三编所收，择其精华，大都移至宫外。国宝散失，至堪痛惜！

至于溥仪从北京故宫中盗运出的珍宝、古玩、金银器皿则无记载，但据一些当事人的回忆和从后来的流散情况看，数量也不少。溥仪的堂弟溥佳幼年时曾作为溥仪的英文伴读，经常出入宫禁，他曾回忆说：“溥仪出宫的前两天，我们趁养心殿无人的时候，从保险柜里取出些便于携带的珍珠手串等物，分装在两个小手提箱内，准备带出宫去。”

溥仪从小就喜欢玉器，见得多了自然也就对玉器有了一定的鉴赏水平。溥仪从北京故宫盗运的珠宝翠玉中以玉饰为最精，价值也很昂贵，其中玻璃翠玉有许多，大小形状不等，都是难得的珍品，还有重几十克的金刚宝石，印尼产猫眼石、红宝石、翡翠等珍宝。

其实，溥仪在和溥杰有计划地盗运国宝之前，就已打起了宫中宝物的主意。因为溥仪不仅维持了旧有的“御膳房”，而且还增添了做西餐的“番菜膳房”。两处膳房每月的花销就高达1300多元。1921年以前，内务府公布的“交进”和“奉旨”支出的“恩赏”等款项，每年就要87万多两白银。据说每年小朝廷的总开支都不少于360万两。

明·董其昌《楷书封敕稿本卷一》

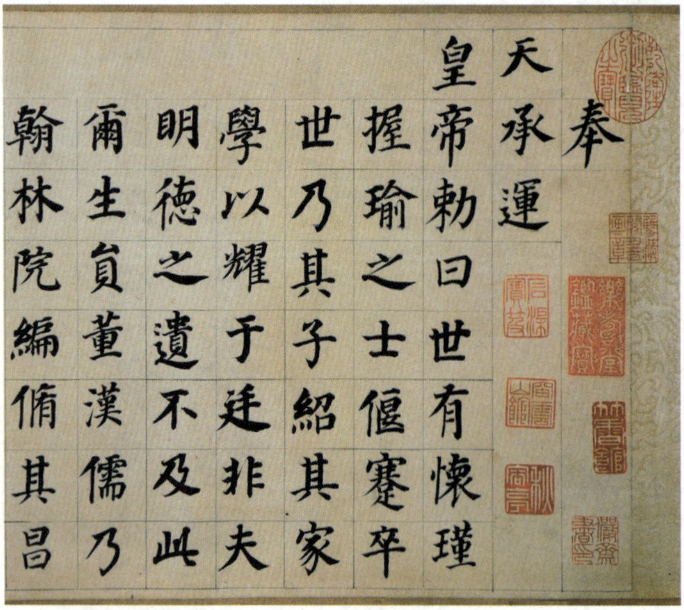

钱不够用，民国政府又时常拖欠，怎么办？溥仪他们首先想到的办法就是借。于是，溥仪命人向商号、银行借钱，但是大笔的钱，溥仪他们根本就还不起。于是，就拿宫中的宝贝做抵押。逊清皇室就用这种方式向各大商号、银行共借款超过100万元。

后来，“小朝廷”认为这是个赔本买卖，于是开始积极筹款，即拍卖宫中的金银、珠宝、古玩。还于1922年1月，刊登了一份公开出售珍宝古玩的招商广告。招商广告一经发出，就立即获得了京师银行、富商大贾，甚至是外国驻华使馆洋人的注目。

虽然无法确定这次拍卖逊清皇室一共卖出了多少国宝，但从他们发出的发货通知单来看，各商家可谓是满载而归了。

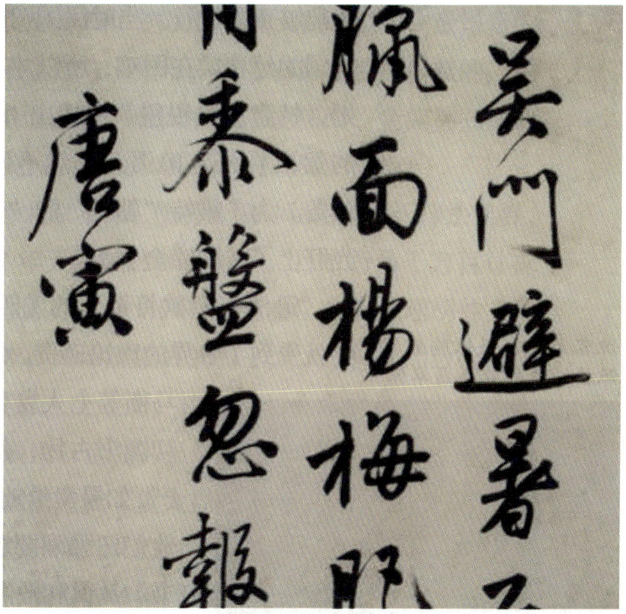

唐寅的书法

1922 年 3 月 26 日，上海《时事新报》和北京各报登载了这样一则消息：清室准备将奉天的《四库全书》以 120 万元的价格出售，还特派了人员向驻京各国使署询问有无买主。最后得知日本因为法国买了一部分落入朝鲜之手的《四库全书》而感到十分羡慕，也想要购买《四库全书》，以壮日本观瞻。清室人员就去与日本驻京公使馆的人做了接洽，请他们购买奉天的《四库全书》。日本公使馆的人员当即就给本国发了电报，询问是否购买。日本国内一听，大喜过望，表示无论如何一定要将《四库全书》买到手。随后，两方人员进行了秘密交涉洽谈。

《四库全书》是一部规模巨大的丛书，乾隆年间完成。当时共抄写了七部，分别收藏在北京紫禁城、圆明园及奉天、承德、杭州、扬州、镇江七处。由于清晚期多年战乱，到民国时，《四库全书》仅剩下四部。为了防止再发生意外，1914 年，民国政府把藏于奉天的一部运来京师，存放于故宫保和殿内。

这好端端的怎么要把这么有价值的《四库全书》给卖掉呢？原来，此时清室开始大规模筹备逊帝溥仪的婚礼，经查阅《大清会典》和清朝历代皇帝大婚的档案，最后决定按照光绪皇帝婚礼的规模来办理。虽然那次大婚的花费相对比较少，但小朝廷也没有钱铺张办理了。为此，溥仪要求典礼处大婚用款不准超过 30 万两，如若超过此数，朝廷就不再拨款。

但是，按照内务府最后的计算，即使一切从简也需要 50 多万银元。不得已之下，内务府派人去总统府，恳求民国政府拨发拖欠的岁银使婚

亲王府他的生父载沣家。溥仪看到王府门前及四周布满了荷枪实弹的国民军士兵，就径直向王府走去。此时的溥仪是一种怎样的心情，无人知晓，人们只是看到他紧紧地闭着嘴，神情严肃沮丧，带有一丝无以名状的失落感。但失落之中仍有几分欣慰之色，原来溥仪想到了他和溥杰从北京故宫中盗运出的奇珍异宝，虽然曾在醇亲王府内集中存放了一段时间，但庆幸的是已全部转移到天津日租界那个安全所在，这就足以保证他一生的荣华富贵。

1924 年的冬天，经常是狂风怒号，尘沙蔽日，大风过后，就是令人难耐的严寒。12 月 18 日，溥仪由庄士敦、陈宝琛、郑孝胥等陪同，从醇亲王府神不知、鬼不觉地潜到东交民巷使馆区，进入日本公使馆。

1925 年 2 月 23 日夜，溥仪身穿粗料西服，头戴礼帽，打扮成商人模样，在日本公使馆书记官池田、日本便衣警察及随侍们的特殊护卫下，悄悄地从北京前卫车站登上三等车厢，来到天津的日租界。

四、建福宫大火的因由及影响

在神秘而辉煌的紫禁城里，有一处自成体系的宫殿花园式建筑叫建福宫。它位于内廷西路西六宫西侧，清乾隆七年（1742 年）修建而成。西六宫西北侧的西花园，因其主体建筑为建福宫故称为建福宫花园。建福宫这个南北狭长的院落，在紫禁城众多的宫殿中的知名度并不高，历史上亦乏突出的事件引人注目。然而 1923 年 6 月 27 日，建福宫突然烧起了一场神秘的大火，整个院落的花园连同无数珍宝一夜之间化为灰烬。一场突如其来的火灾，使建福宫名闻中外，引起了世人的高度关注。人们知道了建福宫这个宫殿，更想知道这场大火的起因，还想知道这场大火究竟烧毁了多少宫中的珍宝。一时间，建福宫成为当时社会舆论的焦点。

1923 年已是中华民国十二年，但末代皇帝溥仪依据《清室优待条件》“大清皇帝辞位之后，暂居宫禁”之规定，仍然居住在紫禁城，只不过缩小了他的活动范围，以太和、保和、中和三大殿为主体的外朝划归民国政府，而南起乾清门、北至神武门的后三宫和东西六宫等内廷范围仍由溥仪使用。所以说建福宫是在溥仪这个“关门皇帝”掌控范围之中的。溥仪和逊清皇室被推上了风口浪尖，备受社会各界舆论的鞭挞和谴责。这场痛定思痛的大火的起因，溥仪是推不掉干系的，说其是始作俑者或许是言之有过，但起火的诱因，却是溥仪恣意所为而间接引起的。同时，建福宫的这场大火，对溥仪而言，影响是多方面而又深远的，其后他驱逐了宫中的太监，自己也被赶出了紫禁城，成了“天津的寓公”乃至伪满洲国的傀儡皇帝，这一切都是和建福宫大火相关联的，均有着因果难分的关系。

建福宫大火的诱因

1911 年 10 月，辛亥革命爆发，推翻了清王朝 267 年的统治，也宣告了中国封建社会两千多年君主制的结束。溥仪是“糊里糊涂地做了皇帝，又糊里糊涂地退了位”。

根据辛亥革命后中华民国政府颁布的《清室优待条件》，溥仪逊位之后，皇帝的尊号“仍存不废”，中华民国以“待各外国君主之礼相待”。溥仪及逊清皇室“暂居宫禁，日后移居颐和园，侍卫人等，照常留用”。因此，皇宫的一切都得以保留下来。溥仪在紫禁城的“小朝廷”中，开始了封建帝王的启蒙教育。在溥仪的那些老师中，对他影响较大的是教其英语的英国人庄士敦。在庄士敦言传身教的影响下，使得溥仪的思想发生了巨大的变化，他向往着紫禁城外那个辽阔灿烂的世界，他要到牛津大学去读书，开阔自己的眼界。溥仪为了实现留洋的梦想，从 1922 年开始了以“赏赐”溥杰为名的盗运宫中稀世珍宝的行动。中国历代流传下来的宫中珍宝善本书，琳琅满目，精美绝伦，代表着当时先进的文化科技水平，是中华传统社会文明发展演进的产物，亦是中华民族物质与精神生活的凝结和传承。由于溥仪的监守自盗，导致大批皇宫珍宝和宫廷秘籍流出宫外，以致引发了其后那场国宝大劫难。

溥仪所盗运出的国宝，主要分贮在乾清宫、养心殿、重华宫、御书房等处。那么他为什么对建福宫所藏文物珍宝没有染指呢？

溥仪的回忆是最好的说明：“我十六岁那年（1921 年），有一天由于好奇心的驱使，叫太监打开建福宫那边一座库房，库房封条很厚，至少有几十年没有开过了。我看到满屋都是堆到天花板的大箱子，箱皮上有嘉庆年的封条，里面是什么东西，谁也说不上来。我叫太监打开一个，原来全是手卷字画和非常精巧的古玩玉器，后来弄清楚了，这是当年乾隆自己最喜爱的珍玩。乾隆去世之后，嘉庆下令把那些珍宝玩物全都封存，装满了建福宫一带许多殿堂库房，我所发现的不过是其中一库。”

乾隆喜欢古玩文物珍宝，他看过之后满意的珍品就存放在建福宫，使这里成了一座珍宝库房。特别是嘉庆将这里封存后，谁也没有启封，更没有查库，谁也不知道，乾隆在这里收藏了多少珍宝。溥仪当时没有将建福宫纳入清理和鉴赏的目标，主要是因为此处珍宝太多，账目又不详尽，是耗时费力难见成效的，故将建福宫的清理放在了后期。建福宫的珍宝躲过了溥仪盗运出宫这一劫，但其后却遭到一场毁灭性的灾难。

溥仪、溥杰盗运宫中珍宝从 1922 年 9 月 4 日开始一直到 1923 年 1 月 28 日，前后

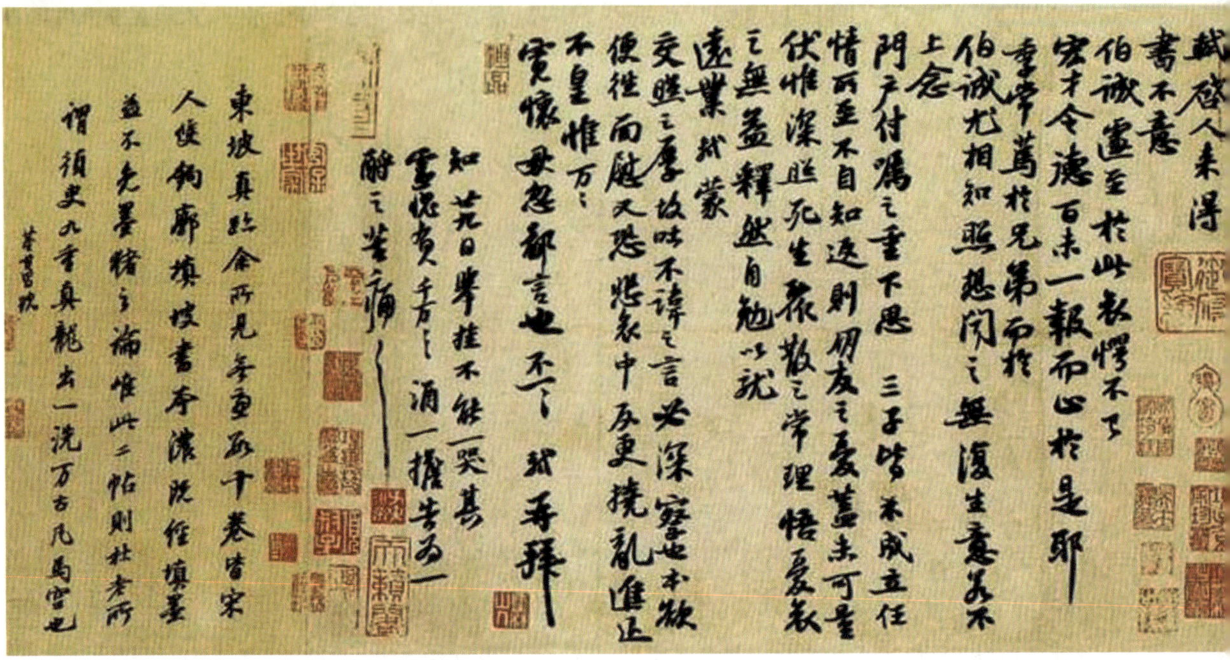

苏东坡《人来得书帖》

有四个多月的时间。存放在宫中各处的法书名画、善本秘籍，能盗运出去的基本差不多都盗运出去了，溥仪是没有忘记建福宫珍宝的，恰逢此时宫中的偷盗之风日盛一日，也促使溥仪加快了对建福宫所藏珍宝的清查。

1917年张勋复辟后，民国政府支付的优待费进一步下降乃至拖欠，逊清皇室的内务府是债台高筑，只好在克扣太监的薪俸上打主意，自然引起了太监的不满。

因生活水平大幅下降，宫内的太监开始监守自盗，偷偷地将宫中所藏的珍宝一点点地向外搬。当时宣统小皇帝在紫禁城内，早已没有了往日的威严，大内管理松懈，太监和侍卫们纷纷联手偷盗宫内宝物，出去换成银元。琉璃厂一带古玩业兴旺，御用宝物不时出现，大家都明白是怎么回事。这些宝物大多出自宫内太监之手。溥仪回忆说：“这时我想到了这样的问题：我究竟有多少财宝？我能看到的，我拿来了，我看不到的又有多少？那些整库整院的珍宝怎么办？被人偷去的有多少？怎样才能制止偷盗？庄士敦师傅曾告诉我，他住的地安门街上，新开了许多家古玩铺，听说有的是太监开的，有的是内务府官员或者官员的亲戚开的。后来，别的师傅也觉得必须采取措施，杜绝盗患，最后我接受了师傅们的建议，决定清点一下。”

建福宫大火前，溥仪的另一个举动，也可以说是主要诱因。当时溥仪的伴读溥佳的回忆言之有据：“在建福宫起火的前些天，庄士敦还向溥仪建议，把清朝历代皇帝的画像和行乐图取出拍照。当时溥仪正苦于无所消遣，听此建议当然很高兴，于是庄士敦就和一家美国照相馆接洽，每天下午由一个美国摄影师到宫里拍照。这些画像都储藏在建福宫里，拍摄时就叫太监到建福宫去取，每天拍摄十来张。我记得有康熙、雍正、乾隆、同治的画像，还有康熙的《射虎图》、乾隆的《行猎图》等，其中尤以《万国来朝图》画得最为细密逼真，有许多穿着不同的外国人。行乐图中，有许多都是意大利画家郎世宁的手笔。溥仪经常让太监到各宫去取古物来玩赏，太监们见了早就有些心虚；现在又拍摄这些画像，他们有时竟取不来了。大概是那些监守自盗的太监眼看自己就要暴露，就不得不用火来消踪灭迹了。”

对于溥佳说的溥仪和庄士敦对建福宫文物拍照之事，当时报刊亦有所披露：“宣统帝鉴于寿皇殿内陈设品被盗幸而警察寻获，未受大损失，于是乃思将建福宫收藏之珍宝详加查点，并拍成照片以资保存，于日前（26日）偕同庄士敦携照相机至建福宫殿内，先将表面陈设品拍照十余张，嗣因稍倦，乃将殿门封锁，俟次日继续拍照。不料即日夜竟由该宫正殿起火，并延及配殿，所有之各种珍奇异宝虽不能尽被融摄去，然已无从寻觅。”这段当时的新闻报道较为详细具体，应该说是基本上反映了起火前的史实。

溥仪下旨清查建福宫的所藏珍宝，这样一来，麻烦更大了。“首先是盗案更多了，毓庆宫的库房门锁给人砸掉了，乾清宫的后窗户给人打开了，事情越来越不像话，我刚买的大钻石也不见了。为了追查盗案，太妃曾叫敬事房都领侍组织九堂总管，会审当事的太监，甚至动了刑，但是无论是刑讯还是悬重赏，都未获得一点效果。不但如此，建福宫的清点刚开始，六月二十六日的夜里便突然发生了火警，清点的和未清点的，全部烧个精光。”

正所谓是贼偷之后必有火烧。当时对火灾的原因有多种猜测。溥仪、溥杰、庄士敦等都怀疑是内务府太监监守自盗，是宫中偷盗珍宝的太监放火灭迹。尽管溥仪的猜疑有道理，但火灾后又由内务府负责追查火灾原因，拘押了电工和看守太监，他们一口咬定火灾是由电线走火引起的，但又无确凿的证据。为了平息溥仪和外界的猜测，内务府以神武门电线短路走火造成建福宫内的德新殿起火来敷衍塞责，又发通电，又登声明。电线起火是非人为的自然灾难，这样责任自然就不在内务府了。当时对火灾的原因，就没有一个明白准确的说法，使火灾的原因成为了一桩悬案、一个难解之谜。

溥仪经过多年的改造已成为新中国的公民，此时的他在思想认识和对待一些历史事件的看法上已是脱胎换骨，分析、回忆是客观和公正的。在其自传《我的前半生》一书中对建福宫大火一事委实着墨不少，又将其归入“遣散太监”一节中。他说：“起火的原因和损失真相是一样地查不出来。但我疑心这是偷盗犯故意放火灭迹的。过不多天，我住的养心殿东套院无逸斋的窗户上又发现了火警，幸好发现得早，一团浸过煤油的棉花刚烧着，就被发现了，未致成灾……事实上，偷盗和纵火灭迹都是事实，师傅们也没有避讳这一点。”

溥佳对起火的原因也曾提及：“建福宫大火以后，据消防队说，他们初到宫中救火时，还曾闻到煤油气味很大。溥仪听说，就更认为是看守自盗而故意放火了。”

另外据《明清两代宫苑建置沿革图考》判断，也认为宫内的太监盗宝纵火一说较为可信。其记载如下：“民国十二年（1923年）六月二十六日夜，西花园敬胜斋失慎，延烧静怡轩，慧曜楼，吉云楼，碧琳馆，妙莲华室，延春阁，积翠亭，玉壶冰，中正殿，香云亭十处，起火原因，人言言殊，当以点查内宫古物，宫监惧罪纵火一说，较为可信。清室善后委员会因点查养心殿，得当时内务府报告失火情形及修理火场价单各一纸。”

当时北京的报纸对太监盗宝纵火一说也有报道：“北京六月二十六：星期日紫禁城某些建筑失火，现在已开始点查详列清单，据说幼帝已下令详细清查被焚两座宫库珍宝的数目，前几年一个同样性质的例子，北海公园的万佛楼，因为常被太监等人窃宝物，为了消灭证据，突然失火焚毁，现在万佛楼已变成一片瓦砾的空院子，就在九龙壁之北的那片瓦砾的空院子，就在九龙壁之北的那一个地方。”

综合上述各方面的资料和当事人的回忆，笔者也倾向于太监盗宝纵火的说法，这不但符合当时宫中的现状，在其后所发生的一些事情中亦得到了验证。换言之，溥仪清查建福宫珍宝是这场大火的主要诱因。

建福宫大火的损失

建福宫坐落在紫禁城北部偏西，御花园的西边，园内著名的宫室有：静怡轩、吉云楼、碧琳馆、慧曜楼、延春阁、积翠亭、凝晖堂、香云亭、广生楼、妙莲华室，等等。院落之中，宫殿巍峨，楼阁壮丽，宫室内收藏着十分丰富的珍宝秘籍，特别是在皇帝行乐图、帝王御容写真、名人字画、佛经书箱、佛经书板、金佛、金塔、金银法器以及珍贵铜器、稀有瓷器方面，收藏较为全面和系统，是清代帝王们十分看重的一处皇家收藏宝库。

当年建福宫后殿供奉着的喇嘛像很多，大多为金质，其上有珠宝。这里还存有宫中全部墨拓喇嘛藏经、喇嘛教法器，还有人腔骨做成的笛子，人脑骨做成的碗，碗内镶有黄金，人脑骨包上人皮做成的鼓，等等。建福宫后殿有全部《古今图书集成》、名人字

溥仪与隆裕太后等在建福宫庭院

画、手卷，多为晋唐以下名迹。可以说，清代的建福宫实际上是一个藏宝的院落。

“另外，在溥仪结婚前，为了修饰储秀、长寿两宫，把这两宫珍玩也移过来不少。溥仪结婚时所收的全部礼品，也都储藏在这里。因此，里面的奇珍异宝堆积成山，是清宫存放珍宝最多的地方。”

形容建福宫收藏珍宝的用词有：“皇家收藏宝库”、“藏宝的院落”、“存放珍宝最多的地方”。可见建福宫收藏之多、之精，怎么形容也不为过。这些历代宫廷流传下来的奇珍异宝，琳琅满目，精美绝伦，代表着当时先进的文化科技水平，是中国传统社会文明发展、演进的产物，是中华民族物质与精神生活的凝结和传承。建福宫的这场大火，使国之瑰宝遭到了一场焚身灭迹的历史大浩劫。

1923 年 6 月 26 日晚 9 点多钟，建福宫花园内的敬胜斋突然发生神秘的火灾。紫禁城的西北角红光满天，火焰高至十余丈，迅速蔓延的大火一直烧了十多个小时，虽经扑救，但直到第二天早晨 7 点左右才被完全扑灭。“火警还是紫禁城外先发现的。东交民巷的意大利消防队的救火车开到紫禁城叫门，里面还不知道是怎么回事。这场大火经各处来的消防队救了一夜。”大火烧得建福宫花园的建筑几乎全部化为焦土，大火所到之处，一片狼藉，仿佛一条黑色的巨龙，狂野地掠过了这片美丽的宫院，留下一片黑色的污秽不堪的印迹。6 月 29 日的《大公报》报道了清宫大火详情：“前门正北火光冲天，照如白昼。其火势之大，为北京向来所无。记者电询知悉神武门内清宫失慎……延烧德日新殿计七间，广盛楼计七间，中正殿后佛楼计七间，香云亭东西配殿各五间，宝华殿后檐烧毁，前檐未动，共计大小房间 132 间。”

庄士敦亲眼目睹了大火过后的废墟场景，他描述道：“6 月 27 日黎明，仆人把我唤醒，告诉我，皇上要我立即进宫。我的汽车被大街上拥挤的人群耽搁了一段时间。我一到神武门，就看到了紫禁城有一处发生了火光。建福宫周围已经戒严，它已被猛烈的大火焚毁。有些临近的建筑也着了火，如果不是意大利使馆的灭火器及时赶到，皇上自己的宫殿和皇后的宫殿也可能化为灰烬。我看到皇上和皇后站在一堆烧成焦炭的木头上，沮丧地注视着这惨景。几位王公也站在那里，内务府官员们来回穿梭，在尽力协助训练有素的意大利消防人员扑灭大火。”在这位苏格兰老夫子笔下，这场大火的惨烈之状，以及溥仪和婉容等人当时的神态，被勾勒得活灵活现。在建福宫火灾现场，一个奇怪的场面是难得见到几个真正奋力救火的人。溥仪对此的描述是：“在救火的时候，中国人、外国人，紫禁城里的人、城外的人，人来人往，沸腾一片，忙成一团。除了救火还忙什么，这是可以想象的。”

进进出出的人们，眼睛放着贪婪的绿光，从火堆中抢出一些珍宝，据为己有。内务府的官员们在抢，军警也在抢，消防队员也在抢，甚至外国人和有身份的外国女人也在抢，抢夺着能抢出的各种珍宝古玩和宫廷秘籍。在皇宫的大火中，争奇抢宝这一历史瞬间可谓是空间绝后的。

火灾造成的损失难以估量。大火过后，内务府派人清理火场。内务府写给溥仪的奏文中说：“会商清理火底办法，由警察厅、护军管理处派官兵刨挖捡拾，并由臣遣派司员逐日前往监视。现在清理完竣，所有捡拾熔化佛像、经版、铜、锡等项共五百零七袋，金片铜片及残伤玉器等项共四十三箱。”

溥仪和溥佳等事后也都曾回忆说，到了八月初，内务府的人找来一百多人清理火场，虽然灰烬里已经找不出字画、古瓷，但是金佛、金塔烧熔后有的成了碎块，有的化成金水，结成的半土半金板块还有很多。内务府曾经找来北京各个金店投标，一个早已打通关系的大金店以 50 万元的价格买下了灰烬处理权，从中拣出金块金片 1.7 万多两。金店拣完了，内务府的人又把余下的灰烬装进麻袋，分发下去；据说有人后来施舍给雍和宫柏林寺的黄金“坛城”就是从麻袋里的灰烬中提炼出来的。烧剩下的尚有这么多，真难以想象损失到底有多大？！

这场大火之后，内务府发表了一个具有象征意义的声明，大概报告了一下这场大火的损失。报纸的头版对这场莫名其妙的大火做了大量的报道，报道了大量数字和不可知的损失，自然也报道了内务府的这笔糊涂账。

这笔糊涂账依据的是什么？谁也不知道，不过，这笔开脱罪责的保守糊涂账，所报的数目也委实惊人。

溥仪对此曾有回忆：“这里是清宫里贮藏珍宝最多的地方，究竟在这一把火里毁掉了多少东西，至今还是一个谜。内务府后来发表的一部分糊涂账里，说烧毁了金佛二千六百六十五尊，字画一千一百五十七件，古玩四百三十五件，古书几万册。这是根据什么账写的，只有天晓得。”

建福宫大火的损失“是一个谜”也好，“只有天晓得”也罢，终归是说不清、理还乱，究其根源，原本就是无翔实的账目，究竟有多少东西，就连内务府自己也无法搞清楚，而宫中其他各处所存藏的物品账目是基本清楚的，损坏丢失有账可查。但建福宫存藏的宝物数目原本糊涂，大火之后更是糊涂加糊涂，自然也就是以糊涂账来应付了事了。

建福宫大火对溥仪的影响

这场大火对未满十八周岁的青年溥仪而言，影响是深刻而又长远的。它进一步强化了其皇权思想意识和恢复祖业的政治信念。虽然溥仪在新婚之夜就念念不忘“如果不是革命，我就开始新政了……我要恢复祖业”，但在建福宫火灾之后，这种意识变得更为强烈了。特别是随着溥仪年龄的增长，他更感到小朝廷里的天子威权日降，祖制家法徒具虚文，小朝廷内部官员贪污舞弊，太监盗窃成风，犹以盗窃宝物最为严重，并最后演变成偷宝纵火案，令人发指。

首先对溥仪的影响就是驱逐太监。

太监在宫中是不可或缺的，就是对溥仪而言也是形影不离的。溥仪自己回忆说：“我的幼年生活少不了太监，太监服侍我吃饭、穿衣和睡觉，陪我游戏，给我讲故事，受我赏罚打骂。”太监成了幼年溥仪生活中的伴侣。即使溥仪到了少年时期，情况亦是如此，到了 1922 年，紫禁城宫中还有 1137 名太监，前呼后拥地将这位小“万岁”奉若神明。如果不是后来溥仪听说了太监偷盗、放火等事情，太监也许还是溥仪离不开的人。在建福宫大火 19 天后的 1923 年 7 月 15 日，溥仪突然下旨，将紫禁城中所有的太监遣散驱逐出宫。“7 月 15 日，发生了一些在北京的汉人和满人中引起比火灾的影响还要大得多的震动，一个在中国宫廷存在了几千年的制度就在这一天突然被废除了。紫禁城中所有的太监都被驱逐出去了。为了达到这个目的，皇上带着自信的力量和决心开始行动。”

随即，溥仪马上采取行动，断然驱逐太监。为了确保太监不闹事以及皇宫的安全，溥仪亲自秘密地写了一个条谕给京畿卫戍总司令王怀庆，让其派亲信带兵来保卫紫禁城，使得驱逐太监的行动顺利完成；“同时又召见内务府总管大臣绍英，吩咐他负责处理这件事，叫他召集全部太监在某一宫殿的院落上，宣读圣谕，叫他们即日离开紫禁城。如果太监们表示什么不满意或者意图捣乱秩序，就叫王怀庆派来的军士们将其赶出紫禁城外”。

同时要求太监们出宫不准携带任何物品，如有违令潜回者立即枪毙。这些在宫里当差多年的人，绝大多数在北京没有家，限他们几个小时出去，的确让大部分人非常为难。因此当“谕旨”宣读后，许多太监高声咒骂，要么号啕大哭。为了不妨碍北京的治安，溥仪吩咐发给他们一笔遣散费，当天在北京找不到亲戚投靠的，准许暂时住在地安门内大街雁翅楼内。最终，一千多个太监在军队的监视下，只得默默接受命运。很快，太监们被从神武门押出，陆续离开了紫禁城。

溥仪遣散太监之举得到了当时新闻者和各界民众的欢迎与好评：“此次清帝解散太监，开三百多年未有之创举，为清室放一异彩，报纸一传天下咸佩”、“宣统有些毅力”、“清帝果决出击”、“英明果断”等赞誉之语也屡屡出现。同年，7 月 19 日《新闻报》发表的新闻对太监们的评论更为直截了当：“只为他们一场火，引得宣统也发了火，那么这场火直接毁了清室宝器，间接地毁了他们自己的饭碗，这也是自作自受。”让我们听一听溥仪自己是如何看待这件事的：“当时各报纸当作一种引人入胜的好材料，竟自地大加美化，做了好些不符实际的渲染和赞扬，差不多都刊出大字标题，写着‘废除了几千年以来太监制度的英明举动’等的字样。真是天知道！我的内心深处所藏的东西，是和这些‘英雄’之类的字句无任何相同之处的。”

建福宫大火后溥仪驱逐了太监，而太监被驱逐出宫也为溥仪被赶出宫埋了伏笔。“继而他在皇宫的日子也开始了倒计时。”

其次，对溥仪的影响就是被逐出宫。

当溥仪结束了伴随皇权而生的太监制度的同时，他自己的小朝廷政权也将要丧失。

建福宫大火、驱逐太监等事件之后，溥仪所居住的紫禁城一度成为社会各界和新闻舆论关注的焦点。逊位的皇帝应迁出皇宫的呼声骤起：“逊帝溥仪，既经退位，直于凡民等耳。犹是尸居宫内，延不迁出，议者孰不非之，而乃恋恋不舍，实非民国之幸，而亦非清室之幸也。当时政变俶扰中，为清室计，则固尤为可虑。不意祝融氏竟于昨日火其居，天其或者所以示警于清室，并为窥窃神器者戒矣。使溥仪而有所觉悟，正当乘时迁移，以避嫌疑。欲保持共和民国者，亦亟宜促其迁移，毋使死灰复燃。此诚两利之道也。”建福宫大火的次日即1923年6月28日，《盛京时报》转载的这条评论，很有见地，并且切中要害，代表了当时的社会舆论和民众的呼声：溥仪已经退位，也就等同于平民百姓了，可他还赖在宫中不迁出，这对于民国和清室都是不利的事情。这场大火就是上天对清室的惩罚和对幻想复辟人的告诫。所以溥仪要认识到是应迁出宫的时候了，民众也要促使溥仪下决心迁出皇宫，不要让复辟的闹剧再现。

1924年对溥仪而言是他人生的拐点：“这种昏天黑地，不知东方之既白的生活，一直到民国十三年十一月五日，冯玉祥的国民军把我驱逐出紫禁城，才起了变化。”

1924年10月冯玉祥发动北京政变后，解散了国会，支持黄郛组成摄政内阁。冯玉祥于11月3日提请摄政内阁议决的“各项应办之事”中，第一件便是将清逊帝溥仪驱逐出宫。黄郛立即召开紧急内阁会议，讨论通过了冯玉祥的提案，并决定修改《清室优待条件》。其中第一条款是“大清宣统帝从即日起永远废除皇帝尊号”，第三条款是“清室应按优待条件第三条，即日移出宫禁”。

1924年11月5日晨，冯玉祥所率的国民军一部，突然出现在景山，随后包围了紫禁城，切断了宫廷对外的一切联系。并迫令溥仪在《修正清室优待条件》上签字。并限溥仪当日下午出宫。下午4时多，溥仪、皇后婉容、淑妃文绣等，坐上了国民军早已准备好的5辆汽车。车队开出“神武门”，沿景山大街向西，来到了什刹后海北沿的醇亲王府，也就是溥仪生父载沣的“北府”。

自从溥仪被赶出了紫禁城，摆在他面前的有三条路，正如溥仪后来回忆所说：“一九二四年十一月五日的这场旋风，把我一下子抛出了紫禁城，落到一个三岔口上。我面前摆着三条路：一是新‘条件’给我指出来，放弃帝王尊号，放弃原来的野心，做个仍然拥有大量财宝和田庄的‘平民’；另一条，是争取‘同情者’的支持，取消国民军的新条件，全部恢复袁世凯时代的旧条件，或者‘复号还宫’让我回到紫禁城，依然过着从前那样的生活；还有一条，是最曲折的道路，它通向海外，然后又指向紫禁城，不过那时紫禁城必须是辛亥革命以前的紫禁城。这条路当时的说法则是‘借外力谋恢复’。”

就在这三岔路口上，究竟何去何从，溥仪尚在选择和徘徊之中，而王公遗老们又在争抢着为他领路。在这些封建遗孽之中，对他影响最大的要属郑孝胥，他主张要由“北府”出逃去东交民巷的日本公使馆。11月29日，在郑孝胥的安排下，溥仪几经周折跑进了日本公使馆。溥仪逃出“北府”，与其说是躲避“北京政变”所造成的“厄运”，

恢复原貌的建福宫花园

毋宁说是他甘愿落入日本人所设下的圈套。这“圈套”逐渐延伸开来，便是摆在他面前的一条背叛祖国和民族的罪恶之路。

历史就是真相，不是真相的是伪史或小说。通过以上对建福宫大火的论述，从现存的史料而言，太监纵火之说基本上符合历史真相，大火中宫廷建筑和无法统计的那批琳琅满目、精美绝伦的民族瑰宝，遭受了一场空前的毁灭性的历史浩劫。这是中华文化的大劫难，也是中华民族的悲哀。大火过后仅一年多的时间里溥仪就被逐出了紫禁城，对其人生的影响是多层次、多角度的一个重要转折。令人略感欣慰的是，民国初期以来紫禁城内首次大规模复建工程——建福宫花园已于2006年竣工，使我们有幸目睹了复建的建福宫，更增添了我们保护好历史文化遗产的责任感和使命感。

五、溥仪被逐出紫禁城

溥仪被逐出了紫禁城，其命运发生了历史性的突变。诚然，这个突发的事件对溥仪的影响是巨大而又深远的，就是对当时中国社会的进程亦产生了重要的影响。1911 年辛亥革命后，次年民国政府成立，但以溥仪为首的逊清皇室依据 1912 年 2 月中华民国南京临时政府参议院通过的《关于大清皇帝辞位之后优待之条件》："大清皇帝辞位之后，尊号仍存不废"；"暂居宫禁，日后移居颐和园。"这样在中华民国首都的历朝历代的皇宫中仍然保留着一个没有皇帝权威，却不失皇帝尊严的小朝廷。皇帝仍有权力在他的小朝廷中发号施令，颁发恩赏、赐爵、赐谥。清王朝的实质被革命剥夺了，但虚位仍保留在紫禁城中。

当然，溥仪的小朝廷受到优待及仍居紫禁城中是特定历史条件下的产物。客观地说，民国首都的中心保留皇帝及其小朝廷无疑是不正常的，小朝廷不可能永远在紫禁城中"暂居"下去，结束这一局面是必然的。

溥仪以"皇帝"的名分暂居紫禁城所产生的消极影响是显而易见的，是"为国内国外的野心家留下了一个制造中国变乱的傀儡工具"，"小朝廷成为复辟势力精神的和政治的中心"。小朝廷的合法存在对复辟势力产生了相当的鼓励作用，1917 年的张勋复辟便是一个颇具说服力的例证，这也是溥仪被逐出紫禁城的主要原因。

1924 年北京政变后，冯玉祥以武力驱逐溥仪出宫清除了复辟的隐患，打击了封建残余势力，历史已对此给予了充分的肯定。但对当时的社会却产生了强烈的反响和争论。孙中山、章太炎等坚决支持并给予高度评价；段祺瑞、张作霖等明确表示了对此举的不满；胡适则是公开反对，并向政府提出抗议；溥仪以及遗老遗少们内心是强烈抵制的，表面上又不得不表示同意。溥仪被逐出紫禁城所产生的后果是非常严重的，其后溥仪行动的本身已对此做出了说明。因为复辟、恢复祖业是溥仪的夙愿，成为日本侵略中国的工具是由其本质上的主观所决定的；但从客观上说，溥仪被逐出紫禁城是导致其孤注一掷的重要起因，同时也使得日本帝国主义有机可乘，去笼络控制溥仪，最终扶植其成为肢解中国的伪满洲国傀儡皇帝。

溥仪被赶出紫禁城的原因

辛亥革命后，当时的国内秩序混乱，财政危机的局面加之险恶的国际环境，迫使南北议和的双方均需尽快完成政权更替，满足各自的利益，平息并稳定混乱的局面。议和中南方革命军政府抱着"清帝让位，则诸事易商"的态度。当时的清王朝已是山穷水尽，掌握清王朝实权的袁世凯得到外国支持，力主推翻清王朝实现自己掌握政权的野心，所以袁世凯欲借革命军政府的助推获取革命成果，革命派想借袁世凯的力量推翻清王朝。所以双方议定：清帝必须逊位，给皇帝以优待，正是在这种特定的历史条件下产生了《关

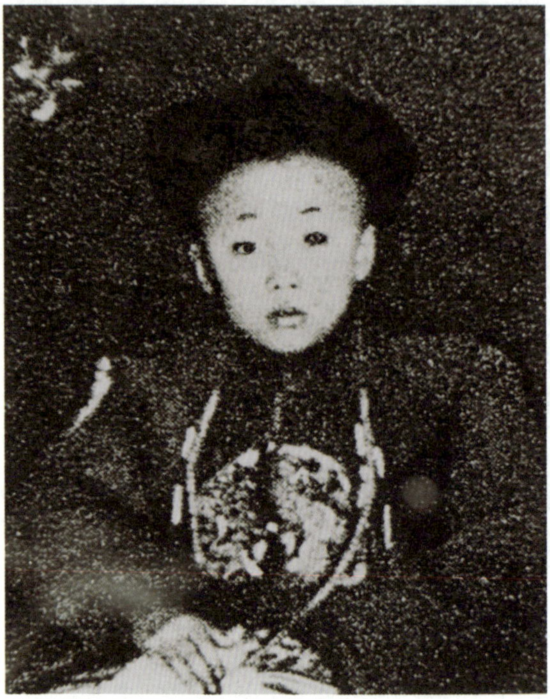
六岁的小皇帝溥仪

于大清皇帝辞位之后优待之条件》。

走投无路的清皇室迫于形势又经过几次御前会议的争吵，终于同意退位。1912 年 2 月 9 日，南京临时政府向袁世凯递交了经临时参议院修正后通过的《关于大清皇帝辞位之后优待之条件》（下称《清室优待条件》），其中规定：大清皇帝辞位之后，（1）清帝尊号仍存不废，中华民国待以各外国君主之礼；（2）清帝岁用 400 万两（元）由民国政府拨发；（3）清帝暂居宫禁，日后移居颐和园；（4）清帝宗庙陵寝永远奉祀，民国政府酌设立卫兵保护；（5）光绪陵寝如制妥修，民国政府支付实用经费；（6）宫内各执事人员可照常留用，惟不得再招阉人；（7）清帝私产由民国政府特别保护；（8）原禁卫军归中华民国陆军部编制，额数、俸饷仍如其旧。同时还发表了《关于清皇族待遇之条件》和《关于满蒙回藏各族待遇之条件》，主要规定："王公世爵概仍其旧"。

2 月 12 日，清室接受《清室优待条件》，颁布《退位诏书》，正式逊位。同时，双方将以上文件列于正式公文，照会各国驻京公使，转达各自政府，"以昭大信"。

至此，六岁的宣统皇帝溥仪正式成为了逊帝。《清室优待条件》是在当时中国特殊的国情下，革命派在充分估计了中国革命难度的过程中不得已做出的选择，必然产生很多消极影响，最主要的就是鼓励逊位的皇帝和忠君的遗老们复辟的行动和实践。

《清室优待条件》使没有任何政治权力、皇位有名无实的小朝廷时刻不忘复辟。事实证明，从《清室优待条件》产生到废除，小朝廷复辟的思想从未停止过。为了复辟，小朝廷为溥仪制订了严格的帝王教育计划。溥仪六岁开始在毓庆宫读书，学习内容除十三经外，主要有《圣谕广训》《满洲孝经》《东华录》《圣武记》《大清开国方略》以及清史等，基本上都是列祖列宗治国驭民的经验。在封建皇权思想的教育和熏陶下，溥仪幼年的思想意识中就深深扎下了“敬天法祖”、“还政于清”的根基。

1917年7月1日，安徽督军张勋向民国发难，在紫禁城再次拥立溥仪复辟帝制，继续采用清代宣统年号。溥仪在紫禁城养心殿召见张勋，允其所请“皇上复位”，连续发出九道“上谕”，建立复辟王朝的国家机器以及发布政令，史称“丁巳复辟”。消息一经传出，就遭到了全国讨伐。在天津的段祺瑞举行“马厂誓师”，成立“讨逆军总司令部”。参与复辟的军政要员见势不好，立即掉转风向，由拥护复辟转而“保卫共和”。7月12日，带着辫子的张勋跑到荷兰使馆避难。十二岁的溥仪仅仅当了十二天复辟皇帝就再次退位。

第二次“登基”的溥仪

以段祺瑞为首的北洋军阀头目在反对复辟时只把张勋作为打击之靶，根本没有触动紫禁城里的溥仪，反而为清室开脱罪责，还授意清室收回尚未发出的承认参与复辟的退位诏书，发表和他们口径一致的内务府声明，否认参与了复辟。将退位诏书中最重要的四个字“临朝听政”换成了轻描淡写、模棱两可的一句：“张勋率领军队，入宫盘踞……冲入深居宫禁，莫可如何。”这是金蝉脱壳之计，淡化紫禁城参与复辟帝制，以避开社会各界的谴责和注目。可见，段祺瑞等反对张勋复辟，并不是真正维护共和，只不过是为了扩大本集团的利益。当时的一些有识之士就认为，清室即便是被胁迫参与复辟，也是对民国的犯罪。冯玉祥在“主张处分清室通电”中说，“此次张逆叛乱，国本动摇，固张逆之不法，然非清廷之酝酿，何以至此，是倡乱虽在张逆，然祸本实在清廷”，可谓一针见血。

张勋复辟帝制的行动被当时的大小报刊广泛地报道，中外记者们描述这一事件是“一场半滑稽的恶作剧”。这场半滑稽的疯狂的恶作剧，很长时间一直成为人们议论的话题，人们对此嗤之以鼻，可是对仍旧生活在紫禁城中的逊帝溥仪而言却产生了不绝的希望和幻想，更是受到了鼓舞，对帝制充满了憧憬。张勋复辟的倒行逆施遭到了全国人民的强

第三，遣散宫女、太监，留下少许人看殿。”

绍英无言以对，只好接过公文，踉踉跄跄地在储秀宫找到正与婉容吃着水果聊天的溥仪，溥仪顿时变成了热锅上的蚂蚁。溥仪自己后来回忆道：那天上午，大约是九点多钟，我正在储秀宫和婉容吃着水果聊天，内务府大臣们突然踉跄地跑了进来。为首的绍英手里拿着一件公文，气喘吁吁地说：“皇上，皇上，……冯玉祥派了军队来了！还有李鸿藻的后人李石曾，说民国要废止优待条件，拿来这个叫，叫签字……”我一下子跳了起来，刚咬了一口的苹果滚到地上去了……我夺过他手里的公文，看见上面写着：

修正清室优待条件

今因大清皇帝欲贯彻五族共和之精神，不愿违反民国之各种制度仍存于今日，特将清室优待条件修正如左：

一、大清宣统帝从即日起永远废除皇帝尊号，与中华民国国民在法律上享有同等一切之权利；

二、自本条件修正后，民国政府每年补助清室家用五十万元，并特支出二百万元开办北京贫民工厂，尽先收容旗籍贫民；

三、清室应按优待条件第三条，即日移出宫禁，以后得自由选择住居，但民国政府仍负保护责任；

四、清室之宗庙陵寝永远奉祀，由民国酌设卫兵妥为保护；

五、清室私产归清室完全享有，民国政府当为特别保护，其一切公产应归民国政府所有。

大总统印，国务院摄行。国务总理黄郛……

溥仪看完了修正条件，一颗心暂时放了下来，原来没有他想象得那么可怕。可是，绍英的一句话又让溥仪跳了起来，放下的心再次悬在半空：“他们说限三小时内全部搬出去！”溥仪急得团团转，大喊着：“那怎么办？我的财产呢？太妃呢？”溥仪命人打电话给庄士敦，电话线断了。溥仪大叫着：“找王爷！找王爷！”回答是到处有兵把守。溥仪命绍英再去交涉。交涉的结果是可以延至下午三点。但鹿司令声明两点：“第一，既然认可了修正条件，就要全部照办，即日废除帝号，交出国玺、宫殿，出宫；第二，去颐和园不行，颐和园要收归国有。”

吴瀛先生是溥仪被赶出紫禁城这一重大事件的参与者，作者以亲历亲闻之视角，回忆了《溥仪被赶出紫禁城仓皇出宫的隐秘内幕》：

1913年，我23岁时因父丧，到北京投奔了任都肃政使的舅舅庄蕴宽先生。这是个延用清朝的官名，属国家严肃政务的最高官吏。按说在那一片政治乱象的年代，我的兴趣所在本应以一支秃笔，靠书画诗文，隐遁逃避，独善其身，终其一生。却反而在时局的制约之下，蒙当时执政的诸多大人物抬爱，请我做了北洋政府内务部警政司的第三科科长，主管的是外事警察，以及地方治安，并且兼着许多公职。其时北京市政府还称市政公所，我也兼着坐办（相当现在市政府秘书长），其中的主要责任，乃是对废帝溥仪与“清宫”事务的监管。

溥仪久居宫禁，颇不安分，与张勋、康有为等清室旧臣阴谋串联，常思复辟，造出很多事端，且将宫内宝物不断移出宫外。此些事情恰在我的管辖之内，由于事涉重大，我毕竟一介书生，哪里经过如此复杂的局面，倘若真出变故，非同小可，杀头之罪姑且不谈，国家颠覆、天下大乱、祸延百姓、腾笑世界，则谁来承担?

为此我多次向上呈文，提议按照清室退位时签署的优待条件请溥仪迁移出清宫，搬至颐和园。清宫即为故宫，并由故宫蜕化而为博物院。此为国体变更应有之结果，若法、若俄、若德，何莫不然。但当时一班高位的主政者，都在清朝做过高官，受过圣上隆恩，还有“故主之思”，暗暗抵抗，不能这样做，我的呈文也就没了下文。

我有一位昔日的湖北方言学堂的同窗好友，大我十一岁的易寅村（培基），他是长沙人，毕业后回湖南教书，当过湖南第一师范的校长。曾受湖南督军兼省长谭延贻提拔，后又去到南京政府任职。他以孙中山先生代表身份来京与苏联公使加拉罕谈判庚子赔款分配，每次来都是住在我家。这次，因为公务，又为避免耳目，他要我给他在我家近处找一家旅馆。我给他安置在我家胡同隔壁的一家公寓，地点是在南河沿，名叫大纯公寓。我每天给他送饭菜，他无事则来我金钩胡同家里坐谈，常常谈到溥仪出宫的问题。那时，正是冯玉祥“叛变”了，班师回朝，驱逐了曹锟，黄郛组织了摄政内阁，易培基出任了教育总长。

1924 年 11 月 5 日下午，培基匆匆地来到我家。他那时已经迁居到后门井儿胡同，不同以前的每天见面了。那日一来，就兴奋地告诉我说：“你平常谈的要请溥仪出宫，昨晚我们深夜开了一个会议决定实行了，组织了一个办理清室善后委员会，推举了李石曾（煜瀛）做理事长，会内除少数专任的职员而外，聘请许多专家以及各机关有关系的人士做顾问，政府各机关规定每部派二人为助理员，内务部自然要派，你来吧！”

我听到这消息，当然非常高兴，也感觉很有兴趣。同时心里也暗思忖，倘若溥仪不思复辟，守纪守法，我也不去写那些呈文，建议轰他出宫，他仍可与英、日皇室一样住在宫内多些时日。

“自然要参加的！”我说，“但是我不要由内务部派，还是由你们那里聘做顾问为是。”

他说：“为什么？”

“我知道部里的意思，难得与我一致！况且我又是部里多年直接对清宫监管的官员，地位尴尬，假使我代表着内务部，我肯定要代表本部说话，这样我反而不能说我的话了。还是请他们另派。”

“也好！”他说着就走了。

原来在前一天，1924 年 11 月 4 日的下午直至深夜，国务院临时执政，实际上的代总理黄郛召集了一个临时摄政会议决定了请溥仪出宫这个议案：命令警备总司令鹿钟麟、警察总监张璧会同执行，以李石曾为国民代表组织一个办理清室善后委员会会同办理（在这一月以内，我还没有立刻参加）。

在这个时候，驻在故宫同景山的守卫兵士，一共有 1200 多人，隶属京师卫戍司令部。自民国元年（1912 年）起，就在那里驻扎，可以见得袁世凯也怕溥仪万一逃亡，将要生出无穷的麻烦。但是久而久之，政府当局时时更换，这班士兵却还是袁政府北洋军阀统治时代遗留下来的，他们逐渐忘记了自己的任务，转与清室相亲了。

冯系的国民军总司令部为了要执行这样一个任务，反倒要防范这一支政府派遣军，怕他们帮助清室反动。于是总司令部以统一军权的名义，在 4 日上午 10 点钟，先派员将那一部兵士缴械，调驻北苑改编。清室不知所以，当然着了慌，他们急急地写信给国民军询问，总司令鹿钟麟只得派员说明，完全为了维持治安，别无他意。

到了 5 日上午 9 点，司令部又派出一部分军队到神武门一带，命令驻在神武门护城河营房的警察，将他们所有的军械子弹一律缴出，听候改编，或者给资遣散。那里的警察共为四队，每队 120 人，一共 480 人，到 12 点钟，都安稳地缴械点收了。也就派员同所谓清室内务府大臣绍英、朱益藩接洽，请那废帝溥仪即日迁出宫禁；同时要派员点验宫内公私物品。

绍英他们慌忙向溥仪传达，在他们还要说是“奏闻”。溥仪于是召集妃嫔，也算开了一个“御前会议”来讨论这事。

他们得出了一个结论，官式地说：“按照民国元年优待条件，清室本应移居颐和园，只因民国政府不令迁出，延迟至今。清室对于迁居一节，本无所谓，不过时间迫促，实在来不及，宫内各物原属爱新觉罗氏私产，当然有自由处分管理之权，不能点收。”并由绍英等回答了国民军，并且请“约定日期，清室自迁，物件不予点交”。

国民军同他们磋商了两三个小时，认为全部迁出，自然不是仓促可以完成，可以允许稍缓一二日。但是废帝溥仪，应该即日出宫，无论如何，不能延迟。在这相持之际，鹿钟麟故意做了一个引而不发的姿态，他突然传了一个命令说：“叫他们士兵弟兄们不要着急动手，事情还在商量。”给了这个面子，反而促成了溥仪城下之盟。至于皇室的优待费，改定了以后年支50万元。

溥仪屈服了，他没有“挥泪对宫娥”，并见了鹿钟麟。

鹿钟麟问他：“您还是皇帝吗？”

“我当然是国民一分子啊！”他很漂亮地答复。

“那我们当然应该保护啊！”鹿的话也很得体。

被赶出紫禁城时的溥仪

于是急急地传知所谓“大内”各宫太监宫女各人，收拾细软物件，准备出宫，并且发出了“内帑”，每一名太监发银10元、宫女8元。宫内计有太监470多名、宫女100多人，宫内乱糟糟了；绍英又传令各守宫太监照旧负责执行他原来的职务。将宫内还挂着的一面“宣统十六年十月初九日牌示”急急摘去；继续再开第二次“御前会议”，讨论移居何处；决定去醇亲王府。

醇亲王本是溥仪生身之父，当初做摄政王，当时派了内务府总管赶去布置。溥仪以及各贵妃一行，在下午4时10分永别了他们占据了260年的中国宫廷，乘坐着他们第一次受用的汽车，到了醇亲王府。那里自有一种说不出的异样滋味，不必细说。各太监宫女，除了少数仍居原处暂行服务，亲近的十数名随从到了醇亲王府之外，其余一律如鸟出笼，恢复了他们的自由。还有清室附属的司法处等机关，同时自动解散。

汽车是民国国民军司令部预备的，一共是五辆，鹿钟麟司令第一辆为前导，溥仪带着他的随从坐第二辆，溥仪夫人同她的亲属坐第三辆，张璧坐第四辆，绍英等坐最后一辆，也称得上浩浩荡荡一行人，直奔什刹海醇亲王府。

溥仪退出了神武门。一般当时人的头脑中间，还深藏所谓封建思想，对于所谓印玺也者，特别重视。于是第一步接收印玺，称之曰传国玉玺，由鹿钟麟先接收了两颗历代帝王传国玉玺送到国务院，那时代理国务总理黄郛、陆军总长李书城都在院中，亲眼看着他们点收，交由内务部第一科保管（后来仍送回宫内交泰殿）。帝制到此，总算告一段落，并由警厅正式出告示通知全国市民在6日那一天一律悬挂国旗，表示了庆祝。

此时，神武门到后门一带的守卫事宜，由鹿钟麟司令调驻在景山之国民军抽派一连，来担任这一项任务。神武门只派国民军一班，由班长率领回环巡视，神武门内，仍由徒手的旧皇室警察守卫，宫内之太监宫女等，可以自由携带随身用品出宫，经过警察的检查，国民军监视着，如有属于公家的物品，随时扣留。

宫内尚有敬懿、荣惠两太妃不肯出宫，还有瑾妃的灵柩在内，瑜妃指着哭泣，其时停在慈宁宫，不能急切解决，仍由宫监看护着。

说到宫中物品公私之分，国务院议决：组织一个善后委员会，派委员七人来处理；其委员由政府派五人，清室出二人。当时由鹿钟麟与宝熙商洽。

宝熙说："清室只出二人，似嫌太少。"意似不大公允。

鹿钟麟说："如虑照料不周，还可以加推二人以备咨询，或者不至于照料不周。而况政府的目的，仅仅重在取消帝号，其他方面，尽有商量余地，不必过虑。"

宝熙答应了，并且要求了两件事：一、现有太妃二人尚在宫内，其所有宫眷人等出入买办食品一切，不能不随时出入神武门，请让门卫放行。二、宫中妇女还留着不少，老太妃亦在病中，请不要惊扰了她。其实这是在为收拾细软金珠做准备。鹿钟麟对于第一项答应了，印备戳号传知守卫；第二项也含糊应许，随即要求查验各宫。宝熙亲自引导，又于妇女所居之一二处，要求暂免查验，还要给些面子保持她们的尊严，自然是为了掩护她们的财宝。

于是鹿钟麟、张璧、宝熙、耆龄四人开始查验：先由隆宗门（乾清门之西），进内右门到养心殿溥仪的寝宫，他革新了，许多陈设国粹文具、周鼎、商彝之属大致变换了洋式摆设及东安市场儿童玩具。回廊曲折，还有千盆以上的傲霜残菊，满满地在台阶上陈列着。折北转入龙光门，又转广生右门。

储秀宫是皇后住的地方，有乾隆题的匾额，写着"翔凤为林"四个大字。再转后殿是丽景轩，院内也都陈列着盛开的盆菊，宫门在溥仪夫人出宫时封锁了，玻璃窗内，还有吃残的苹果，可怜从此与窗外的菊花，一样干枯了。

再进为敷华门，入长春宫，也是溥仪常常居处的地方，也封锁了，陈设都相当整齐。

储秀宫

由此东出进凤彩门，就是乾清宫了，此殿九楹，高耸独特，为内宫的正殿，与外廷保和殿相连，殿东各宫，没有人住，早已荒废了。在当时宝熙诸位遗老目光之下，对故宫这般光景更不免有禾黍之感吧？这一日的检查，就在此地告终。

11 月 5 日下午，溥仪出宫的同时，在庄士敦的沟通下，荷兰、英国、日本三国公使紧急拜访了摄政内阁的外交总长王正廷，警告他“假若前任皇帝遭受到任何危害，那么，各国列强对中国政府的信任将大为减低”。同时还说：“如果中国政府不从人道主义出发，最后导致什么意外发生，三国政府绝对不会坐视不管。”王正廷向他们保证了溥仪的生命和财产安全，并解释说：“中国舆论一直要求修改退位协议，停止使用皇帝头衔，废除朝廷及内务府，溥仪的身份应该是民国的一个普通公民。内阁相信，这是人民的意愿。为顺从民意，已在准备与前皇室达成一项新的协议，包括发表一项改变皇帝身份的声明，这就是摆在溥仪面前要他接受的修正优待条件。”

也是在 11 月 5 日，冯玉祥控制下的国务院向新闻界公布了《修正清室优待条件》。11 月 6 日，各种报纸以大量的篇幅对溥仪被赶出紫禁城进行报道并纷纷登载各界对此次事变的反应和看法，甚至出现了针锋相对的舆论论战。

《顺天日报》等日商报纸，对溥仪和逊清皇室无限同情，对摄政内阁和国民军进行了激愤的抨击和评论。“逼宫”和“蒙难”一类字眼反复出现。

华北《京津时报》称这次政变植下了不光彩的根子，是中华民国整个兴衰史中最令人讨厌的一页。

各方面的人士也从各自的角度发表了不同的看法。段祺瑞是反对驱逐溥仪出宫及修改《清室优待条件》的。他闻此事后，曾气得将身边

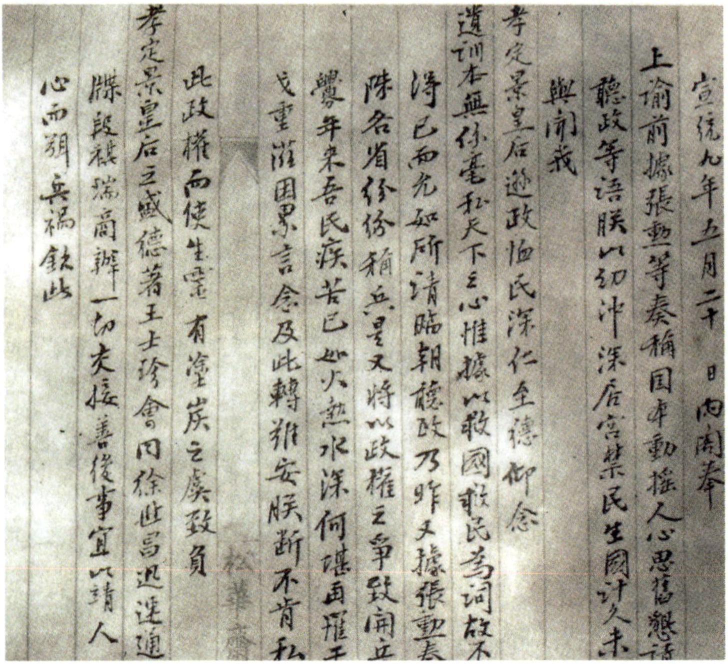
宣統九年五月二十日內閣奉
上諭前據張勳等奏稱國本動搖人心思舊懇請
聽政等語朕以幼沖深居宮禁民生國計久未
與聞我
孝定景皇后遜政恤民深仁至德仰念
遺訓本無絲毫私天下之心惟據以救國救民為詞故不
得已而允如所請臨朝聽政乃昨又據張勳奏
陳各省紛紛稱兵是又將以政權之爭致開兵
釁年來吾民疾苦已如火熱水深何堪再罹干
戈重滋困累言念及此轉輾難安朕斷不肯私
此政權而使生靈有塗炭之虞致負
孝定景皇后之盛德著王士珍會同徐世昌迅速通
牒段祺瑞商辦一切交接善後事宜以靖人
心而弭兵禍欽此

溥仪第二次退位诏书

痰盂踏翻，大骂摄政内阁，并于11月6日上午致电冯玉祥，指责他驱逐溥仪出宫：“顷闻皇宫锁闭，迫移万寿山等语。要知清室逊政，非征服可比，优待条件全球共闻，虽有移住万寿山之条，缓商未为不可，迫之于优待无不刺谬，何以昭信天下乎？”周四下午，段祺瑞再次致电冯玉祥：“清帝迫之出宫，与优待不伦，即移私宅，当加急保护，不可有监视形色，以待从长计议 。”段祺瑞虽然是“北京政变”后期的既得利益者，不乏出自于自己利益考虑而权变的因素在内，但是话说得是冠冕堂皇，迎合了当时的一些舆论倾向。

张作霖也发布谴责冯玉祥的通电，他对冯玉祥军队私自占领紫禁城，撕毁《退位协议》、修改《清室优待条件》、驱逐溥仪出宫极为不满，张作霖认为侵犯皇室尊严之人也是掠夺皇室宝库之人。

康有为此时致电段祺瑞，大骂冯玉祥，并诘问：“条约可随意而废？”11月8日，辛亥革命时期代表袁世凯参加南北合谈的首要人物，参与了与清室商谈《清室优待条件》的唐绍仪在《北华捷报》发文认为：“前既曾同清帝订立庄严条件，则惟有遵守之”；“在未商订新办法前，决不能有所变更也”；“中国人民若因政治上及他项理由，认为此项条件有更改之必要，亦当以合法之程序表示其意。一个人之横暴恣肆行为总不可视作全国人之意愿”；“张勋复辟之时，民国曾有取消清优待条件之动机，当时民国未尝要求更改，今日尚有更改之理由？”；“此破约背信之举亦为军阀专制之一例”；公然表示反对，并向政府提抗议的，当以胡适为典型。也就在溥仪被逐出宫的当天晚上，住在北京西山的胡适“对此次政变还不曾说过话”，“感于一时冲动，不敢不说几句不中听的话”，遂致信外交总长王正廷，信的开头就说：“先生知道我是一个爱说公道话的人，今天我要向先生们组织的政府提出几句抗议的话。我是不赞成保有帝号的。但清室优待乃是一种国际信义条约的关系，条约可以修改，可以废止，但堂堂民国，欺人之弱，弃人之丧……强暴行之，这真是民国史上一件最不名誉的事。”

与此同时，社会上掀起了一阵反对冯玉祥、替清室叫屈的鼓噪。段祺瑞执政府召开“善后”会议时，有所谓正谊书社者，集刻了一本要求保障清帝“权利”的通电，向“邪氛民国”的执政府、善后会议会场如雪片般地分发，对执政府施加压力。该书称“凡属血气之伦，均抱不平之感”，“民情惶惑，舆论沸腾”，“中外震骇，大动公愤”。其主要论调就是攻击冯玉祥驱逐溥仪出宫之举为不合法。

相反，进步力量则对冯玉祥的举措给予坚决支持和高度评价，亦得到人民的热烈拥护和赞扬。北京各界还成立了“反对优待清室大同盟”。溥仪逐出紫禁城的第二天，北京全城悬挂五色国旗进行庆贺。1924 年 11 月 11 日，孙中山致电冯玉祥，嘉奖他废除清室帝号，称此举大快人心，并高度评价说：“复辟祸根既除，共和基础自固，可为民国前途贺。”章太炎也致电冯玉祥、胡景翼称：“念自六年复辟以后，优待条件，当然消灭。”叶楚伧在《民国日报》上发表评论说：“鹿钟麟兵隆宗门，唤令溥仪出宫，将一片中华民国领土还给中华民国，这一阵功烈实不在回师倒曹之下。”

就攻击冯玉祥此举不合法的论调，进步人士也给予了有力的批驳。《清室优待条件》确实是在 1912 年 2 月 10 日得到南京临时参议院通过的，但此后已被清室破坏。孙中山先生在 1925 年 1 月 6 日嘱秘书处给清室的复函中已明确指出这一点：“自建国以来，清室始终未践移宫约，而于文书契卷，仍沿用宣统年号，对于官吏之颁，给荣典赐谥，亦复用弗改，是以民国元年优待条件及民国三年优待条件善后办法中，清室应废行之各款，已悉行破弃。逮民国六年之举，乃破坏国体之大毒。优待条件之效用，更是完全毁弃无余。虽清室於复辟失败以后，自承斯举为张勋胁迫而成，斯言若信，则张勋乃清室之罪人，然张勋既死，又予‘忠武’之谥。实为奖乱崇叛，明示国人以张勋之有大造于清室，而复辟之举实为清室所乐观。事实俱在，俱可复按。则民国政府对于优待条件势难再继续履行。吾所以认 11 月间摄政内阁之条件，及促清室移宫之举，按之情理、法律皆无可议……”

把溥仪逐出紫禁城的冯玉祥在事后又是如何看待此事的呢？冯玉祥说：“我此次班师回京，可说未办一事，只有驱逐溥仪，才真是对得住国家，对得住人民，可告天下后世而无愧。”上述评论是中肯而又客观的，冯玉祥的此举是顺应历史潮流的，深得广大人民支持和赞赏。

溥仪被赶出紫禁城的后果

溥仪的重要转变，是随着他被赶出紫禁城开始的。11 月 5 日下午，当溥仪在鹿钟麟、张璧率军警护送下带着极度的恐惧不安来到父亲载沣的“北府”时，他那颗悬着的心更加收紧了，因为他看到“北府”大门及各个出口已改由冯玉祥的国民军全副武装地把守着，团团包围起来，并且电话不通，这一切表明局势相当危险。

从进门一开始，溥仪最关心的是自己处于何种危险程度，正如他在后来的回忆中所说：“我内心充满恐惧，走进了国民军把守着的“北府”大门，进了我父亲带我进去的屋子。我环顾了一下这个由皇宫降到王府的地方，心中又充满了悲愤和仇恨。这种恐惧和仇恨，从看见国民军代表送来的‘大总统令’起，就在我心里燃烧着，进了“北府”，更加炽热起来，我一刻不停地寻思着，如何能逃出国民军的监视，尽早远走高飞，准备复仇。”

溥仪在这样的变故面前，不是没有自己的想法，只不过形势所迫，让他不得不去考虑眼前的事，所以，能否保证自身安全，离开这个是非之地才是溥仪的当务之急。溥仪这时所想的、所做的，都直接影响到他今后的人生。

出洋，一度是溥仪出宫之后最强烈的愿望。对溥仪的想法，日本方面表现出极大的热情。虽然从紫禁城搬到了“北府”，可实际上，溥仪还是受到冯玉祥的国民军的严格监控。“时鹿钟麟派兵一营围行朝，名为保卫，阴实监视群臣，须投刺许可，乃得入，向夕即出入不通。”将溥仪同外界的联系切断，这种做法在无形中增加了溥仪原本就存在的危机感。

此时，清朝的遗老遗少们都在努力想办法，一方面斡旋于冯玉祥的国民军中，另一方面积极寻求段祺瑞（“北京政变”后得到权力）的帮助，希望他能出面帮助溥仪恢复帝位。对溥仪个人而言，摆在他面前的道路只有三条，第一条，也是他最希望的，就是恢复优待条款，显然这一条最不可能实现。

就在溥仪到“北府”后不久，北京的政局发生了变化，张作霖与段祺瑞合作，大军压境，冯玉祥的国民军被迫退出北京，黄郛摄政内阁倒台。11 月 24 日，段祺瑞出任临时执政。张作霖、段祺瑞都同情和偏袒清室及溥仪。这样，遗老遗少们又把恢复优待条件，让溥仪回到紫禁城的希望寄托在张、段二人身上。但是对于这样的要求，迫于内外压力，段祺瑞也不敢贸然满足，一直不给予明确的答复。11 月 25 日，段祺瑞对溥仪能办的就是下令撤除对他的监视，驻守“北府”的国民军全部撤走，只留几名警察担任警卫，对于人员出入也不过问。

摆在溥仪面前的第二条路就是放弃一切努力，安心做一个平民，但却拥有大量财富。

这一点溥仪本人在“北府”时，和他的弟弟溥杰、堂弟溥佳也曾说过：“这可好了，今后我也是一个平民了，将来我们能够随便出去的时候，我们想到哪里都可以的。”虽然溥仪如是说，但自幼身受封建帝王思想教育的他，心中所想都是恢复祖业，怎肯轻易为平民，显然这第二条路是行不通的；溥仪可选择的第三条路，“是最曲折的道路，它通向海外，然后又指向紫禁城，不过那时的紫禁城必须是辛亥以前的紫禁城。这条路如果用二十年后蒋介石的术语来说，叫‘曲线救国’，而当时的原则是‘借外力谋恢复’”。日本成了溥仪幻想复辟的第一外援力量。溥仪为什么选中日本做靠山，因为日本同情溥仪的境遇吗？当然不是，溥仪需要的不止是一个同情者，而且更需要的是可以倚仗的靠山，溥仪认为日本是帮助他复辟祖业的力量，要利用它实现恢复清王朝的迷梦。这就使得日本帝国主义有机可乘，去笼络、控制溥仪。日本此时虽尚无利用溥仪的明确目的，却一直“把他视为一笔沉睡的财富”，表现出了惊人的热情。溥仪出宫的当天，日本使馆副官中平常松进入“北府”，建议溥仪立即前往日本兵营，因遭载沣反对而作罢。但日军骑兵却到“北府”一带“巡逻”，监视在那里执行软禁溥仪任务的国民军，于是溥仪“对日本人的感情又发展了一步”。

而此时的北京政局更加动荡不安，军阀们是你方唱罢我登场，闹得北京城内人心惶惶。而“北府”中的溥仪更是处于各种不利于他的传言中胆战心惊地煎熬着。“马上要天下大乱，‘赤化主义’对我下毒手，则更无疑问。”“罗振玉的来自日方的消息一向很受我重视。曾以联系日本兵营的连队长何本大佐一事，得到我的信任，他这次报告我说，已确实听说冯玉祥和过激主义分子将对我不利……出事可能就在这一两天，皇上要趁早离开这里，到东交民巷躲避一下才好。”

当时社会上还流传着要杀溥仪以除后患的消息：“昨报载：李煜瀛见段祺瑞，争皇室事，李忿言：‘法国路易十四，英国杀君主，事尤数见，外交干涉必无可虑。’张继出告人曰：‘非斩草除根，不了此事。’平民自治歌有曰：‘留宣统，真怪异，唯一污点尚未去。’”又盛传冯玉祥可能再次对北京采取行动和“孙逸仙即将到京……激进的国民党和苏联的势力可能会支配北京”的消息。此时的溥仪已成惊弓之鸟，中国历史上末代君主的下场会使他相信这些消息。于是，郑孝胥、陈宝琛、庄士敦等师傅急忙为溥仪寻求外国庇护。值得注意的是，“溥仪最初希望到英国公使馆避难，但在那里遭到了劝阻”。而日本公使馆却一口应允。11 月 29 日，当近乎绝望的溥仪和师傅们到达日本公使馆时，受到了空前的礼遇。公使让出了自己的寝室，又腾出一所楼房，遗老们又兴奋起来。“日使处以正寝，礼绝国宾，非徒以皇上往日之余尊，亦视为中国将来之共主，凡在臣僚，孰不庆幸。”可见，日本正是利用了孙中山即将到京，北京谣言四起的机会，策动溥仪逃进了日本公使馆。

溥仪出走“北府”避居日本公使馆的消息引起了轰动，这是继他被逐出紫禁城后的又一次轰动。各种媒体纷纷以头版的大量篇幅进行报道，有的则把矛头直接指向日本公使，“此次溥仪之恐慌与出宅，皆有人故意恫吓，入其圈套，即早定有甚远之计划”，揭露出了日本利用溥仪大做政治文章的阴谋。

综上所述，正是由于溥仪的小朝廷在紫禁城中反复不断地折腾，又是二次登基的复辟，又是沸沸扬扬的大婚，还有损失惨重的宫中大火，在这一幕幕令人应接不暇的闹剧不断的前提下，溥仪被逐出了紫禁城。冯玉祥此举顺应了历史的潮流和民众的呼声，但世上的任何事情都不是百利而无一害的，溥仪出了紫禁城，获得了“自由选择住居”的权利，二十四天后，他就“自由”地进入了日本公使馆，这就为日本进一步拉拢、控制、利用溥仪提供了机会，由此产生的后果是十分严重的。从此，日本帝国主义豢养他成为侵略中国的工具，溥仪也视日本人为恢复祖业的靠山，二者互为利用，使中国人民蒙受了国家分裂的痛苦，而东北人民也在长达十四年的“统治”中惨遭了一场空前绝后的“亡国”灾难。

溥仪在天津

第二章 藏宝散宝的天津寓公

一、国宝秘运天津

溥仪和溥杰从北京故宫中盗运出的奇珍异宝，虽然曾在醇亲王府内集中存放了一段时间，但他们庆幸的是已全部转移到天津日租界那个安全所在，这就足以保证他一生的荣华富贵。

关于事情的经过，我们还是听听当事人溥佳对此的回忆："这批古玩运往天津时，

慈禧画像

手牵羊多拿走一件，同时售价亦有误，还不及原拟价钱的十分之一。溥仪得知此事后，立即派他的随侍祁继忠等入京追寻美国人交涉。同时发出“手谕”让胡嗣瑗筹议补救之策。3 月 19 日，便在北京的六国饭店找到了那位美国人，经过激烈地争论，美国人勉强同意将拟价 30 万元，误卖价仅 2 万元的五件以及多拿的一件退还给溥仪，但其余四件则按原议价买下。这追要回的六件是：《寒林图》《茂林远岫图》《溪风图》《牧羊图》《幽居图》《花卉》。为了安全，以避免意外事件的发生，竟请日本使馆的人将这六幅画带到天津交给溥仪。

以上这一原始材料，十分珍贵。由此可见，溥仪在天津时除去将盗运的国宝售于国内各色人和赏赐给近侍外，还和外国人打交道，而且上当受骗。皇后的英文教师也和美国人互相勾结以欺骗手段对付溥仪，而溥仪又依靠日本使馆的势力而拉大旗作虎皮。溥仪出售国宝已到了饥不择食的地步，出售的数量之多、议价之激烈和地道的古董商无异，令人咋舌之余，实为国宝的流失而痛心。

东陵事件的发生，打破了溥仪依靠军阀政客实现复辟的幻想，从而加速了溥仪依靠外力图谋复辟的步伐。清东陵位于河北省遵化县马兰峪，1928 年军阀孙殿英将乾隆和慈禧太后的陵寝盗掘一空，这件事给溥仪极大的刺激，认为这是一件和他不共戴天的深仇大恨。溥仪在张园摆上香案祭席，供上了乾隆和慈禧的牌位，就像办丧事一样，每天举行三次祭奠，使整个张园都笼罩在悲哀凄惨的气氛之中。溥仪悲痛至极，冲着先祖的灵位发誓：“祖茔被掘，此乃是我身为后世的奇耻大辱，是可忍、孰不可忍，我誓必报此大仇，以慰祖先在天之灵。”溥仪的心中确立了这样一种观念：军阀、政客实不可用，对他们完全丧失了信心，从以往的“依赖”、“利用”，转向了“敌视”和“抛弃”。在此观念支配下，溥仪与各军国主义国家驻天津领事、驻军司令官，开始了频繁的往来和勾结，加紧步伐走向“借助外力”、“还政于清”卖国投敌的道路。

日本人在溥仪心中的位置最为重要。他认为日本是中国邻邦，两

南宋《燃灯佛授记释迦文图》

国在民族心理和地理环境上十分接近。特别羡慕日本“忠君亲上”的“天皇制”，认为这是日本成为亚洲的强国、拥有强大武装力量在制度上的根本保证。中国军阀混战连绵不断，就是因为在中国没有实行“帝制”。而日本正是复辟大清的“第一借用力量”，这样绝好的外援不依靠还能依靠谁呢？溥仪经过长时间的观察和选择，终于把“借助外力，恢复大业”的希望完全寄托在日本军国主义身上。

溥仪在天津的数年中，究竟变卖抵押了多少件法书名画，无案可稽，很难摸清底细。但仅仅赏给经手人的就有《历代帝王像》《步辇图》和《阆苑女仙图》等名作。

《阆苑女仙图》是五代画家阮郜仅存的一件作品，而五代人物画传世的总共也超不过十件。《步辇图》是唐朝阎立本的真迹，反映了唐王朝与吐蕃和亲的重要史实。这两件作品新中国成立后被故宫博物院收回。而与《女史箴图》同等珍贵的《历代帝王像》从天津流出后被卖给日本人，第二次世界人战后为美国波士顿博物馆收藏。

溥仪在天津期间售出的大概有：

王献之的《中秋帖》。

王珣的《伯远帖》。

五代·阮郜《阆苑女仙图》局部

北宋李公麟的《五马图》。此图为李公麟传世之代表作，每段有同时代人、“宋四家”之一的黄庭坚题诗。流传有序，屡经名家递藏和著录，极具历史价值和艺术价值，同时在中国绘画史上也极具历史和艺术地位。在天津售出后一直在日本私人手中秘藏。

传为北宋李公麟的《潇湘卧游图》。为日本菊池惺堂所藏。

南宋赵令穰的《湖庄清夏图》。原流往日本，可能于第二次世界大战后为美国波士顿艺术博物馆购得。

南宋郑思肖的《墨兰图》。此卷有元明人诸多诗题。入明后为诸家递藏，清初为宋荦珍秘。郑思肖开元明之花写意之先声，传世作品绝少，此卷集诗书画荟萃于一卷之中，并有元明清名家诗题，极为珍贵。为日本人阿部房次郎所得。

南宋李嵩的《西湖图》。此卷乃《佚目》外之物。原藏家为上海庞莱臣，现藏于上海博物馆。

金人王庭筠的《幽竹枯槎图》。此乃王庭筠传世孤本。风格上继承苏轼、米芾墨戏之笔，下开元代文人画之先声，在中国绘画艺术史上具有划时代的意义。

元赵孟頫的《滦菊图》。赵孟頫的人、马、山水之作较为常见，惟花卉绝少，尤以写菊确为仅见。此图对全面研究赵氏技法，以及赵氏花卉如何继承并发扬传统，具有极为重要的意义。

元张渥的《九歌图》。《石渠宝笈三编》著录。

元黄子久的《江山胜览图》。

元王冕的《梅花图》。

元赵奕书的《梅花诗》。

《石渠宝笈》著录，山本梯二郎所藏。

元马琬的《幽居图》。清代著录颇多，卷后有日本内藤虎题跋云“近年由宣统逊皇归于我冈部子爵（冈部长景），子爵求予跋”。

溥仪在《我的前半生》一书中称：“民国十六年我出宫后，‘清室善后委员会’在点查毓庆宫的时候，发现了‘赏溥杰单’，付印公布，其中说赏溥杰的东西，皆属琳琅秘籍，缥缃精品，《天禄琳琅书目》所载，《宝笈三编》所收，择其精华，大都移运宫外，这是一点不错的，这批东西移到天津，后来卖了几十件。”溥仪所云“卖了几十件”，可能也包括一些宋版善本书。

溥仪住进天津张园后，开支很大，急需款项，经人介绍，把从故

唐·阎立本《步辇图》

宫里带出来的东西卖到天津的锅店街万昌古玩店，卖价一万多元。这些国宝都是罕见的珍品，天津古玩业闻听此事，非常眼红。当时面粉售价是每袋二元，一万多元的价钱在民间是非常可观的数字，但溥仪不久就挥霍一空。溥仪就又拿出几件珠宝让人售卖，并叮嘱售卖人多到几家古玩店估价，然后再卖，以防上当受骗。经办人先到恒利金店估价六万元，又到天宝、物华金店和东马路、锅店街一带的古玩店，都估价在五万元到六万元之间，最后仍卖给了锅店街万昌古玩店，以六万多一点的价格成交。为什么各家古玩店和金店估计的价格如此接近呢？这里面就涉及新中国成立前天津古玩行的生意经“伙货”起到了作用。当时天津许多古玩店在遇到珍贵珠宝古玩时，相互间就要抬价竞争，结果会大伤元气。为了避免这种经济损失，遇到有珍贵珠宝古玩出卖时，几家古玩店、金店临时组织起来，出资合作，约定将价位压到一定的价钱以内，以后不

论哪家收到货物，所得利润平分。当这批国宝在恒利金店以六万元的价格没有成交时，当场在座的有一位北京客人肖麻子，他对古玩珠宝非常在行，据他鉴定这是一批稀有国宝，能够赚到大钱，就提议这批珠宝为“伙货”。当时他就给十家较大的金店、古玩店报信，见到这批货物的估价不超过六万元，不论哪家成交，都作为伙货，所得利润大家平分，结果万昌古玩店顺利成交。事后，肖麻子得到了这十家古玩店、金店的报酬共计3000元。怕上当的溥仪还是上了当。溥仪对这两次的卖价都不满意，后来他又拿出一批古玩、珠宝卖给了法国古玩商人罗森泰，售价总计60余万元。

天津博物馆现藏清宫内府书画作品有：北宋范宽《雪景寒林图》；南宋赵孟坚的《水仙》卷；明项圣谟的《且听寒响图》等近30件。这近30件清宫内府书画中可能有一部分是溥仪在天津时售出的，有一部分则是后来回流到天津，被天津藏家所购买的。其中也有一部分可能是天津藏家通过设在北京琉璃厂的古董店所购买的。

溥仪在天津期间变卖抵押的除了法书名画之外，还有珠宝翠玉及瓷器等。但其中的许多抵押品与他在北京“小朝廷”抵押给北京盐业银行的有关，有些抵押品则不是从宫中盗出之物。1922年溥仪大婚前后，清室为了筹措大婚经费以及拟赴欧旅费，甚至赈济日本地震灾民费用，曾将清宫珍藏的书画、瓷器、玉器抵押给盐业银行。1924年5月31日经溥仪岳父荣源和内务府大臣绍英、耆龄与北京盐业银行达成80万银元抵押贷款。第一批抵押的是乾隆五十五年铸制的16枚金编钟，第二批抵押的是金宝、金册、金塔等金器，期限一年。溥仪出宫后无力偿还，一部分金器已熔毁，金编钟1932年运至天津盐业银行。其他抵押品玉器、瓷器也运此保管。天津盐业银行与北京盐业银行关系密切，1928年盐业银行总行一度设在天津，因此溥仪存放在盐业银行的抵押品，过期后就有可能变卖或处理。天津博物馆现藏的一对碧玉提梁卣（高约40厘米，宽约20厘米），十分精美珍贵，极可能是溥仪在津期间放在天津盐业银行的抵押品。

溥仪在津期间所散佚的珍宝还包括他赏给近侍的一些东西。如他为酬答其师傅陈宝琛之外甥刘骏业而赏赐给他的有：唐阎立本的《历代帝王像》（此件归刘氏不久即归华北伪政权头目梁鸿志所有。随后转售日本人。第二次世界大战后为美国波士顿美术博物馆所得）和《步辇图》，五代阮郜传世孤本《阆苑女仙图》三卷及宋拓《定武兰亭序拓本》一卷等。从以上作品的历史性和艺术性来看，它们无疑是极具价值的瑰宝。当然，溥仪的酬答如此“丰盛”，与他当时并不了解这一点有关。所幸保管《步辇图》和《阆苑女仙图》的主人，没有转售给外人，新中国成立后捐献给人民政府，后归故宫博物院庋藏。这也实属一场大不幸之万幸了！

三、潜行出津

1931年9月18日，日本帝国主义发动了蓄谋已久的“九一八”事变。溥仪这时已迁到租界内协昌里的“静园”，得知这一消息后，认为借助日本的武装力量，实现“恢复祖业”政治主张的时机已经到来。“我从一听见事变的消息时起，每分钟都在想到东北去，但我知道不经日本人的同意是办不到的。”

日本方面此时在确定殖民统治代理人的心情更为迫切，已经确定了侵占东北后殖民统治的方式，即消灭现有东北政权，树立以宣统皇帝为盟主、接受日本支持的政权。同年的9月30日，日本天津驻屯司令官香椎浩平请溥仪到他的司令部去谈一件重要的事情。溥仪兴冲冲地前去会见了日本关东军高参板垣征四郎的代表上角利一和遗老罗振玉。上角谈了事变后东北的局势，并向溥仪提出请其去往东北的意思。罗振玉拿出了熙洽给溥仪的信，信中劝溥仪速去东北主持大局，罗振玉从旁极力怂恿溥仪速下决心，答应熙洽这一为“人民”设想的要求。香椎浩平也趁势劝溥仪去东北主持大局，如其愿意前往东北，日本可派军舰来接，可保万无一失。尽管溥仪有着即刻返回东北的强烈愿望，这又是他梦寐以求尚且求之不得的好事，他又怎能不愿意去呢？但此事关系到溥仪的前途命运，溥仪表示容他回去考虑考虑再作决定。

日本方面为了尽快达到其目的，特派关东军高参土肥原贤二来到天津，加紧对溥仪的监视和控制。土肥原确认溥仪确有逃往东北之意后，便认为采取非常手段使溥仪就范的时机已趋成熟，必须立即将溥仪挟往东北。1931年11月6日《天津益世报》以醒目的位置，刊登了这样的消息：“土肥原威迫溥仪赴辽，蛊惑日侨与华人寻隙。土肥原秘密来津，匿居日租界常盘旅馆，记者昨日分向各方调查，据可靠消息土肥原确已来津数日，行踪诡秘，除少数日人外鲜有知者，闻其来津任务，系奉该国陆军省之命令，到津煽惑隐居津门之清废帝溥仪赴东北组织独立政府，并鼓动在津日侨，与华人寻隙，造成不撤兵之藉口。已与溥仪晤面数次，正用种种强迫手段威吓，逼其前往有非法不可之事。”这篇报道基本属实。11月2日，土肥原确实前往“静园”与溥仪会面。土肥原为了实现溥仪前往东北的计划，施展出他的惯用伎俩，表现出异常的温文和恭顺，他满口“皇帝陛下”地称道，他请溥仪先赴东北，将要在东北建立独立自主的帝国，可由溥仪主持一切，并保证说：“日本会尊重这个国家的领土主权，一切都可由你自主，如果有任何外来力量敢对于新国家进行干涉，或是使用武力时，日本一定要对此进行积极援助，而和它作共同防御。”土肥原“诚恳的允诺”对溥仪来说正是“对症下药”的诱惑，溥仪认为土肥原是关东军中举足轻重的人物，完全相信了他所说的，认为是到最后下决心的时候了，不能再错过“恢复清朝祖业”的良机。

为了敦促溥仪按计划速离天津，日本军官主义分子制造了一系列的恐怖事件。“溥仪住宅发现炸弹，装于鲜果筐内，与复辟运动有关。”恐吓信、威胁的电话接踵而来。土肥原会见溥仪后，于 11 月 8 日晚亲自策划了“天津骚乱事件”。土肥原指使便衣警察在临近日本租界的中国管区制造事端，勾引中国驻津部队出动平息骚乱。借此时机，日本驻屯军也调动部队，占领了日本租界以外沿线，并全部实行戒严。土肥原向关东军司令部发电报告此事的目的为“天津暴乱实为溥仪出走的一幕”。

溥仪会见土肥原后，便悄悄地做好了潜行的准备。11 月 10 日下午，溥仪唤来亲信随侍李国雄吩咐道：“我今晚要走，晚上不让开车的佟公勇进车房，让他在车房外等着，按照你想的办法，我藏在汽车的后厢里，到时你把车后厢盖盖上。”夜幕刚刚降临，溥仪从楼上走下来，后面还跟着一个人，到了车房后，李国雄正准备扶溥仪上车，这位“皇上”却异常灵巧地自己跳上了车，钻进了车后厢里，紧跟着后面那个人也上来往里钻，李国雄这才看清，原来是另一名随侍祁继忠。两个人钻进狭小的汽车后厢内，大半截身子仍露在外面，溥仪见状十分着急，命令李国雄赶快盖上了后厢盖。李国雄使出了全身力气，终于盖上了后厢盖。这是一辆双座的敞篷跑车，平时这个后厢支起篷来还可以坐两个人，不用时向下一盖就成了平的。

李国雄关上后厢盖后，马上让佟公勇进车房，把这辆“空车”开出去。这辆天蓝色的敞篷小汽车刚开出静园，早就等在那里的两辆黑色轿车便一前一后将装着溥仪的车夹在中间，直奔日本人经营的“敷岛料理店”，把司机佟公勇先轰到一边，打开后厢盖，这位昔日养尊处优至极的“皇帝陛下”面色铁青，非常狼狈地钻了出来。溥仪在痴心妄想着他即将坐上的“皇帝宝座”，同时又对他此后的前途命运危惧不安的思绪中，换上了早已为他准备好的日本军帽和军大衣，换乘日本军车到了约定的码头，同早已等在那里的郑孝胥等人一起，上了“比治山丸”号汽船，闯过中国驻军哨卡，偷渡过白河，半夜时分抵达大沽港外，登上了早已停泊在那里的“淡路丸”号日本商船。自此，溥仪离开了他“寓居”七年之久的天津。

溥仪在天津期间，日本帝国主义正是利用他急于要“恢复祖业”的心理，在对其进行严密控制的同时，又对其进行了种种诱惑，使溥仪按照日本人的精心策划一步步地向前走，最后终于走上了卖国投敌的汉奸道路，成为日本帝国主义进行殖民统治的工具。

溥仪身穿陆海空大元帅礼服做傀儡皇帝

第三章 傀儡皇帝的宫中珍宝

一、傀儡登场

1931 年 11 月，溥仪在日本关东军的安排下，从天津秘密渡过白河，潜入辽宁营口汤岗子温泉疗养区，住进“满铁”所经营的“对翠阁”旅馆。不久，又转往旅顺肃王府。其后，由日本关东军操纵的“建国会议”，通过了溥仪充当“满洲国”元首的议案。于是，在日本关东军的导演下，东北各式各样的所谓“请愿代表”纷纷出面要求溥仪担任

伪满初期的溥仪

"新国家之元首"。同时，日方亦派人通告溥仪在这场傀儡戏中所要出演的角色。

1931 年 9 月 18 日，日本关东军制造了震惊中外的"九一八"事变，随即武装占领了我国的东北三省。究竟采取什么样的方式来统治这块土地，日本关东军进行了紧张的策划，最后制定出了一个《满蒙问题解决方案》。根据这个方案，日本侵略者极力搜罗汉奸建立一个肢解中国的傀儡政权。这个政权，当时任关东军司令官的本庄繁说得十分明确，那就是"表面上由中国人统治，其实权力掌握在我方手中"。于是，日本关东军开始精心导演了一出傀儡戏。

何谓"傀儡"？原指木偶戏里由人操纵、控制的木头人，也作为木偶戏即傀儡戏的简称。其隐喻受人利用、摆布，毫无自主权的人或集团。

但作为编剧和导演的日本侵略者，他们的心中十分清楚，在伪满洲国台上演出的并非真正的木偶，而是有血有肉、有思维、有七情六欲的活生生的人。若想把他们变成甘愿受操纵、摆布的傀儡，使他们真正领会编导者的意图，并忠实地履行各自角色所应担负的责任，在进行武力征服的同时，还必须依据傀儡的标准和条件进行严格的筛选。

溥仪便是建立伪满政权物色的首选对象。据当时参与策划建立伪满洲国的关东军参谋花谷正回忆："我们所考虑的独立政权之首脑条件是:（1）为三千万民众所敬仰，出身世家而有德望的人;（2）满洲人;（3）不会跟张作霖或蒋介石合作的人；（4）肯跟日本人合作的人。而从这些条件来衡量，最理想的人选当然是溥仪。"曾任伪满总务厅次长的古海忠之也说："将隐居天津的清废帝宣统溥仪召至满洲，使之充任国家元首，其理由是:（1）清朝的始祖发迹于满洲，溥仪从血统上是满洲人;（2）因此溥仪在满洲土著民等多数民众中，无疑受到尊敬；（3）溥仪同张学良政权及国民党政府没有任何关系；（4）从溥仪过去的经历来看，可以和日本人合作。”

溥仪作为清朝的末代皇帝，丢了“天下”，深感对不起列祖列宗，“恢复祖业，还政于清”，便是其朝思暮想之事。为了达到这一目的，溥仪是不择手段的。尤其是听信了日本人的引诱和鼓动后，便产生了借日本势力复辟满清王朝的梦想。日本侵略者也正是抓住并利用了溥仪的这种心理，扶植其充当了头号傀儡。

1932年1月29日，板垣奉关东军司令官之命，赴旅顺征询溥仪的真意。溥仪虽然同意当“新国家之元首”，但却主张恢复帝制，保留“皇帝”称号。而板垣却按照日本军部的决定，扶植以张景惠为首的“东北行政委员会”，通过了在东北成立“执政制”的“满洲国”议案。溥仪闻此消息，深感失望和愤慨：“这时占据我全心的，不是东北老百姓死了多少人，不是日本人要用什么办法统治这块殖民地。它要驻多少兵，要采什么矿，我一概不管，我关心的只是复辟，要他们承认我是个皇帝。”

2月22日下午，为了向溥仪最后摊牌，板垣按照日本关东军司令官本庄繁的安排，于旅顺再次会见溥仪，表明了关东军对建立“满洲新国家”的态度：“这个新国家的名字是‘满洲国’，国都设在长春，因此长春改为新京；这个国家由五个主要民族组成，即满族、汉族、蒙古族、日本族和朝鲜族。”说着，板垣还从皮包里拿出五色的“满洲国国旗”放在溥仪的面前。溥仪曾生气地质问道：“这是个什么国家？难道这是大清帝国的复辟？”“这是一个新国家，东北行政委员会通过决议，一致推戴阁下为新国家的元首，就是‘执政’。”溥仪一听板垣叫他“阁下”，更是气得要命，认为“宣统帝”或“皇帝陛下”的称谓就此被人取消了。溥仪曾激动地大声嚷道：“名不正则言不顺，言不顺则事不成！满洲人心所向，不是我个人，而是大清的皇帝。若是取消这个称谓，满洲人心必失，这个问题必须请关东军重新考虑。”板垣对此毫无顾虑之意，态度十分强硬地回敬道：“满洲人民推戴阁下为新国家元首，这就是人心所归，也是关东军所同意的。”“军部要求再不能有所

溥仪用过的《未来预知术》

改变。如果不接受，只能被看作是敌对态度，只能用对待敌人的手段做答复。”在日本人的威逼胁迫下，溥仪表面上以“暂定一年为期，如逾期仍不实行帝制到时即行退位”为掩饰，而实际是乖乖地就范了。

这年3月，在关内已是春风送暖、杨柳吐绿的春天了，但东北大地上仍是北风呼啸、天寒地冻。

从旅顺出发前，溥仪要算一算他的前途命运。他拿着《未来预知术》连卜三卦，都不大吉利，真不知是吉是凶啊！

对于溥仪赴长春就任伪满洲国“执政”的过程，当时曾有这样一段记述：

> “满洲国执政”溥仪与夫人婉容及令妹于八日午前八时乘专列由汤岗子出发，直晋“首都”长春。是日，郑孝胥、罗振玉等重臣及张景惠、赵欣伯、谢介石等开国元勋，并其他随员六十余人，亦扈从而行。比及午前十时车至奉天站，乃停车十分钟，亲受袁金铠、臧式毅等及其他中外要人之恭送。是时春光熙熙而晕，只见“执政”倚窗受贺，态度活泼，举动高雅，众皆相庆元首得人。移时汽笛一声，车乃北向“新都”出发矣。

溥仪乘坐的专列于同日下午三时抵达长春车站，溥仪油然而生“山重水复疑无路，柳暗花明又一村”的快慰之感。站台上的军乐声震耳欲聋，人们的欢呼声沸沸扬扬。站台两侧排列着日本宪兵，宪兵后面站满了身穿长袍马褂、西服革履和日本和服的各色人群，手中挥舞着“黄龙旗”和“太阳旗”。溥仪走下火车后，感到自己的身体高大了许多，腰板也似乎硬了起来。

溥仪夫妇到达长春

“‘皇上’，这里跪迎的都是旗人，他们终于把‘皇上’您盼来了！”前来迎接的皇族熙洽指着跪在站台上的一片人说。溥仪望着“吉林满洲旧臣迎銮团”的旗帜和忠顺的“子民”们，不禁激动得、确切地说是被感动得热泪盈眶。他似乎又看到了希望，听到人们在山呼："皇帝万岁，万岁，万万岁！"

溥仪望着前来迎接的车队40辆汽车一字排开，便兴冲冲地与婉容登上了第三辆黑色轿车。车队缓缓地离开了站前广场，卤簿前驱，扈从其后，向伪临时执政府驰去。

充任"执政"的溥仪

伪临时执政府设在长春七马路的长春道尹公署旧址。该署址建于1909年，造价为9万两白银。其房舍为青灰色砖瓦水泥结构，呈现代建筑风格。建成后，曾先后做过吉长道尹衙门、吉林督办公署、伪长春市政府的办公地。当时，为给溥仪就任"执政"准备场所，熙洽拨款12万元，对建筑重新进行修缮，并定为伪满临时执政府所在地。不久便移往伪满皇宫。

3月9日下午3时在伪临时执政府举行了"满洲国执政就职典礼"。溥仪身着西式大礼服，由侍从武官长张海鹏为先导，8名文武官员随同，缓缓地登上了堂中正面的方台，坐在背靠明黄色屏风的"执政宝座"上。仪式按照事先安排好的程序进行，溥仪接受参列者行三鞠躬大礼后，张景惠捧着用黄绫包裹的"国玺"，臧式毅手捧"执政之印"，呈献给溥仪。接着，由郑孝胥代表溥仪宣读"执政宣言"，"满铁"总裁内田康哉代表日方致辞，罗振玉代表溥仪致答谢辞。最后，溥仪在众官簇拥下来到院中央，军乐队奏响"满洲国国歌"，由赵欣伯扯起"满洲国国旗"。众人毕恭毕敬地注视着"国旗"的升起，并狂热地三呼："满洲国万岁！""执政万岁！"典礼结束后，溥仪一副踌躇满志之态端坐在45位参列者中央合影留念。

历史真实地记录了这充满耻辱的瞬间！日本侵略者将其霸占的中国东北又堂而皇之地罩上了"独立国家"的光环。由此，三千万东北人民开始了长达14年的苦难殖民地生活。而溥仪却以出卖民族利益为资本，获得了"国家元首"的赏赐。

没过多久，也就是同年的4月3日，临时"执政府"即由原来吉

伪满皇宫全景

长道尹衙门迁到修缮一新的原“吉黑榷运局”。这里原是吉林、黑龙江两省盐务的管理稽查机关，后俗称为“伪满皇宫”。

伪满皇宫虽远比不上北京的紫禁城，就是与天津的张园相比也要略逊几分，但它却是“新京”内装有暖气设备的最好建筑之一。这里不但为溥仪专设了寝宫、办公楼、觐见室、宴会厅等，还为他修建了东西两座花园。

溥仪或许真的是位“真龙天子”，是有“皇帝命”的。当然主要是为了适应日本殖民统治的需要，日本人决定改变伪满洲国政体，由执政政治变为君主立宪制，目的就是为了将其拼凑的伪国家，打扮成所谓的“王道国家”，使其更富有欺骗性。

1933 年 10 月，日本关东军司令官菱刈隆正式转达日本政府的允诺，承认溥仪为“满洲帝国皇帝”。这对于日思夜想“恢复祖业，还政于清”的伪满执政溥仪来说，的确是头等欣喜若狂的大事：“我得到这一消息，简直乐得心花怒放。”溥仪万万没有想到，自己多少年来梦寐以求的凤愿突然实现了。他兴奋、激动，微闭双眼、双手合十，默默地祷告着，是向上苍，还是向列祖列宗？没人知道。

着军装的伪满洲国皇帝溥仪

尽管溥仪做的是“傀儡国家”的“儿皇帝”，但日本侵略者也要堂而皇之地实行“假戏真做”，将“满洲国”打扮成“独立国家”的样子。在日本军方的直接授意下，伪满洲国上下提前几个月就开始准备，对这次“登基”大典的每一道程序和每一个环节都做了周密的安排。

其实，就在伪满政府官员为改行帝制摇旗鼓舌之时，日本关东军早将溥仪“登基”之日定为3月1日，就连溥仪是否穿龙袍“登基”也要受到日方的限制。为此，溥仪曾大为愠怒，但最终还是按照日本主子的旨意行事。因为，日本关东军是伪满洲国的“太上皇”，傀儡皇帝遵从“太上皇”的旨意是必然的，亦是不足为怪的。

1934年3月1日晨7时30分，溥仪的第三次“登基”大典正式开始。郊祭是皇帝“登基”前必不可少的祭天仪式。“天子受命于天”，岂有不祭天和祖先之理。溥仪作为清室的正宗，祭天时应效仿祖制穿龙袍。为此，溥仪特意派人去北京，从荣惠太妃那里取来了一件已保存二十多年、光绪皇帝曾经穿过的龙袍。可关东军却要行使“太上皇”的权利，偏不许溥仪穿龙袍，只能穿“满洲国”陆海空军“大元帅正装”。其理由是，日本人只承认“满洲国”皇帝，而不承认大清皇帝，更不承认后

溥仪祭天的天坛

溥仪“登基”时的勤民殿宝座

清皇帝。因此，不能穿清朝的龙袍。溥仪曾派郑孝胥与关东军交涉，结果都碰了钉子。后来，在板垣的调和下，才采取了“折中”的办法，允许溥仪祭天时穿龙袍，“登基”时则必须穿陆海空“大元帅正装”。

“郊祭礼”在杏花村顺天广场（今长春文化广场）举行。从伪满皇宫到杏花村一线军警林立，戒备森严。溥仪的卤簿车队浩浩荡荡开出，鸣礼炮101响。8时15分，身着龙袍的溥仪乘大红色“御用汽车”，在前引后扈之簇拥下，先进入八卦红黄幔帐之内洗手净脸，称之为“盥洗”。

祭天的高台较之北京的天坛自然逊色许多，但其规制却还算说得过去，“画方320尺，坡高120尺，上顶7尺，直径27尺”，四周皆以黄缎围遮。

参加郊祭仪式的除日满官员外，还有两百多名记者。陪祭官郑孝胥、张景惠、罗振玉、沈瑞麟四人先前行至“天坛”之下敬候，溥仪方缓缓而出向“天坛”面南而方（升坛），其后分东西排列的陪祀官，亦一同向天坛而面南。8时30分，点燃篝火，恭迎诸神（燔柴迎神）。之后溥仪向象征天地日月四神的四柱行三跪九叩的大礼（献爵三），礼毕降坛（复位）。祭天仪式于9时零5分结束。

“登基”是大典的第二程序。“郊祭礼”结束后，溥仪不敢违抗关东军司令部的约定，马上脱去龙袍，换上陆海空军“大元帅正装”。由日本人所设计的这套军礼服，为海蓝色。军帽高檐式，帽顶金光闪闪，上有一绺狮毛帽缨垂下，帽徽是高粱和五彩金星图案。军礼服有两排纽扣，衣襟绣有金色的双龙图案，衣袖绣有龟甲形图案和三条金线，胸前佩“兰花章”、“建国功劳章”等多枚徽章。肩附海军式肩章，上部嵌兰花及银星三个，腰间挂一柄大元帅佩刀，刀鞘上有许多黄金饰物。

午前11时，参加即位式的日伪高级官员纷至沓来，车停于伪满皇宫兴运门外的广场。伪国务总理郑孝胥、伪参议府议长张景惠及特任各文武官员，日本驻满全权大使和关东军、驻满海军部长官及“满铁”正副总裁等，由礼官导引入勤民殿觐见室，恭迎溥仪的到来。12时，在悠扬的古乐声中，大礼官恭导溥仪入勤民楼正殿。“捧诏官”持“改元（年号）诏书”，“持玺官”将“御玺”置于玉座旁案上，而后肃立桌侧。文武百官入殿分列左右，溥仪登上装饰兰花御纹章的高背宝座接受朝贺。以郑孝胥、张景惠为首的文武百官向溥仪行鞠躬礼，溥仪以半鞠躬还礼。然后，“捧诏官”谨展“诏书”，“持玺官”启“玺”，溥仪以“御玺”钤于“诏书”。“御览”之后，授嘱“捧诏官”宣读，定国号为“满洲帝国”，年号为“康德”（含敬奉先帝康熙、光绪之意，因光绪死后的庙号为德宗），百官三呼“皇帝陛下万岁”。至此，“登基”大典仪式方告结束。

溥仪陶醉在第三次“登基”的喜悦之中，他在供奉列祖列宗的牌位前焚香祭拜着：“仰仗列祖列宗在天之灵，不肖子孙现又以君王的姿态站立在祖宗的发祥之地，我将牢记先祖的遗训，勤政爱民，恢复祖业……”

这只不过是溥仪的梦呓之语，日本人恰恰也就是抓住了溥仪企图借日本势力复辟满清王朝梦想的这种心理，扶植其充当了头号傀儡，从而将其牢牢掌握在手掌之中而任意摆布。溥仪只是台前出演的木偶，严格地受到这出傀儡戏的幕后导演日本关东军的控制和操纵。

然而，当时将自身命运与日本侵略者的命运联系在一起的溥仪，决不会感到充当傀儡的耻辱和悲哀。因为甘当傀儡和当惯傀儡的人，是永远感觉不到寄侵略者羽翼下的那种苦涩、羞惭和屈辱的滋味的。究其根本所在，就是他已失去了做一个中国人的良心、勇气和脊梁。

二、前宫后殿的伪满皇宫

伪满皇宫坐落在长春市东北一片略微隆起的地方，高高的1534米长的黑色围墙把13.7万平方米的土地圈了起来。伪满皇宫由东西不对称的四部分组成，呈南北窄、东西宽的梯形格局。宫墙内又分为东西不对称的两个院落。西院由三进式四合院构成，与传统四合院不同的是，所有正房都是二层青砖小楼，在宫墙上，还建有十个钢筋混凝土的岗楼，形成一个壁垒森严之状，这恰恰呈现傀儡皇帝政治监狱之特征。

1934年竣工后的莱薰门

伪满皇宫的主体是坐落于其中部的内廷和外廷，两者以中和门为界。内廷是溥仪及其家眷居住和日常生活的区域，分为东西两院。西院以缉熙楼为中心，四周辅以古式带廊瓦房而围成四合院。缉熙楼是溥仪寝宫，为二层灰色旧式小楼。四周瓦房为中膳房、茶房、西膳房、司房及佣人的住房。此外，缉熙楼西部有一别致的小型中式古典花园——西御花园。东院以同德殿为中心，附有东御花园、游泳池、假山、养鱼池、地下防空室、网球场、书画库等建筑。东院是后来修建的，远远望去，灰蒙之中几幢零乱的建筑，倒真像一座没有铁丝网的监狱，牢牢地监禁着“满洲国”傀儡皇帝，人称“圈龙溥仪”。

同德殿的建筑规模居伪满皇宫之首，为二层日本宫殿式建筑。外廷是溥仪进行政务活动的场所，位于中和门以北。以勤民楼为中心，附有怀远楼、嘉乐殿和日本宪兵班等建筑。勤民楼为溥仪的办公之处，是建于1914年的欧洲哥特式建筑。溥仪称“帝”举行“登基”大典，接受伪满官吏朝贺和接见外交使节等重要活动均在此举行。怀远楼，类似北京故宫的太庙，是供奉溥仪列祖列宗神灵牌位之所在。嘉乐殿是溥仪举行大型宴会和赐宴的场所。日本宪兵班则是日本侵略者安插在宫中监视溥仪的特派机构。

此外，伪满皇宫西部有跑马场、汽车库、花窖、禁卫军营房，东部有“建国神庙”、祭祀府、近卫军营房、“皇帝”铁路专用线等建筑设施。

伪满皇宫整个建筑群并不配套成龙，建筑风格也不统一，既有欧洲哥特式的建筑，又有中日合璧的殿堂，也有中国旧式带廊瓦房。可以看出，这位“皇帝”已经没有了昔日紫禁城的威严和堂皇，而今却不得不栖身于这种不伦不类的皇宫中，充当傀儡角色。

虽然溥仪得到了“皇帝”的封号，但伪满皇宫仅是民间的俗称，其实在伪满时的法定名称是“帝宫”，不叫“皇宫”。因为伪满洲国比日本矮一辈，日本可以称皇宫，它用“皇帝”前边的一个“皇”字，伪满只能用后边的“帝”字，如日本叫“皇室”，伪满只能叫“帝室”，幸亏日本称为“天皇”，不然溥仪连这个“傀儡皇帝”的称号也得不到。

伪满皇宫共有7座宫门，其正门称之为莱薰门，高6.72米、宽19.74米，两旁有两个砖砌的小边门，中部镶有花岗石，上部镶誉国石，门扇为熟铁制成，中间的图案是铸铁的，门扇正中的正反两面共有8个兰花御纹章（伪满皇帝特有的专用标志为兰花图案），皆为镀金装饰。此门专供“皇帝”及日本关东军司令官出入时使用。西侧的大门叫保康门，为宫内外人员出入之门。

同德殿

过莱薰门，便是同德门，这是个很大的门，它仿照中国古式宫门，用不锈钢制成，上面整齐排列着11排大铜钉子，每排9个，正取“九十九”之数，既寓意深刻又宏伟庄严。按照中国古代的传统说法，九为阳数的极数，即单数最大的数，超过九，只是零的增加，故多用九数附会帝王，久而久之，“九”这个数字，就被皇帝独占了。

主体建筑同德殿

进同德门之后，便是伪满皇宫的东院，院内那幢坐北朝南的二层楼，便是同德殿。同德殿是主要的宫中建筑。1937年日本关东军也觉得傀儡皇帝的门面过于寒酸，为了遮人耳目，对这个帝宫的门面又加以装潢了一番，在原盐仓的位置上开始修建同德殿，1938年末竣工。这是伪满皇宫中规模最大的一座建筑，日本人负责设计和施工。为了表示出“满洲国”是“中”日合璧、日“满”同德同心，因而宫殿的造型设计很特殊，竟然挖空心思地想出在房檐每一片瓦当和滴水上分别烧有“一德”、“一心”的字样，同德殿的名称即由此而来。

同德殿是二层宫殿式建筑，黄色瓷砖镶面，琉璃瓦铺顶，自由式不锈钢门位于大殿西侧。同德殿内的装饰，极为堂皇，木造墙壁的格内都用缎子装饰，天花板仿旧宫殿做法。

同德殿地上两层，一楼是溥仪处理政务和娱乐的场所，主要有广间（即大厅）、候见室、叩拜间、便见室、中国间、钢琴间，台球间、日本间、电影厅等。同德殿建成后，溥仪经常在广间接受朝贺，举办家宴。1941年太平洋战争爆发后，溥仪为表效力其主子的忠心，以实际行动支持侵略者发动的侵略战争，“率先垂范”将广间的四盏铜制大吊灯全部捐献给日本侵略者。在叩拜间里接受朝贺、处理政务、接见外宾，每逢万寿节和其他重大节日，溥仪都在此接受家眷、皇族子弟及亲朋近侍人员的三跪九叩之礼。

同德殿的二楼为生活区，原设计为溥仪和婉容的寝宫，但该楼建成时，婉容已被打入冷宫，所以没能搬入。而溥仪也因疑心日本人在同德殿安装窃听设备而未使用过。直到1943年福贵人李玉琴进宫后，同德殿内所设计的婉容的寝宫才由这个新贵人使用。

下面简单介绍一下在同德殿中居住了两年四个月的溥仪的第四位妻子李玉琴。

溥仪的第三位妻子谭玉龄死后（关于谭玉龄的事情后面还要详细加以介绍），日本人就准备给溥仪安排个日本女人顶替这个缺，对此溥仪在《我的前半生》中曾有叙述，他说：“我拿定了主意，决不要日本妻子，因为这就等于在我床上安了个耳目……”在溥仪的反对下，日本人同意溥仪选一个中国女子为妻，溥仪的选择标准正如他自述的心态：“我最后决定挑一个年岁幼小的，文化程度低些的，也还好对付。而且只要我功夫好，也会把她训练回来。”1943年4月，年方十五岁，还在伪满新京南岭女子优等学校一年级读书的李玉琴，以到“宫中读书”的名义被选入伪满皇宫。溥仪还是在挑选照片时，就觉得胖胖的圆圆脸的小姑娘，虽说是稚气未退，但确是有福的样，所以在李玉琴入宫后，便册封为“福贵人”。

李玉琴原籍山东，其祖上是在清光绪年间“闯关东”来到长春郊区的，直到她爷爷那辈仍是租种土地的佃户。她父亲在长春南关的田家馆子跑堂，家境贫穷。

李玉琴入宫后，同德殿是她的活动天地。1945 年 8 月，伪满垮台前，李玉琴随同溥仪一起逃到通化大栗子沟。溥仪被俘到苏联后，李玉琴被遣返回长春。1956 年，她被安排在长春市图书馆工作。1957 年 5 月与溥仪正式离婚。2001 年 4 月病死于长春，时年七十三岁。

同德殿前面有一个大的广场，是溥仪举行重大活动和阅兵的场所，其中最为典型的是：从 1944 年开始，溥仪就在同德殿前的广场上，接见一批又一批日本的“神风队员”。他们是从关东军中挑出来的，其任务是以自己的身体和所驾驶的飞机作为炮弹，向对方发起有去无回的攻击。这些被当成肉弹的日本军人，接受了法西斯军国主义教育，头脑里充满了为天皇尽忠、为天皇效命的法西斯侵略思想。他们确实认为“神风号”飞机有“神性”，“飞机是自己身体的一部分”，因此，甘愿把温暖的肉体变成冷酷无情的钢铁炸弹。这些“神风队员”每次“玉碎”之前，都要泪流满面地进宫接受溥仪的接见，溥仪与每个队员握手、干杯，并高呼“天皇陛下万岁”，送他们去死。

竣工时同德殿内的广间

同德殿仍是临时的宫殿，日本人筹划在原杏花村一带（即今长春市文化广场）修建正式宫殿，并已开始施工。后来由于日本在太平洋战争中节节失败，工程也就停止了。

同德殿修建精细，耗资巨大，内部装饰和陈设十分豪华，与当时在日本铁蹄下东北人民极端困苦的生活形成了鲜明对照。尽管同德殿如此豪华，溥仪却因疑心日本人在这里安了窃听器而始终未正式在此居住，他的实际生活区域是伪满皇宫的西院。

同德殿南面有花园和假山，花园内栽培了各种各样的花卉（盛行的君子兰就是从伪满皇宫传之于世的），假山上种植了各种树木。假山是利用挖防空地下室的土仿照长白山山形堆积而成的，即寓意于“满洲国”也要由此兴旺；假山下是专为溥仪修建的防空地下室。

独特的建筑——防空地下室

同德殿东南 20 米一个高高隆起的土山下修建的防空地下室，全部为钢筋混凝土结构，坚固异常。与历代皇宫相比，防空地下室是伪满皇宫中一项颇具特色的建筑，地下室在其他皇宫肯定有，但为了躲避空袭而修建的防空地下室，伪满皇宫可以说独一无二。

防空地下室修建于 1939 年，为增强其防爆能力，用混凝土修筑，外壁 1 米厚、上盖 3 米厚、地基 1 米厚。同时还用挖防空洞的土，在上面修建了一座 7 米高的土山，也就是我们前面提到的假山。防空地下室的总使用面积为 132.8 平方米，主要有台阶、地下走廊、抽换气室和 5 个避弹室。为了保证防空袭人员的安全，在换气室里安装了两套通风抽换气设备。

防空地下室是坚固的，但傀儡皇帝可悲的失败下场也是注定的。

1945 年 8 月，苏联红军以迅雷不及掩耳之势，击溃了关东军的数十万最精锐的部队。8 月 8 日晚上 11 时，溥仪在缉熙楼上刚刚吃过晚饭，正神情沮丧地思虑自己的后路时，刺耳的空袭警报骤然响起。丧魂失魄的溥仪带着福贵人李玉琴在随侍的护卫下慌忙躲避，地下室此时才算是真正派上了用场。8 月 9 日，关东军司令官山田乙三到伪满皇宫同德殿告知溥仪，日本由于战备上的关系将退守南满，并准备同苏联红军决一死战，让溥仪即日带领家属等移住通化大栗子沟。溥仪以家属及佣人行李甚多，当天无法动身为由，苦苦地哀求，总算得到三天的“恩准”。就在他们话还没有谈完时，外面又响起了空袭警报声，关东军司令官及随行哪还顾得上“威严”、“面子”，和溥仪争先恐后地钻进了防空地下室。

8 月 11 日，溥仪仓皇逃离伪满皇宫。至此，防空地下室作为伪满皇宫中的独特建筑结束了它的使命。

供奉溥仪新祖宗的“建国神庙”

提起“庙”来，人们也许就会想到众多的“神”、“佛”以及在人们心理上的庇佑功能。

然而我们这里所说的“建国神庙”，却是在东北沦陷期间日本帝国主义进行宗教侵略的历史见证，记载着我国东北人民的血与泪、悲惨与耻辱。

关于“建国神庙”的历史情况，在以往我们所掌握的资料中有一些记载，对于此庙的位置、建筑规模也有大量的了解。随着对伪满皇宫旧址的全面保护、恢复工作的开展，2001 年秋天，我们对“建国神庙”遗址进行了有针对性的发掘，使这处掩埋在地下 56 年的日本侵华罪证重见天日。同时，我们对历史资料中的记载作出了准确的无可辩驳的注释，也修正和补充了一些回忆和资料中的不足。这是对日本国内右翼势力和某些政要不承认侵略历史事实、不承认侵略战争罪责、不妥善解决战争遗留问题、不反省自身历史错误的有力回击。

“建国神庙”位于伪满皇宫的东南隅，北邻伪满皇宫的主体建筑同德殿，西连“东御花园”，占地 1540 平方米。四周建有条石围墙，此次发掘出的围墙基础保存完整，围墙外辅以绿色樊篱。日伪统治期间，此区称之为“神域”，即所谓的“神圣不可侵犯之处”。“神庙”建于此区域的北部靠围墙处，坐北朝南，庙的地基为混凝土浇筑，地面以上为纯木结构，完全的日本寺庙风格。

遵照关东军的指令，溥仪于 1940 年 6 月第二次访日，把“天照大神”接到了东北。所谓“天照大神”，是日本统治阶级为愚弄人民、维护其“万世一系”的天皇制而臆造的根本就不存在的天神。日本关东军为此作了进一步的解释：“天照大神”是日本天皇的祖先，每代天皇都是“现人神”即大神的化身，大神的神体即所谓的神器，无非是一件八板琼曲玉、一面八咫镜、一把草薙（剃）剑，还说这三件神器象征着仁、智、勇。当然所谓的神器都是复制品，那面八咫镜就是一面圆形银镜，是在日本京都用银 80 两定做的。

“天照大神”在日本有着极深的社会基础，成为社会信仰的核心、阶级统治的工具。尤其是在近现代日本走向军国主义道路的过程中，“天照大神”作为一个“国神”成为被军国主义狂热崇拜的偶像，成为一种推行侵略扩张政策的超宗教的动力。正因为如此，日本关东军才指令溥仪把“天照大神”接到我国东北。其实，“建国神庙”早在溥仪访日前 4 个月就已设计动工，溥仪访日归来后，这座神庙已装修完毕。

日本帝国主义利用伪满皇帝要求东北人民信奉“天照大神”改变祖宗。之后东北各地也都按照规定建起这种“神社”，数量竟有 295 所之多。日本侵略者要求东北人民按时祭祀，并规定无论任何人走过“神社”，都要行九十度的鞠躬礼，否则就按“不敬罪处罚法”加以惩治。

“天照大神”已成为了溥仪的新祖宗，每月的初一和十五，溥仪连同关东军司令官都要率领着文武百官到此祭祀一番。

更为可笑的是，溥仪每次去参拜“天照大神”之前，都要先向自己的祖宗磕一回头。到了“神庙”，面向“天照大神”的神龛行礼时，溥仪的心里总是念叨着：“我这不是给它行礼，这是对着北京坤宁宫行礼。”溥仪这被人掉换了祖宗的沮丧心情只能是通过这种方式来自我解嘲。

溥仪虽然在极不情愿的情况下掉换了祖宗，“这件事违背了我的‘敬天法祖’的思想，所以我的心情比发生‘东陵事件’时更加难受”，但为了保持傀儡皇帝的地位，溥仪不惜出卖祖宗和民族，发布了那个定“天照大神”为祖宗和国教的《国本奠定诏书》：“敬立建国神庙，奉祀天照大神……式为水典，令朕子孙万代祗承，有孚无穷。”溥仪对迎来的新祖宗，尽其顶礼膜拜之能事，本意虽不情愿，但在形式上却是十分虔诚地祭祀起了“天照大神”。

1940 年 7 月 15 日，伪满政府还以敕令的形式发布了“建国神庙祭祀令”，明文规定了伪满皇帝“亲祭”制度：每逢“大祭”，“皇帝”必须“亲行祭典”；每逢“中祭”，“由皇帝亲行拜礼”等。溥仪对此是不敢违背的，不但照行无误，而且还在不断地增加“亲祭”的次数。每月初一、十五的“元神”祭日，溥仪要和关东军司令官及伪大臣们到“建国神庙”去参拜；各种纪念日要去祭祀，如“万寿节祭”、“纪元节祭”、“建国节祭”、“天长节祭”等；岁令时节祭祀，如“岁旦祭”、“祈谷祭”、“尝新祭”等；溥仪进行最多的是临时性的“亲告祭”，只要有少许“理由”，便去“亲祭”。

溥仪去“建国神庙”的仪式大体是这样的：祭祀前，要在庙前小院内接受“神官”洒大米的修跋仪式，庙内还专为溥仪设有座位，每次入庙当然都是“皇帝”走在最前面，“神官”宣读祭文后，溥仪率众向“神器”行九十度鞠躬礼。

日本的“天照大神”已在伪满宫廷中安了家，伪满皇帝也率先祭祀“天照大神”。此后，日伪统治者又强令在东北各地大修“建国神庙”，供奉“天照大神”牌位，按时参拜，企图以宗教为手段，使东北人民接受所谓的“惟神之道”，使之皇民化，最终达到吞并中国东北的目的。

伪满宫廷的祭祀活动，固然有其祭祖祀宗、求神佛保佑的本意，但必须服从于日本帝国主义殖民统治的需要，成为在思想上、宗教上对广大东北人民进行精神统治的工具。

这座“建国神庙”仅仅苟延残喘了五年，便迎来了伪满的末日。1945 年 8 月 11 日晚 9 时，溥仪仓皇出逃，就在这时，日本人把溥仪供奉的从日本请来的“天照大神”的“建国神庙”付之一炬，其顷刻间化为灰烬。

东御花园和游泳池

东御花园位于伪满皇宫内廷东南隅，北接同德殿，南临内廷南墙，西起同德殿院墙，略呈南北长、东西宽的矩形，占地面积为11100平方米，始建于1938年，同年年末与同德殿同时落成，是由日本人设计并监造的具有日本园林风格的花园。

园内修建之初只有假山、游泳池和骑马场等。此后，东御花园修建防空地下室，在原有的骑马场上建成了供奉日本皇室祖先“天照大神”的“建国神庙”。

假山位于花园正南部，上面种植了长白山上的各种树木，郁郁葱翠、布设精巧。

花园内动静相衬，步移景异。夏日里小桥流水，鸟语花香，景色宜人。东御花园本为伪满宫廷中供“帝妃”游息、娱乐之所，后随着园中修建“建国神庙”，又成为溥仪从事政治活动的重要场所。同时，东御花园也是溥仪在战乱中躲避空袭的避难之处。整个园林建筑既弥漫着伪满风情，又深深地体现着伪满政权的矛盾与傀儡性。

“御用”游泳池位于同德殿之东，防空地下室之北，是溥仪在伪满皇宫中的游玩娱乐场所之一。

1938年同德殿建成后，又选中这里修建了游泳池，成了“皇宫”中一道别有特色的设施。游泳池建成后，溥仪从来没有入池游过泳，充其量也就是坐在池子旁边涮涮脚，这一则是因“皇帝”体肤岂能露之于人，二则因溥仪不会游泳。所以，这里成了溥仪的侄子们玩耍嬉闹之天地。1945年8月11日溥仪仓皇逃离伪满皇宫之前，游泳池又派上了新的用场，溥仪为了销毁自己的罪证将他访日拍摄的影片、胶片以及大量的照片，堆放在游泳池中烧掉。

溥仪和后妃的寝宫缉熙楼

伪满皇宫东、西两院之间有一角门相通，西院又分为内廷和外廷，内廷是溥仪及其后妃的生活区域，外廷是溥仪处理政务的场所。

内廷的主要建筑是一座灰色二层小洋楼，溥仪亲自命名为“缉熙楼”。“缉熙”二字取自《诗经·大雅·文王》“于缉熙敬止”句，此二字乃谐音，是继承其祖先康熙皇帝，恢复满清大业之意。

缉熙楼内以中间楼梯为界，东半部由皇后婉容使用，西半部由溥仪使用。溥仪住在二楼西侧，这里是他活动最多的地方，有溥仪的寝宫、书斋、理发室、佛堂等。

溥仪的寝宫内布置得富丽堂皇。寝宫内的那张席梦思沙发床格外醒目，每晚用三条毛巾被铺一盖二，做成筒状，溥仪钻入而睡，一年四季均是如此，这也许和屋内保持恒温有关。床前有日本黑漆木架围屏，床旁的保险柜上还安有红、白、绿三只警铃，不同的情况按动不同颜色的警铃，当发生最危险情况时便按动红色警铃。这就是溥仪充当十三年五个月零八天傀儡所居住的地方。

寝宫西边是溥仪的书斋，四壁以绿色绢子裱糊，室内铺着深红色的地毯。室内北侧安置着满墙的三层书柜，上层摆放文房四宝，中层摆常用的工具书和御批历代通鉴辑览，下层则是放在手边准备观览的名人手卷以及珍宝古玩等物。

与书斋相对的则是溥仪的佛堂。在清朝历代皇帝的“家法”中，首先被列入皇帝所必须尊奉为最重要的信条就是“敬天法祖”这四个字。溥仪幼时曾受过这方面的系统教育，敬天法祖的思想在他心中根深蒂固，也是支配他一切行动的重要准则，所以宫中的求神拜佛是高于一切的重要活动。溥仪的佛堂内供有如来佛、文圣孔子、武圣关帝等，每逢年节必祭祀，遇事必去占卜吉凶。溥仪占卜有个自欺欺人的妙招，就是不占出吉卦决不罢休。溥仪每日起床后，先到佛堂作早课，盘膝而坐，五心朝天念佛、诵经。中国式的占卜算卦溥仪仍觉不过瘾，一个美国预言家来到伪满皇宫，溥仪让其为他预言未来。得到的预言是“皇帝陛下，这一生中四十岁时，最得意”。是啊，溥仪恰恰是在四十岁时做了苏联红军的俘虏。这真是绝妙的预言。

佛堂的东面是溥仪的卫生间，溥仪经常坐在便池上“裁可”文件、奏折，奏事官双手捧着奏折进来，溥仪连看也不看就在上面画“可”，正如他自己所说：“我从来也没有写过‘不可’二字。”因为一切都是日本主子事先决定的，到“皇帝”这里不过是走走过场而已。

缉熙楼二楼的东半部是皇后婉容的生活区，和二楼西半部溥仪的生活区的中部以金丝绒幔帐隔开。婉容的生活区内有卧室、书房和吸鸦片室。

婉容，全名郭布罗·婉容，字慕鸿，号植莲，达斡尔族，后编入满族正白旗。1906年11月13日（清光绪三十二年九月二十七日）出生，是内务府大臣荣源唯一的女儿。

婉容因其不仅容貌端庄秀美、清新脱俗，且琴棋书画无所不通，于1922年被选入宫，成为清朝历史上最后一位皇后。然而婉容的当选并不是因为她的美丽与多才，而是因为皇帝溥仪随手在她的照片上画了一个圈，同时也就圈定了婉容凄苦的一生。与婉容同时入选的还有另外一个少女——文绣，但是由于文绣家族势力没有婉容家大，所以文绣退而居其次，成为皇妃。然而现在看来，婉容的幸运当选却正是她不幸命运的开始。

婉容与溥仪同庚，嫁时年方十七岁，正值美好的青春年华。溥仪和婉容也确实度过了一段美满幸福的日子。这不仅因为婉容是旗人中的极品美人，还因为她是受过西式学堂教育的女子。与身边那些低头躬腰的太监和迂腐保守的师傅们相比，婉容不止是一股清新的风、一缕和煦的阳光，更是使溥仪沉闷灰色的宫廷生活有了新的变化的新式女子。

更何况民国时代的大家闺秀，以崇尚时髦为荣，所以婉容婚后经常教溥仪学英语、吃西餐，这些很对溥仪的口味，因为溥仪对西洋文化也很感兴趣。

住在紫禁城的那段日子里，由于母仪天下的荣耀和新婚燕尔的欢愉，婉容过得还算惬意，她的柔情与活泼也给溥仪带来了很多快乐，而她的饱学多识，更是使溥仪视之为知己。但是婉容也有着大多数女人都有的小心眼和嫉妒心，所以文绣的存在，使得她和溥仪还是存在着一些不和谐音。

1924 年年底，溥仪被赶出了紫禁城，皇帝的尊号也成为了历史。他带着婉容、文绣住进了天津张园。到了天津，婉容、文绣之间的矛盾就公开化了，婉容有时会当面挖苦文绣几句，而背后还要向溥仪告状。文绣有文才，脾气也犟，免不了针尖对麦芒。在天津的前后七年间，一后一妃闹得不可开交，溥仪夹在妻妾之间，也被搞得焦头烂额。随着时间的推移，生活中的小怨渐渐积成大怨。文绣对溥仪很失望，她不堪忍受这种不平等的待遇，于 1931 年秋做出了与溥仪离婚的决定，并诉之于法律，且通过报章公告天下，掀起了一场中国历史上绝无仅有的妃子与皇帝离婚的风波，这就是曾在社会上轰动一时的“淑妃革命”。“淑妃革命”给了溥仪莫大的刺激，他把这视为奇耻大辱，并把所有过失都推到婉容身上，两人由同床异梦而终致陌路。

1932 年 3 月 9 日，溥仪在长春就任伪“满洲国执政”，婉容自然又成了“执政”夫人。1934 年溥仪改称“满洲国皇帝”，婉容只能称“帝后”，因为日本是称为“皇后”的。溥仪成了“满洲国”的傀儡后，更是对婉容置若罔闻、不闻不问。婉容则更惨，在宫中的一举一动都受到监视，甚至不能走出大门一步。伪满皇宫的院子就是婉容的禁地，而缉熙楼，就是她的囚室、她的地狱。为了缓解内心的苦闷，婉容便在鸦片的缭绕烟雾里自我麻醉，以求暂时的解脱。

这一切使婉容的身体和精神处于崩溃的边缘。于是婉容越来越放纵自己，她狂躁易怒、嗜毒成瘾，甚至与溥仪身边的随侍私通。总之，婉容竭尽所能地做出了所有可以激怒溥仪的事情。终于，她开始了长达十年的冷宫生活，被关在屋子里与外界隔离起来，失去了往日优雅的仪态，溥仪不许任何人看望她。

这段日子使她从一个娇美恬静的美人变成了一个形如槁木的疯子。

1945 年 8 月，日本投降。伪满洲国也像枯木一般倒下了，婉容名义上的“皇后”也当到了尽头。婉容随同溥仪逃到了通化大栗子沟。吉冈安直通知溥仪，让他带上少数人去通化机场，准备经沈阳飞日本。溥仪带着溥杰、润麒等人仓皇出逃。婉容再一次成了弃妇。树倒猢狲散，被撇下的一大群皇亲国戚，只好失魂落魄地逃到通化大栗子沟避难。经过数月辗转，爱新觉罗的家族中只剩下婉容一个人凄凉地留在了延吉。

书斋中的吉冈安直和溥仪谈话场景

我能见什么人，不能见什么人，见了说什么话，以及我出席什么会，会上讲什么等，一概听他的吩咐，我要说的话，大都是他用日本式的中国话写在纸条上。”这样，溥仪完全发挥着傀儡的作用，而吉冈安直则因监视溥仪有功，仅十年间就由一名陆军中佐升为陆军中将。

勤民楼二楼东南角是一个大房间，即正殿，名为“勤民殿”，也可称之为是伪满皇宫中的金銮殿。尽管它和紫禁城中那个真正的金銮殿没有可比性也根本无法相比，但却是溥仪“上朝”和正式接见外国使节、给伪满官吏颁发委任状、授勋的场所。殿内靠北墙处设一台子，上饰假殿顶，如佛龛状，并垂以丝帷幕；中置一特制高背沙发椅，椅背上绣有“满洲国皇帝”的特有标记“兰花御纹章”，是为“宝座”。殿内龛顶上金龙蟠绕，地毯上彩凤双飞，高雅的宝座、明黄色的窗帘、明黄色的垂罩，配上满铺的大红地毯，显得堂皇而富有神秘感。溥仪充任伪满洲国皇帝的登基大典就是在此举行的。溥仪在这里的所作所为，并不像这座宫殿的名字那样堂皇，而是他卖国行为的自我暴露。

在勤民殿发生的事件中最为重要的莫过于签订“日满议定书”了。

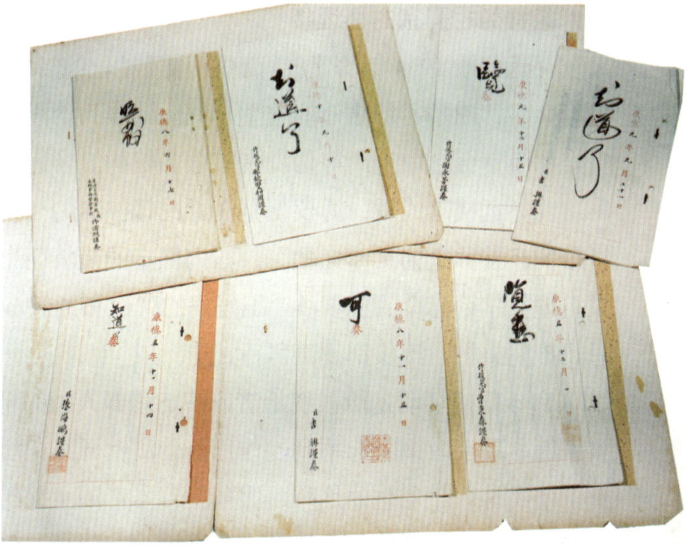

溥仪裁可的奏折

那是1932年9月15日，溥仪派伪满国务总理郑孝胥和日本关东军司令官武藤信义，在勤民楼演出了这场双簧戏。议定书的内容是“日满密约”早已确定了的，这就是“满洲国”的国防、治安、铁路、港湾、水路、空路全部委托日本管理，日本人得充任“满洲国”的官吏，日本有权开发“满洲国”的矿山、资源，日本军队所需物资、设备由“满洲国”供应，日本有权向“满洲国”移民等。这就把东北的主权出卖得一干二净。从此东北变成了侵略者的天堂、东北人民的地狱。

勤民楼二楼的西南侧称为“西便殿”，也称“御学问所”，是溥仪办公和非正式接见伪满官吏和外国使节之处。“以天皇之意为己心”的溥仪，在此接见了一任又一任关东军司令官兼驻伪满特命全权大使。

1942年5月8日，溥仪还在西便殿接见了南京伪国民政府主席汪精卫，他们互赠纪念品，并表示要为建成日本的“大东亚共荣圈”协同卖力。汪精卫本与溥仪有杀父之仇，大家都知道清末发生在北京的“银淀桥事件”：汪精卫将炸弹安放在银淀桥，准备炸死当时的监国摄政王——溥仪的父亲载沣。虽然载沣没被炸死，但溥仪和汪精卫也算是世仇了。但是为了共同的主子，他们握手言和，沆瀣一气。伪满洲国的“特任官”也在此殿举行了“特任式”，溥仪的二妹韫和与伪满国务总理郑孝胥的孙子郑广元的婚礼也是在这个房间里举行的。

西便殿的北面是“健行斋”，取《易经》“天行健，君子以自强不息”之意而命名，也称“御书房”，是溥仪办公和召开“御前会议”的场所。可是既然做了日本人的傀儡，主子当然不允许溥仪有“自强不息”之举。所以这里就成了溥仪按照侵略者的意图，“裁可”文件、“忠诚任事，勤勤治业”的场所，但后来由于无公可办，溥仪也就很少到这里来了。

祭拜列祖列宗的怀远楼

怀远楼于1934年秋建成。溥仪根据《礼记》“柔远人则四方归之，怀诸侯则天下畏之”句而命名，幻想着加强他的君主专制。此楼为伪满的尚书府、近侍处、掌礼处、侍从武官处和帝室会计审查局等伪满帝室服务机构。怀远楼和勤民楼之间还修了一条“空中走廊”。怀远楼落成后，溥仪便把在勤民楼供奉的列祖列宗的牌位、画像，移到怀远楼二楼东侧，并称之为“奉先殿”，殿内供奉的是清朝皇帝、皇后、太妃、福晋以及救过溥仪祖先努尔哈赤命的王爹爹、王妈妈的牌位和画像。逢年过节，某个皇帝、皇后的诞辰、忌日都要祭祀，溥仪都要奉拜行礼。

宫廷祭祀活动是历代统治者麻痹、愚弄人民的精神桎梏，是维护其统治的手段，起到镇压、屠杀政策所起不到的作用。伪满宫廷祭祀活动除具备上述特征外，还被牢牢打上了殖民地奴化思想的烙印，服务于日本帝国主义的殖民统治，并随其统治政策的需要而变化。伪满宫廷的祭祀活动，在规模上简便了一些，但形式上仍旧沿袭北京故宫中的祭祀方法，依然很郑重，同时还杂揉进了殖民地化的祭祀色彩。

在清朝历代皇帝的“家法”中，首先被列入皇帝所必须尊奉为最重要的信条就是“敬天法祖”这四个字。溥仪幼时曾受过这方面的系统教育，“敬天法祖”的思想在他心中根深蒂固，也是支配他一切行动的重要准则，所以宫中的祭祀是高于一切的重要活动。

在北京故宫的小朝廷时期，相习成规的宫中祭祀，依然一成不变地继续进行着；到了伪满时期，宫廷的祭祀活动也还是按部就班地继续着。伪满初期，溥仪即在缉熙楼的寝宫旁设“佛堂”，供奉各路神、佛；在勤民楼北侧设“奉先殿”；在怀远楼供奉起列祖列宗的神位。现仅存的乙酉年（1945年）的“礼节恭记本”，就记载了当时伪满宫廷的日常祭祀活动。此本从农历的一月记到七月，虽然是在伪满垮台前的动荡日子里，但从中仍可以看到伪满皇宫的祭祀活动还是照常进行的。

伪满皇宫中的祭祀逢年过节最为重要，也是最隆重的。除夕要向列祖列宗以及所供奉的各神位行礼、辞岁，春节之日又要举行奉迎、贺年的仪式，每月的初一、十五都有常祀。清朝的皇帝从清太祖努尔哈赤算起有11位，皇后有27位，加上醇贤亲王的两位侧福晋、醇亲王福晋，在他们的诞辰、忌辰日都要祭祀，一年之中仅此一项就有82个祭祀日，还有其他众多名目的祭祀，可以说伪满皇宫之中几乎是无日不祭、无时不祀。我们仅以这本“礼节恭记本”的元月记载为例：

乙酉元辰　奉先殿　关圣帝君　王爹爹 王妈妈　亲行，其余遣毓崇恭代行礼。

正月初二日　祀天神地祇　佛　圣帝　王爹爹 王妈妈　财神　灶君　亲

行，由勤民楼佛堂请佛三尊供缉熙楼。

正月初三日　高宗纯皇帝忌辰，遣毓崇恭代行礼。

正月初四日　祀神杆亲行。

正月初七日　世祖章皇帝忌辰，遣毓崇恭代行礼。

正月十一日　孝全成皇后忌辰，遣毓崇恭代行礼。

正月十三日　奉先殿　佛　太祀四案前醇贤亲王两侧福晋　醇亲王福晋亲行，大成至圣先师孔子　关圣帝君　王爹爹 王妈妈 孚佑帝君　遣毓崇恭代行礼。

正月十四日　宣宗成皇帝忌辰，遣溥绍恭代行礼。

正月十五日　遣溥绍恭代行礼。

正月十七日　孝定景皇后忌辰，亲行。

正月二十一日　孝穆成皇后忌辰，遣毓崇恭代行礼。

正月二十三日　孝圣宪皇后忌辰，遣毓崇恭代行礼。

正月二十九日　孝仪纯皇后忌辰，遣毓崇恭代行礼。

正月三十日　世祖章皇帝诞辰，遣溥绍恭代行礼（本年正月小进改于二月初一日行礼）。

由上可知，这一个月内的祭祀活动共计 14 次，溥仪亲行的有 5 次。下面我们不妨分析一下什么样的祭祀日溥仪亲行。

元辰即正月初一，溥仪去供奉清朝历代皇帝、皇后神位的奉先殿行礼，这无足为奇。可是为什么在元辰和正月初二要连续向“王爹爹、王妈妈”行礼呢？他们又是哪路神佛呢？有这样一种说法：明末，有一对住在东北的王姓老夫妇，曾救过清太祖努尔哈赤的命。所以在清朝建立后，为了纪念他们，就在后世子孙祭供祖先地方的西墙上，也把王爹爹、王妈妈的画像挂起，一起供奉。

正月初四日祭神杆，溥仪亲行。神杆（也称祖宗杆子）即索伦杆，是满族传统用的祭天神杆，是清宫及伪满宫廷祭祀中的重要一项，所以溥仪亲行祭祀。传说爱新觉罗的远祖凡察只身一人在仇家的追杀下，无处藏身，只好藏在枯死的老榆树下。正巧，随着落日的余晖，这枯败的老榆树迎来了乌鸦的返巢。这一大群乌鸦真是遮天盖日，它们密集地落在枯树上，就连凡察的身上、头上都站满了乌鸦，这样凡察才躲过了仇家的追杀，爱新觉罗子孙才得以繁衍。为了不忘乌鸦的救命之恩，清太宗时便在祭祖先房外竖一小枪形木杆，围着木杆装有一只像撇口碗似的锡斗，其中放些杂谷之类以饲乌鸦。溥仪把祀神杆这一传统一直延续到伪满宫廷中：正月初四日，择时，用小张黄纸写“神杆之神位”，设位坐南向北，行礼了事。

正月十三日，是溥仪的“万寿节”。溥仪本生于1906年正月十四日，但这一天恰恰是他曾祖父道光皇帝的忌辰，溥仪的生日只好前移一天改在正月十三日，这一天祭祀又有其特定的意思，当然要亲行。

首先向奉先殿的列祖列宗行礼。太妃四案前指的是同治皇帝的瑜、珣、瑨三妃和光绪皇帝的瑾妃，因为慈禧太后立溥仪为嗣皇帝时曾规定他是承继同治，兼祧光绪，这样溥仪就成了同治和光绪两人的过继儿子，同治和光绪的后、妃也就成了溥仪的“皇额娘”，尊称为太妃。既然有母子的名分，生日之际当然要行礼。醇贤亲王的两个侧福晋，是溥仪本生的庶祖母，醇亲王福晋则是溥仪的亲生母亲。

其余的祭祀溥仪仅派家族内的人代行，也就算是尽了他的那份“孝心”。

至于一年中的其他祭祀，名目繁多、举不胜举，如神明方面的祭祀有大成至圣先师孔子、关帝圣君、长白山之神、牵牛织女星君、月光等，时会方面的有清明节、夏至节、七巧节、中秋节、冬至节，等等。这些祭祀照行不误，新的祭祀还在增加。1944年8月31日，伪宫内府侍卫处处长溥佳具折上奏溥仪“为奏请事窃查九月二日（即农历七月十五日）中元节致祭明贤贵妃，拟请钦派掌祭官前往致祭，是否有当伏乞圣鉴，训示，谨奏”。溥仪在此奏折上用毛笔写道“署派溥佳前往致祭钦此”。“明贤贵妃”指的是溥仪最宠爱的谭玉龄，她于1942年8月13日死后，移棺于护国般若寺，尽管这是一个简单例行的祭祀，但却要如此奏请“钦派”承祭官主持祭祀，从中便可窥见伪满宫廷祭祀活动之一斑。

每逢列宗的诞辰、忌辰，除了照例祭祀外，伪宫中还立有一些清规戒律。诞辰宫中的女眷要穿花衣服、头上戴花，以示喜庆纪念之意。忌辰，内廷里所有的人一律着素服，不准开收音机听音乐，也不准唱歌。溥仪是率先垂范，即使外面是伪满的“节日”，但一入内廷则哀意甚浓，如有人不知道或是不注意，触犯了忌辰的戒律，轻者遭申斥，重者要受皮肉之苦。

除了伪满宫内的祭祀之外，拜陵祭祖也是伪满宫廷祭祀活动的一个重要方面。

1935年伪满宫内府设置“旧清室陵庙宫殿承办事务委员会”，近侍处还专设有陵庙科，掌管着爱新觉罗祖先陵寝的守护和祭祀事项。陵庙分为关外、关内两地。关外有景祖、显祖合葬的“永陵”，太祖努尔哈赤的“福陵”，太宗皇太极的“昭陵”。自顺治皇帝以下的陵寝都在河北省的东陵、西陵。把历来属于河北省遵化县境内的清东陵划归热河省兴隆县管辖，并隶属于伪满洲国政府。溥仪的堂兄溥贤为东陵守护大臣，并在东陵地区网罗了一批遗老遗少，拼凑了一个班子，叫作“东陵办事处”，从而恢复了祭

溥仪在沈阳北陵祭祖

陵活动。但这也只是由守陵大臣主祭，有时则由办事处职员代祭。经费由伪满皇宫内府在溥仪个人的“帝室经费”中拨给。但这样的祭陵活动也没有持续多久，便因祭陵经费的逐年削减，在伪满洲国崩溃前就已停止。

关外的永、福、昭三陵和沈阳故宫，则在溥仪的干预下由旧清室陵庙宫殿承办事务委员会直接管理。1934年溥仪“登基”伊始，便发“上谕”：“修葺永、福、昭三陵，明春大兴土木，拨帝室内币充经费。”至于日常的祭祀费用溥仪每月要从“帝室经费”的66666.66元中拨给奉天陵庙承办事务处正常经费2500元，但并不以2500元为限，遇有特殊祭祀追加拨款。溥仪对于祭祀费用慷慨大方，从来都是照发不误。

亲祭祖陵乃是溥仪的夙愿，爬上傀儡皇帝宝座后，他就要去祭拜祖陵，认为“登基即位祭祖拜陵，这在我是天经地义之事”。但这个身不由己的傀儡皇帝无自由行动的权力，此念刚一露出，“帝室御用挂”吉冈安直马上反对道：“你不是清朝皇帝，而是满蒙汉日朝五民族的皇帝，祭清朝祖陵将引起误会，这是不可以的………可以派个爱新觉罗家族的其他子孙去办。”对此，溥仪当然是唯命是从，只好在伪满皇宫内亲自祭祀一番，并“钦派恭亲王溥伟亲诣永陵致祭，预定二十一日首途起程”。

无论派谁代祭祖陵，溥仪都觉得不过瘾，他盼望已久的机会终于来到了。日本人为了发挥溥仪这尊政治偶像的欺骗作用，令溥仪“巡幸”东北各地。1934 年 10 月 20 日，溥仪“巡狩”奉天。一下火车，溥仪便迫不及待地直奔东陵。当日下午 2 时 59 分，溥仪来到东陵正门前，在伪满总理大臣郑孝胥、伪宫内府大臣沈瑞麟等人的陪同下，由此门步行来到更衣室，脱去他的大元帅正装，换上红绒结顶之冠、青褂灰袍缎靴，徒步走进隆恩门前往明楼，向“御陵”恭行了三跪九叩之礼。完成谒陵之礼后，溥仪又进入隆恩殿。殿的正面设有清太祖努尔哈赤的神位香案，并供有各种供品，溥仪命司茶、司帛、司爵，献上茶、帛、爵后，走到案前，上三次香并行三跪九叩礼；而后再由司祝跪读祭文，溥仪再行三叩礼。接下来便是送燎的仪式，司祝捧祝板，司帛捧帛至燎所（焚烧之处），听到礼赞“望燎”号令后，司燎马上烧掉祝板及帛，此时已向东北退后一步的溥仪在礼赞“复位”声中，归到香案前的位置，才算完成了“大飨之礼”。

10 月 21 日上午 10 时，溥仪又去参拜清太宗皇太极埋葬之处北陵，祭祀仪式一如东陵。值得一提的是，当溥仪穿着青褂灰袍的祭服在隆恩殿行完三跪九叩礼后，按顺序应归回原位，但此时溥仪呆呆直立着凝视正殿，似乎看见了什么，马上又再入祭坛向殿内重行三叩礼，赞礼官、供奉和随从祭祀的人被溥仪这出乎意料的举动搞得不知所措，还都以为溥仪这是思念祖灵之举呢。祭北陵之后，溥仪直接乘专车返回“新京”。从沈阳返回长春后又马不停蹄地借“巡幸”之机，去吉林望祭祖先发祥地。

长白山是满族的发祥地，康熙于 1677 年将其封为“长白山之神”岁时享祀，并曾亲自前来祭祀。雍正年间又在吉林小白山建立了“长白山望祀殿”。溥仪此次来吉林，“巡幸”事小，祭祖事大。到吉林的当天下午，即赴郊外小白山，以遥拜先祖清朝发祥地之长白山．在伪满吉林省省长熙洽的陪同下，溥仪步行登上山顶庙宇，敬虔地遥向南方之长白山长拜，行三跪九叩礼，默默祈祷“长白山之神”庇佑他光复祖业。

如上所述，溥仪所进行的一系列祭祖拜陵活动，固然是其法祖思想的必然所为，同时也是溥仪在利用他的“大清皇帝”身份扩大其社会基础。但最重要的还在于日本关东军虽然表面上反对溥仪大肆进行祭祖活动，却暗地里还是采取了默认的态度。溥仪的此举，使他这个傀儡皇帝的招牌上又涂上了一些欺骗的色彩，有助于日本帝国主义所推行的愚民、奴化政策。

通过上述较为详细的介绍，伪满洲国皇宫的整体格局，建筑简况及其使用，内廷、外廷的概貌，便会呈现在你的眼前，这将有助于我们对溥仪从北京故宫盗运的那批国宝在伪满皇宫收藏、保管、散佚等诸情况的理解和认识。

三、天津国宝秘入伪满皇宫

分批运入的国宝

当溥仪在伪满洲国皇帝宝座上表面坐稳之后，他当然不会忘记在天津收藏的那批国宝，这是他在经济上的最大寄托和所拥有的无价财富。运不运到伪满洲国来？即使要运又是怎么个运法？在天津有他父亲载沣以及若干亲信看守着这批珍宝，又有日本警察署为之撑腰，当然不会出现什么差错。而运到“新京”来，放在自己的身边，心里总会更平稳些；但运来之后，又怕发生什么意外，日本人会不会打这些国宝的主意呢？

正当溥仪还在打着他的小算盘犹豫之时，日本人早已对此确定了方针。因为日本人对这些国宝的重视程度毫不逊于溥仪，将其全部运到长春，更有利于对溥仪的全面控制，尽管放在天津日租界相对来讲亦可说是掌中之物，但总有一种鞭长莫及之感。日本人又何尝不觊觎这大量的珍宝呢？一旦时机成熟，任何时候都可将其变为囊中之物。

“帝室御用挂”吉冈安直按照日本关东军的指令对溥仪提及此事时说：“务必把那一大批书画文物从天津运到‘新京’的‘宫内府’来。否则将有人这样想：‘满洲国’皇帝为什么要把他的东西不存放在‘满洲国’内，而偏偏要放在‘满洲国’国土之外的天津呢？这很可能使人怀疑你仍要回天津去住！”在此威胁之下，溥仪乖乖地将存放在天津的书画文物分批运到了长春伪满皇宫。

1936年6月中旬，溥仪传谕，命在天津清室办事处留守的族人溥修护送第一批国宝来“新京”。溥修奉谕将手卷40件分装成2箱，在日本人的保护下运到了伪满皇宫。

可见，第一次运送如此少的数量，带有明显的试探性，因为溥仪的心中仍是底数不足，不知途中运输的安全程度到底如何，也不知日本人是否还允许将运来的“国宝”由他收藏。正是带着这样的疑虑溥仪才有了此种试探性的举动，并以此来敷衍吉冈安直对运送文物的催逼和威胁。

国宝运到“新京”来溥仪担心，存放在天津溥仪更是牵挂。对尚存在天津的物品，溥仪经常派人点查，深恐遗失损坏。天津清室办事处要随时奏报。以下所载录的是溥修寄给伪满皇宫内廷司房的函件，上面记载的溥修与严桐江（溥仪的亲信随侍）清点查对书籍的情况甚详，可知溥仪当时的藏书情况及对书籍的严格管理，至于溥仪对法书名画

小白楼内景

米宽、40厘米高，中间有立柱和两扇门，可以堆叠存放）。

法书名画册页40件，共4箱。

书画挂轴1箱，内装21件。

宋元版书200部，装31箱（箱的长、高均为70厘米，40厘米宽）。

殿版书3箱。

大金库2个，内装古玩玉器，大金库内套三十几个小金库手提箱。运到长春18箱。

皮货8箱，计300余件。

这批稀世的国宝安全运抵“新京”后，溥仪那颗悬着的心总算落了下来。为了给这批国宝准备一个稳妥、安全的存放之处，以确保万无一失，溥仪对此早已做了精心的安排。

小白楼成了国宝栖身地

对伪满皇宫内所有的建筑、房舍，溥仪仔细地斟酌一番，均不如意。恰逢此时所建的同德殿即将竣工，但溥仪对同德殿总是心存疑惑，断乎不能将国宝收藏于此，只好另寻稳妥安全之处。于是溥仪决定专门修建一幢收藏国宝的建筑。

同德殿北偏东的一处空地，为伪满皇宫的内廷花园，守护宫廷的禁卫军营房又毗邻此处，相对而言是一处僻静、安全系数较高之地。书画楼的位置最后便选在了这里。

同德殿东北处这幢独立的、四周无建筑连接的二层小白楼，其外貌是普通得不能再普通了：东西长约25米，南北长仅约12米，建筑面积为600平方米左右。这座小白楼和周围的环境以及与古色古香、气势辉煌的同德殿相比，显得是那样的不协调、不般配，犹如是在被人遗忘的角落里形影孤单、迎风站立的小丑一般，但它却成为溥仪从北京故宫盗运出的那批国宝的栖身之处，许许多多国宝的散佚、毁坏都发生在这里。让我们记住这个不起眼的小白楼吧！

从天津运送这批国宝是在悄悄的、秘密的状态下进行的。到了伪满皇宫后，除少数几个经手者知情外，其他人一概不知，即使看到有物品运入宫中，也不知究竟为何物。这批国宝运抵伪满皇宫后，按照溥仪的“旨意”，绝大部分便存放在书画楼（即小白楼）里。

书画楼坐北朝南，楼的正中为对折式两扇开门，入门之后，正对通往二楼的水泥楼梯，以此楼梯为界，一楼、二楼均分为东、西相对称的两个房间。此楼是匆忙之中所建，设施简陋，至于防虫、防潮、防霉等保护措施更是无从谈起，但是这些“国宝”只能委屈地堆放在这里。那1300余件历代名人字画，还是用乾隆时为之专制的花绫包皮裹着，装在专为之定做的楠木盒内，按长短大小被分装在三十个大小木箱中，一箱摞一箱地堆在小白楼内，除了极少数人知道楼内存放的是国宝外，其他人员一概不知内情。

就这样，这批稀世珍宝就在小白楼中一直存放到伪满洲国垮台。

溥仪印有“无逸斋宝”钤印的题字

回顾小白楼的历史，人们会发现，它就像“养在深闺人未识”的大家闺秀，有着神秘而又朦胧的色彩。根据资料记载，小白楼在伪满洲国时期虽然是溥仪收藏字画的地方，但却鲜为人知。小白楼第一次广为人知，还是在日本战败溥仪仓皇出逃之后。当时，小白楼里的民族文化瑰宝刚一面世，就遭到了哄抢。此后，小白楼和伪满皇宫的其他建筑一样，在人们的视线里逐渐消失了。直到伪满皇宫旧址恢复后，小白楼才算重现历史原貌。小白楼的身世一直鲜为人知，而让这朵一度富藏民族文化瑰宝的历史奇葩重新绽放出绚丽夺目的光彩，也就成了我们共同的心愿。

溥仪新增的收藏

溥仪有收藏、占有之癖。他在天津以及伪满洲国时，以各种方式收集、购买了一批又一批的古玩、珍宝、古书籍等。

溥仪在北京故宫时的奇珍异宝，取之不尽、用之不竭，所以，他对民间的珍品是不屑一顾的。可在天津，他过“寓公”生活时的情况

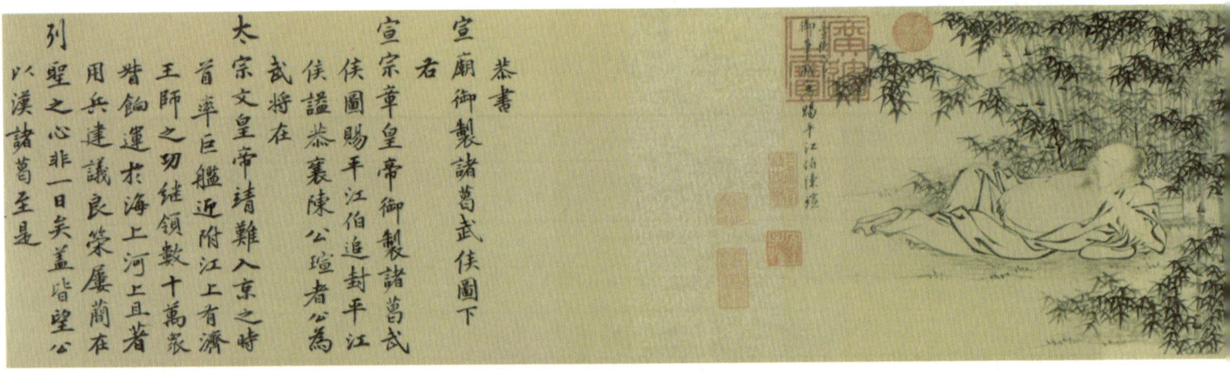

明·朱瞻基《武侯高卧图》

秦翰才先生利用在伪满皇宫中得到的实物资料，在其所著的《满宫残照记》一书中，有“宫中书画”一节，史料翔实、言之有据、令人信服，是非常珍贵的第一手原始资料，不妨摘录如下：

> 内廷收藏字画，曾见《御笔手卷册页挂轴簿》一本，《新旧手卷册页挂轴簿》一本，《日本手卷册页挂轴簿》一本。这和《记事簿》载“康德三年（1936）二月二十二日严宗渊要去下边《手卷册页挂轴簿》三本”正相符合。每簿都把手卷、册页、挂轴分为三部门，每一部门从第一号起。其新旧簿一本，则先新后旧，也是各从第一号起。《记事簿》又载：“康德三年（1936）二月二十一日前严宗渊手卷、册页、挂轴改分新旧，已经叫齐，改换新号，帐写得，交严宗渊矣。”这可见分别新旧编列，还是溥仪的主见，原来是不分的。所谓新，是指近代和当时人所作；所谓旧，是指清中叶以前人所作。就三种簿录所列，统计如下：

手卷	册页	挂轴	
御制	二〇号	一三号	一一〇号
新	七	二二	九七
旧	五五	一六	三二
日本	三〇	二二	一九
合计	一一二	七三	二五八

每一号下，注明来源和收进年月，并用黄纸浮签注明收藏何处。

其来源和图书同样可括为三项：一是溥仪旧有，二是陆续收购，三是各方进奉。

也和图书一般，清朝列帝所作字画，当是溥仪所留意收藏。据目录所载，在上述御制 143 件中，约有 50 件是出钱买来的，有 10 多件是从沈阳故宫移来的，又约有 40 件没有注明来源，怕是溥仪所本有。现在把列帝作品记明帝号的，汇成下面一个统计：

顺治作品	六件
康熙作品	二二件
雍正作品	七件
乾隆作品	七三件
嘉庆作品	八件
道光作品	七件
咸丰作品	一件
同治作品	二件
光绪作品	三件

在新字画中，不少是溥仪宗人的作品，有善耆、载润、溥儒、溥修、溥僡和恒香等的字，有载涛、溥佺、溥僩、溥忻、恩隶、恒润、惠均、维贤、韫馨、韫娴等的画。“康德”六年（1939）二月五日，侍从武官长张海鹏进《老祖绘皇极五福图》，十三日进《梅花（并赞）》；“康德”七年（1940）二月四日，前宫内府内务处处长商衍瀛进《山水高松（并赞）》等三个挂轴，这些分明是乩坛上的作品。

在旧字画中，有 41 件手卷是溥仪所有、从天津运来的，是宋元明名家，像宋徽宗《柳鸦芦雁图》，关穜《秋山平远图》，马远《江山万里图》，夏圭《溪山无尽图》《秋江风雨图》等，马麟《荷香清夏图》、赵伯驹《仙

兰花御纹章珊瑚釉双耳酒杯

山楼阁图》《蓬瀛仙馆图》《江山秋色图》《桃源图》等，赵孟頫《清溪渔隐图》《水村》，仇英《汉宫春晓》等所作。更在挂轴部门有下列13件，系属极有价值的史料，似非通常字画可比：

第十九号 顺治三年郑芝龙知天命，归顺清，始终决意投诚之件。

第二十号 嘉庆六年朝鲜国王李玜进献礼物之件。

第二十一号 康熙五十九年朝鲜国王李焞进献礼物之件。

第二十二号 乾隆四十二年安南国王黎维祎两贡并举之件。

第二十三号 乾隆十九年安南国王黎维本国番兵误杀卡兵之件。

第二十四号 顺治四年平西王吴三桂蒙皇上及摄政王垂鉴收纳之件。

第二十五号 顺治十三年广东巡抚张纯熙奏荷兰国请贡之件。

第二十六号 崇德八年总兵祖大寿献策之件。

第二十八号 顺治八年定南王孔有德仰仗天威，开辟西粤之件。

第二十九号 崇德二年恭顺王孔有德手本。

第三十号 顺治八年亲政诏底。

第三十一号 皇叔父摄政王赖谕洪承畴等修《太宗实录》之件。

第三十二号 顺治元年巡抚山东等处方大猷谨题为纠察不法圣裔之件。

注明“‘康德’八年（1941）十月十六日买”，另夹有清单两纸，写于九华堂制的信笺上，当时或系从上海买去，也未可知。

《日本手卷册页挂轴簿》计手卷三十号，内有《影宋古本庄子》和《玉篇》各卷；册页二十二号，内有“康德”四年（1937）五月二十六日，筱田次助财团法人理事长进《满洲事变绘卷》一册；挂轴十九号，内有“康德”六年（1939）十二月一日，日本天皇皇后送《樱下游鲤之图》（桃湖画）大挂轴一件；“康德”七年（1940）六月二十一日，日本皇太后送《楠公诀别图》（氏实画）。这些都是比较引人注意的。

内廷字画，除陈列各处外，也和图书一般地存放在同德殿后书库。笔者去看时，已被劫掠一空，只有溥仪访日时日本小学生呈献的画册竟还在乱纸丛中，没有人捡去。其散出的字画，曾见过恒润画册页十二方，当便是新账簿第四号所载。

上面所引的字画目录，编写的大抵也是太监之流，芜杂错误到处都是，很少有艺术或文献上的价值。

元·赵孟頫《红衣西域僧图》

第四章　国宝大劫难

一、 树倒猢狲散

1945 年 8 月，日本帝国主义宣布无条件投降，盘踞在东北人民头上助纣为虐的伪满政权随即土崩瓦解，卖国汉奸终于走向他们的末日，受到了历史的惩罚。

溥仪自 1932 年 3 月 9 日粉墨登场至 1945 年 8 月 18 日宣布退出舞台，共经历了十三年五个月零九天，最终成为日本侵略者的殉葬品，这个可悲的结局乃是历史的必然。

1945年8月9日，苏联政府正式对日宣战，苏联红军分四路越过中苏、中蒙边境进入我国东北，并以迅雷不及掩耳之势击溃了日本关东军数十万精锐部队。

8月9日中午时分，神情沮丧的关东军司令官山田乙三、关东军参谋长秦彦三郎、“帝室御用挂”吉冈安直来到伪满皇宫向“皇帝陛下”通报重要情况。他们通知溥仪：由于战略上的关系，日军将退守南满，满洲国政府也要迁都通化。通化地区山势险峻，关东军在此修筑了许多地下工事，是日军建筑的地下长城。日军可以利用这些军事设施在满洲与苏军形成对峙局面，以寻找决战时机，所以要求溥仪即日带领家属离开“新京”迁往通化。

此时的溥仪异常慌恐，但他感到和他同行的家属、用人以及行李等物甚多，特别是伪满皇宫中所藏的那批国宝怎么办？当天实在是无法动身。于是，溥仪向山田乙三等人苦苦哀求，结果总算得到了“缓限三天”的“恩准”。但吉冈安直却心烦意乱，现出了凶相，恶狠狠地警告溥仪说：“你如果不走，苏军来了，一定会首先把你杀掉。”其实，溥仪此时心里害怕的不是苏联红军，而是怕日本人加害于己。溥仪觉得还需在此关键时刻向日本主子展示自己的同心同德之态，于是马上召见伪国务总理大臣张景惠、伪总务厅长官武部六藏入宫，并强打精神，竭力装出一副镇静的样子，以表现自己的忠诚，也好为自己争得一条活路。溥仪装腔作势地吩咐他们：“应竭尽全力支持日本皇军作战，抗拒苏联到底！”同时，还提笔写了一纸“圣命”：“令全满军民与日本皇军共同作战，击溃来侵之敌。”

山田乙三他们刚走，溥仪就把随侍和内廷学生找来，慌里慌张地对他们说：“要上通化大栗子沟了，赶紧收拾东西！”接着，又亲自向他们具体布置了收拾哪些东西和怎样分类装箱等事。溥仪还从衣兜里掏出一支手枪比画一下说：“情况紧急！你们每人都带上一支，以防万一。”

溥仪知道此次随同日本关东军逃亡通化是前途渺茫，未可预知。因此，他首先考虑的是以后如何生存的问题，随之而来的就是怎样掌握尽可能多的财物的问题。他知道“满洲国”所发行的纸币已毫无价值，只有他从北京故宫中盗出来的珍宝才是最可靠的财源。于是，在这极端混乱而又紧急的时刻，溥仪恨不得把存放在伪满皇宫中的一切宝物都运走，但这只是他无法办到也不能实现的幻想。溥仪亲自带着几个人打开库房，先把一幅幅手卷、字画都展开，由他亲自挑选精品，足足挑了大半天，挑出了一批晋、唐、宋、元的法书名画。为了能多带一些，甚至不惜把原有的楠木盒和所有的花绫包袱皮一概扔掉，塞入长条木箱之中，明知此法会使国宝大受损伤，但此时哪还顾得上携带、保管中的绝对安全的问题，只想着用什么办法能更多地装运带走，为的是增加他将来求生存时

东晋王羲之书《曹娥诔辞》

的保险系数。

经溥仪挑选出的手卷、字画约120件，共装四箱，是溥仪认为的珍品中的珍品。其中，确有艺术价值极高且属于传世孤本的珍品，但也掺杂了一些水平略逊的作品，这说明当时溥仪于仓皇之中来不及细挑，而且他本人对书画的鉴别能力也是有限的。但无论怎样，他挑选带走的这批法书名画的价值仍是无法估量的，绝大多数都在《石渠宝笈》初编、续编、三编诸书的著录之中，也载入了《故宫已佚书画目》。其中，法书包括：东晋王羲之的《曹娥碑》，即《曹娥诔辞》，小楷书于绢素之上，结体朴拙，扁方犹存篆隶之意，画心上有六朝萧梁、满骞、徐怀充诸人签名，唐代柳宗元、韩愈、怀素等人的观赏款均甚古雅；唐初书法家欧阳询的《梦奠帖》和行书《千字文》；唐开元至天宝年间书法家张旭的《草书四帖诗》；唐代草书大家怀素的《论书帖》，是怀素仅有的几件传世墨迹之一。另外，还有北宋文学家欧阳修，南宋诗人陆游、理学家朱熹、民族英雄文天祥等人的墨迹以及宋徽宗赵佶的两勅——

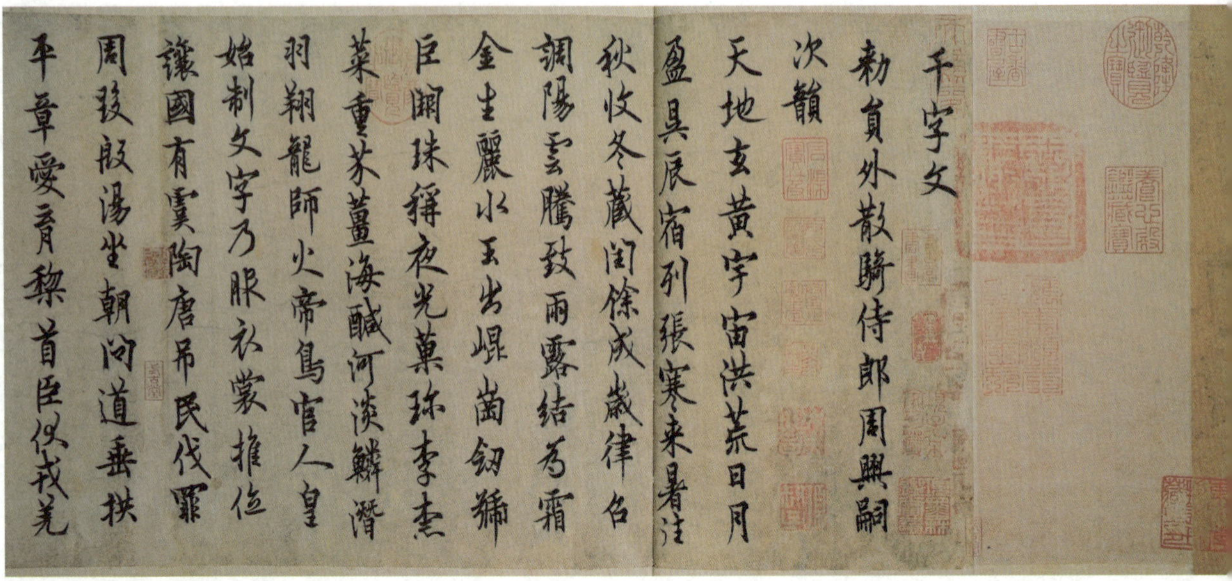

唐·欧阳询行书《千字文》

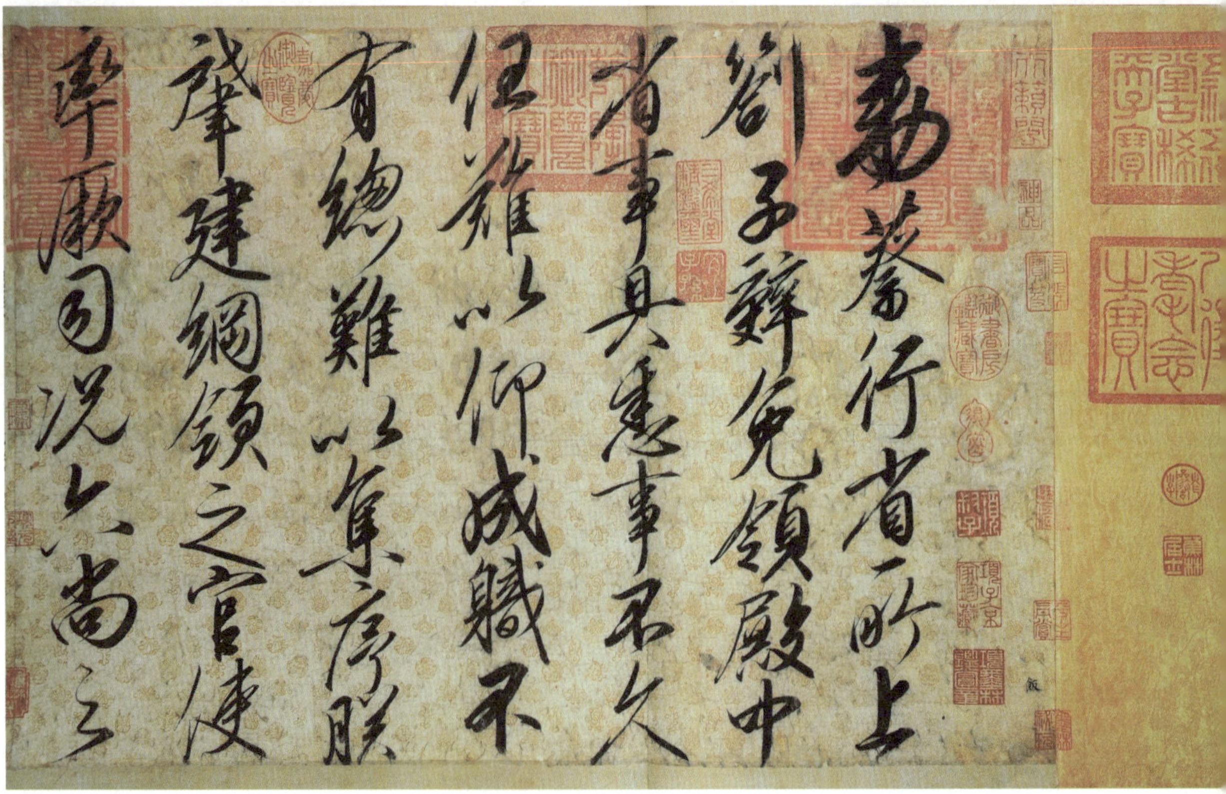

宋徽宗赵佶行书《蔡行敕》

《方丘勅》《蔡行勅》，余下的法书作品皆为元、明、清诸名家之作。

名画包括：唐代绘画大家阎立本的《萧翼赚兰亭图》，作者刻画入微，精细无比，造型手法至臻至善，非名家手笔不能达此意境；唐代周昉的《簪花仕女图》，也是一件稀有的国宝；五代花鸟画大师黄筌在画坛上极具盛名，由于战乱频繁，极少有作品传世，但在溥仪携带的名画中竟有黄筌的《写生珍禽图》，图中所描绘的各类鸟禽、昆虫之类栩栩如生，

唐·阎立本《萧翼赚兰亭图》

呼之欲出，此画不仅是传世孤本，在艺术技巧上更是开后代之先河，实为极精美的艺术珍品；南唐北苑副使董源的《夏景山口待渡图》，在山水画史上独树一帜，独辟蹊径，尽现江南景色，董其昌在此卷引首行书“天下第一董北苑”予以盛赞；北宋中期李公麟的《九歌图》《临韩干狮子骢图》《临韦偃放牧图》《唐明皇击毬图》等九卷；宋徽宗赵佶的《工济观马图》《写生羽毛图》《瑞鹤图》等五卷。值得一提的是，北宋晚期宫廷待诏张择端绘制的唯一杰作《清明上河图》，无论是在艺术上还是在历史上，其价值都是无与伦比的；南宋初期赵伯驹本为皇族，以绘画名噪天下，溥仪携逃之件中就有他的《江山秋色图》《莲舟新月图》《仙山楼阁图》；明代仇英的《清明上河图》，工笔重彩，风格秀润，为其早年精心绘制的杰作。

以上所介绍的是溥仪逃跑之前挑选的部分法书名画。对于其他物

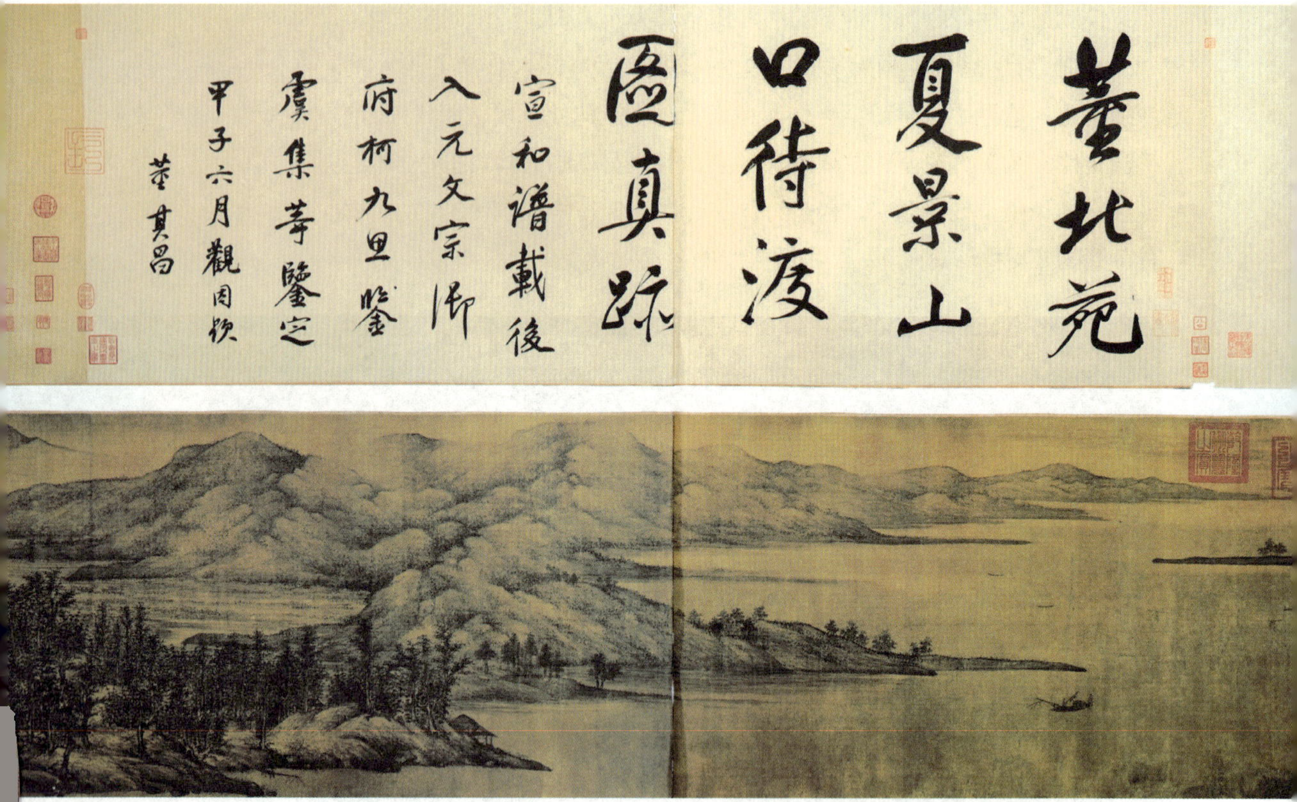

五代·董源《夏景山口待渡图》

品的挑选，溥仪既无心思也无精力一一过目。溥仪的堂侄毓嵒不知从哪里拾来一个照相机的镜头，对溥仪说：“带着它吧？”溥仪很生气地一把抓过来往地上一扔，很不耐烦地说：“拿它干什么！”是呀，在这种时候，即使是一架高级照相机的镜头又值几个钱？连那些被公认为海内孤本的宋版书还满地乱扔呢！库房里的衣服很多，溥仪也只挑了两身西服和一双鞋，其余的衣料、长筒靴、皮鞋统统不要了，在宫中各处乱扔着。接着，又去收拾中、西药房，挑了些鹿茸、羚羊角和犀牛角等最珍贵的药材带上。当然，溥仪每天离不了的荷尔蒙也是必带的，其余的就全都扔了。

在缉熙楼内存放了许多细软物品，如珠宝首饰、金壳手表、钻石、翡翠等，考虑到今后的生活费用问题，这些东西溥仪全让装箱携带了。

溃逃前，经过忙乱而又近乎疯狂的挑选、整理、装箱，最后选出的物品如下：

法书名画4箱，约120件，是从伪满皇宫所存的字画中精选出的珍品中的珍品，是溥仪平时认为最满意的。

原存在缉熙楼溥仪的客厅里的18个手提金库、溥仪寝宫内的手提带层小匣全部带走，其中所装的五光十色的珍宝绝大部分是明清两朝皇宫中的旧物，件件都是中华民族的瑰宝。其中，有金盾2个，金手表、金怀表50～60块，金表链约20条，大、小珍珠约2000颗，以及镶各种宝石的金领带针、金镯子、金袖扣、红绿宝石、大块钻石、金小刀、金项链、金别针等珠宝首饰。

陈设品4箱，内装各种玉器、玉石图章、小件陈设品，包括乾隆皇帝当太上皇时用一整块田黄石刻的三颗印等少数古文物。

日本出版的大藏经4箱，共30多本。

医疗药品14箱，其中包括珍贵的中药，如羚羊角、犀牛角、鹿茸、人参、何首乌等名贵药品。

其他物品130箱，包括行李、衣服、食品等生活必需品。

宋·李公麟《唐明皇击毬图》

至于其他要带走的行李，大大小小一共有多少件，谁也说不清，全都堆放在同德殿的大广间里。

8 月 10 日下午，开始发运那些装箱打包的物品，由于一天说不上要拉响多少次空袭警报，人们必须一遍又一遍地钻进钻出防空洞，搞得人心惶惶。往常发运货物，工作做得很细，对全部发运件都要编号、登记，这次也顾不得了。溥仪很不耐烦地说："得了，别编了！"发件时，关东军曾派了几辆卡车来，还随车来了负责装卸的日本兵，他们装完车便从准备携带的宫中生活用品中拿了些香烟、名酒和熟肉，在同德殿的候见室内大吃大喝起来。对这种"君前失礼"的所作所为，溥仪也只好忍耐、吞咽了。

8 月 11 日夜，溥仪等人一反过去出巡时威风凛凛的声势，偷偷摸摸溜进昏暗狭小的长春东站，登上了逃往通化大栗子的列车。

溥仪坐在列车上，神情抑郁地透过车窗向外张望。站台上人群熙攘，喧声鼎沸，繁乱纷纷。身着军装、协和服的日本男子，穿和服、便装的日本女人，三五成群地聚集在一起，这边喊那边叫，一个个就像热锅上的蚂蚁，穿梭往返，形象慌张，举止仓皇。

忽然，一道道闪电划破天空，紧接着传来隆隆的雷声。这雷声由远及近，最后的一声霹雳仿佛将整个列车炸裂。顷刻间，大雨从天而降，织成暗青色的水幕，肆无忌惮地倾泄着。那散开的数不清的水点抽打着晦暗阴森的大地，驱赶着人群拥向即发的列车。

午夜时分，列车由"新京"东站开出，一路冒雨行进，速度极慢，

元·朱玉《揭钵图》

禁卫军护卫溥仪的卤簿车队

就像一只爬行的蜗牛。翌日清晨，列车抵达吉林，后经梅河口直奔通化，沿途各站已得到“有重要列车通过”的通知，实行了特别的戒严。

经过一天一夜的颠簸，列车总算抵达通化。溥仪心慌意乱地望着车外，发现这里的气氛更为紧张。三步一岗、五步一哨，大有“弓上弦，刀出鞘”之势。原来，日本关东军司令官兼驻“满”全权大使山田乙三早已在此“候驾”，并专门上车与溥仪等人会面。列车在通化逗留期间，山田乙三曾给溥仪等人打气说，日本关东军正在北满方面和苏军作战，取得了赫赫战果，击毁了许多苏军的飞机和坦克。既然如此，堂堂的司令官放弃指挥，溜到通化来做什么呢？对此，山田乙三解释说，主要是为了皇帝的安全，准备与苏军最后决战。

8 月 13 日拂晓，人们发现大栗子沟的日军突然增多了，且岗哨林立，戒备森严。大栗子沟四周的山上山下，铁路旁、大道边，路口，车站，均设有荷枪实弹、刺刀见光、头戴钢盔的日军哨卡，街道上行人皆无，住户不准生火做饭。百姓不知要发生什么事情，家家户户紧闭房门，恐生是非灾祸。

大约在早上七八点钟，一列客车缓缓开进大栗子站。少顷，人们

去了。

张景惠随声附和地提出“日本天皇陛下已接受波茨坦宣言，满洲国已失掉了存在的意义，应由皇帝自动退位，给予满洲国以最后的终结”等等。当说到将这种提案呈奉“皇帝”时，众大臣皆沉默不语。最后，伪参议府议长臧式毅率先表态，提案方才予以通过。然后，由张景惠、臧式毅、熙洽、武部六藏、吉冈安直出面，赴“临时行宫”觐见溥仪。“九一八”事变后，曾积极“拥戴”溥仪出任伪满“执政”的张景惠，又从他的怀中掏出了《满洲国皇帝退位诏书》，请溥仪在上面签了字。随即，溥仪在“临时行宫”的会客室召开“御前会议”，举行伪满洲国皇帝退位仪式。

就在这退位的最后一刻，溥仪仍旧没有丢掉做一个任人摆布的傀儡的习惯，他脸色发青，仅用两分钟就读完了由日本人草拟的伪满洲国的“送葬词”——《满洲国皇帝退位诏书》。接着，武部六藏又用日语宣读了一遍。正像溥仪在改造期间回忆的那样：“可是我这个奴才，就当这样地被主人正式‘解雇’之际，还曾在吉冈的面前，不惜大作其卖国奴丑态说，我太对不起日本天皇了，尽管我现在退了位，我还要始终如一和日本一德一心到底。”

当溥仪讲完这番谄媚之词后，便略向前弯下瘦高的身躯，透过深度的近视镜，巡视了一下面前的群臣，补充道：“本人基于日满一德一心之大义，现在退位。希望各位注意自己的身体健康，如有幸长生在世，想还能有再见的机会吧。”话一说完，溥仪就眼含泪水离开桌子，从右边走到诸位大臣的面前，首先与年长的张景惠握手致意。张景惠亦无言地紧握住溥仪的手，表现出悲悲戚戚之状。

溥仪退位，宣告了长达近十四年傀儡戏的最后终结。退位仪式完了，吉冈安直又吩咐这位退位“皇帝”立即准备赴日，张景惠遂告诉溥仪，已从伪满政府剩余的经费中拨出3亿日元汇往日本，作为溥仪的生活费用。溥仪听罢，便当着吉冈安直的面，声色凄楚地对诸大臣说：“我在满洲国没有把我应做的事情做好，实在万分对不住日本天皇。我这次到了日本以后，也盼望你们都能在第二批来到日本，那时我们再见吧！”

俗话说：“树倒猢狲散。”此时此刻，伪大臣们已无心听取溥仪讲的这番废话，他们所担心和考虑的是自身的命运与今后的出路。

二、宫中国宝的厄运

当溥仪匆匆逃离长春伪满皇宫时，不可能带走全部财物，其中大部分还是在伪满皇宫中散失的。逃跑之前，溥仪的亲信随侍闫桐江将放在缉熙楼客厅内的手卷册页、挂轴账3本，连同其他书目录账30多本交给了留下的溥绍、毓恩。留下账本又有何用，各类物品都乱糟糟地散放在各处。溥仪出逃，伪满皇宫徒有空壳，它和它的主人一样已是风雨飘摇。守卫伪满皇宫的近卫军、禁卫军和宫内人员此时感到时机已到，便捷足先登，首先进行了一番洗劫，尽情抢掠溥仪未来得及带走的宫中宝物，什么好拿什么，什么贵拿什么。

在此，简单交代一下守卫伪满皇宫的近卫军、禁卫军两者之间有什么区别，以及其职责、分工、任务、守卫范围。

近卫军和禁卫军虽然均为警卫皇宫的部队，但“近”、“禁”二字不可混淆，有着明显的区别。所谓禁卫军，是在伪满洲国政府军事部下设的禁卫军步兵团，属伪满洲国国军系列的正规部队，其管理、编制、经费均由伪满军事部负责，这支军队在伪满时期的十四年中始终存在，专门担当保卫伪满皇宫及“皇帝”的任务，主要负责伪满皇宫外围的警戒。

伪满皇宫的外围由禁卫军负责，伪满皇宫之内则由近卫军负责，而近卫军又是由护军演变而来的，护军是由溥仪自己出钱豢养的一支私人武装，共有300多人，这支队伍既不同于清朝皇宫里的护军，也不同于归伪满军事部建制的皇宫禁卫军，而是溥仪为恢复祖业而苦心经营的一批军事骨干。护军不但拥有步枪、轻机枪之类的装备，就连教育训练等，也都按照正规陆军的方法去施行。

然而，日本人决不允许溥仪拥有自己的武装力量，必然会遏制护军的发展。1937年6月28日，关东军有意制造了“护军事件”，将警卫处长佟济煦、护军统领郭文林和两名护军队长以及两名护军排长革了职，赶走了十多个忠于溥仪的护军，收缴了护军的长武器，换上了仅够支撑门面的为数有限的手枪，并把这个陆军式的部队编制也改为纯属伪满皇宫的警察组织——皇宫近卫，也就是近卫军。

溥仪苦心经营的护军，虽然表面看只是改为近卫军，但却发生了本质的变化，它由溥仪掌管的私人武装转变为日本人严格控制的宫中警察，同时也为后来伪满皇宫中国宝的散佚埋下了伏笔。

1945年8月11日夜，溥仪一行逃离伪满皇宫后，宫中一片混乱。守卫的禁卫军、近卫军虽然仍在以往的岗位上，但是他们发现他们的皇帝已经潜逃，留下的宫中人员个个神色惶惶、鬼鬼祟祟，每个人都在算计着自己的退路。

抢劫伪满皇宫中的法书名画是一个偶然的机会引起的。有个值勤的禁卫军走过小白楼时，也许正在想着“皇帝”出逃之后他自己的退路，也许还在想着混乱之中自己怎样才能趁机捞一把。他望着紧紧关闭的小白楼的门窗，产生了好奇心，平日里总是门窗紧闭、

小白楼内场景

不许人靠前的小白楼里到底有什么东西？他走到窗户前向里面观望，发现有许多木箱叠在一起。在好奇心的驱使下，他一不做、二不休，竟自破门而入，打开大木箱，发现箱中又叠放着更多的小木匣，打开一个小木匣，里面有黄底白花绫包皮裹着的圆柱形物品。他以为是一卷绫锦，再将包打开，发现是色锦作包首的卷子，上贴书签，绸带缠于卷中，带上附有白玉撇子，且背面刻有图案、书画名字和作者姓名，并填有赤金，真是精美绝伦，见所未见，闻所未闻！又打开卷子一看，上面有字有画，一连打开好几卷，在他看来差不多都是一个样，倒不如一匹锦缎有价值。这个禁卫军起初对这些字画兴味索然，只是顺便拿走了几卷，便悄悄地回到了保康门内的警卫室。但这引起了排长的注意，他略知这些字画的价值，便琢磨着要把这一发现暂时隐瞒起来，以便进一步有组织地偷运。可是，另一些禁卫军得知内情后，产生了极大的兴趣，尤其是几个念过国高的有些文化，而且还有个别曾当过小学美术教员，对古代书画家的姓名多少有些印象，更了解古书画的价值是无法估量的。

这千载难逢的偷宝发财的信息无法隐瞒，迅速传播也是无法控制的。很快，小白楼就成了贪婪目光注视的焦点，担任警卫的近卫军、禁卫军都在值勤换班前进入小白楼大肆抢夺，由暗偷到明取，这些国宝立时成为争夺的中心。

尽管此时有关国宝的消息已引起了轰动，但在头两天波及的范围毕竟有限。因为按照规定，只有值勤人员才能进入宫内，而值勤有一定的钟点，他们必须在限定的时间内行事。小白楼内的空间多为大木箱占去，活动空间有限，开箱开匣需要时间，稍微有点古书画常识的还想开卷看一看，挑选一下，这样一来免不了又要耽误一些时间，势必影响急欲从中抢宝的其他人。争夺的矛盾不可避免地爆发了，从开始拿几件就心满意足发展到后来的你争我夺，甚至有人为了争夺一件书卷彼此各不相让，各抢得一半了事，有的书卷被抢夺撕扯成了三段、四段。

这样的实例举不胜举，从后来陆续发现的碎片残卷便可窥见当时抢夺的恶行。例如，北宋画家李公麟的《三马图》，至少被撕裂成三截，前一截画面上是人马和苏轼题写的《三马记》十余行字；中截是北宋名

北宋·李公麟《五马图》

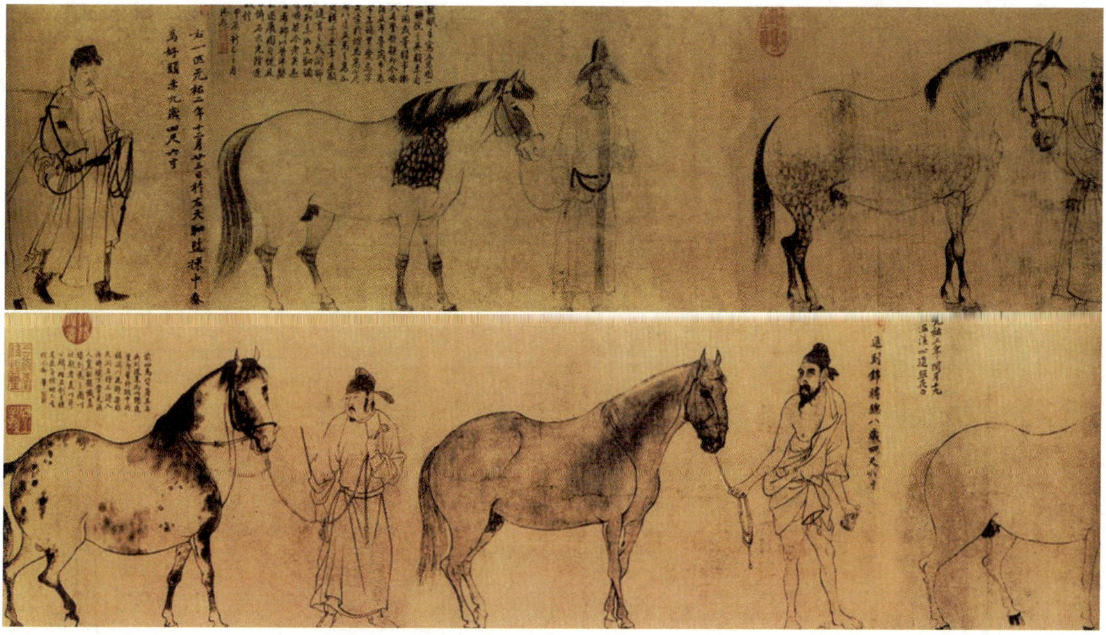

家题写的五言诗；后截为多位名家题写的跋及《三马图》的流传经过；明代董其昌题写的跋在最后。如此珍贵的国宝竟被撕裂成数段，令人痛心不已。

李公麟是和苏轼、米芾齐名的北宋画家，他流传在世的真迹少之又少，仅有《五马图》和《三马图》等数幅。而《五马图》早已被日本人买去，由日本京都的一位法学教授收藏。据说，在第二次世界大战美军飞机轰炸日本本土的过程中被炸毁了。后来，几经流转，香港的陈兴甫买到了《三马图》的前一截，即画面上有人马和苏轼书赞的那部分。到了1963年，一个黑龙江籍的青年拿着一包破损残本到北京琉璃厂荣宝斋来卖，其中就有《三马图》的后一截。这样，一分为三的《三马图》的前段由香港陈仁寿珍藏，后一段由故宫博物院收藏，中间那一段仍不知去向。

又如，宋末元初画家钱选，和同时代的赵孟頫一样在画坛上独树一帜，扭转了南宋晚期院体画模式化的颓风，绘画技巧妙绝一时，赵孟頫等对其倍加推崇。伪满皇宫小白楼中藏有钱选的画作八卷，但在禁卫军的抢夺中，有两卷被撕毁。

再如，元代初期画家鲜于舒，与赵孟頫齐名。他的传世作品有限，最珍贵的是他的大字楷书《御史箴》卷，赵孟頫为其写跋，还有明代画家仇英书写的一段记语，也被禁卫军在争抢中撕毁。

那些禁卫军在争抢中红了眼、丧失了理智，做出了许多疯狂的举动。比如，明代中期无锡名家王问所作的《万松图》，卷长七米以上，水墨写意画出苍松怪石，笔墨淋漓，发挥了画家高超的艺术水平，备受明清两代收藏家珍视。但就是如此般的珍品，禁卫军在抢夺中大打出手，将其撕得粉碎，仍不罢休，似难解恨，为平息心中的怒火竟将画卷碎片用火烧毁，化为青烟。这些愚昧无知、贪得无厌的禁卫军，真找不出更为贴切的词语来鞭笞他们。

在争夺中被撕为数段或残缺不全或已成碎片的书画作品，还有南宋牟益的《西岳降临图》、宋初徐铉的《古篆千文》、明代沈周的《写生三味图》和《淇园春雨图》、元代王迪简的《凌波图》、元初高克恭的《秋山暮霭图》、明宣宗朱瞻基的《莲浦松荫图》、明代文徵明的《赤壁赋图》合卷、元代僧大佑的《慧顺行实》卷，以及明代祝允明的楷书《姜夔续书谱》，等等。

伪满政权树倒猢狲散，伪满皇宫中的混乱局面不断加剧，近卫军也好，禁卫军也好，值勤的、不值勤的以及宫内的其他成员都加入了抢掠行列。一位孔姓近卫军，仅手卷、字画就劫走了一皮箱共三十几件，其中有唐寅、赵孟頫、董其昌、文徵明、严嵩等人的作品。一位刘姓禁卫军连长，把抢掠到的一包物品送回长春家中后便不知所踪，杳无音信。直到1982年，刘连长之子刘刚身为历史教师，深知其父送回的国宝的历史价值和艺术价值，便将北宋苏轼的《洞庭春色赋》《中山松醪赋》捐献给吉林省博物馆收藏，使从伪满皇宫中流散出去三十七年的国宝又回到伪满皇宫中（此时吉林省博物馆暂用伪满皇宫东院作为馆舍）。

苏轼，是我国北宋时期著名的文学家、书法家和画家。他的诗词、歌赋、文记、书法、绘画，向为人们所喜爱；他宽博大度、坦荡正直的品德情操，深受后人景仰；他一生呕心沥血、勤奋创作，丰富了祖国灿烂的文学艺术宝库，为我们留下了十分宝贵的精神财富。

行书《洞庭春色赋》《中山松醪赋》是苏轼传世的墨迹，白麻纸七纸接装，纵28.3厘米，横306.3厘米，两赋全文并后记，字大如钱。两赋前后共计684言，纸精墨佳，气色如新，笔意雄劲，潇洒飘逸，“端庄杂流丽，刚健含婀娜”。

此二赋是苏轼最称意之作，他不止一次书赠与他人。而且，二赋卷后有金末元初张孔孙，明代黄蒙、李东阳、王稚登、王世懋、王世贞、张孝恩等名人题跋及王世贞致陈从训书札，还有清乾隆皇帝的跋文题诗。这些题跋本身就是十分难得的书法艺术作品。

虽然史籍所载苏轼传世墨迹甚多，但今天尚能见到的真迹就不多了。像二赋卷这样鸿篇巨制的精品，实属罕见。这件代表着苏轼行书最高成就的墨迹，是他五十九岁时精心致意所书，书写的又是他挚爱的两篇文学作品，所以文章之精美豪放、情感之超脱豁达、书风之宽博大度、用笔之淋漓酣畅浑然一体，构成了这一高超的艺术杰作，给人以一种婉丽多姿而又浩然端庄的美的享受、一股奋发向上努力求索的力量，令人赏心悦目。历代鉴赏家无不为之倾倒，倍加推崇景仰。

对书画楼中书画的大肆抢夺，造成了灾难性的后果。我们应该记住的一个人是禁卫军中的金香惠，辽宁盖县人，此人曾念过国高，在美术方面有一定基础，自然对名人书画亦有些了解。他在书画楼中抢出了三十多幅书画，其中包括东晋书圣王羲之的《二谢帖》、南宋的《岳飞、文天祥合卷》、南宋陈容的《六龙图》以及明代沈周、文徵明的书画作品。金香惠将其中的一部分书画存在一位同乡家中，带着十几幅较为珍贵的书画返回老家辽宁盖县。

解放初期，金香惠离家外出工作，将带回的书画交予其妻，嘱其一定要妥善收藏。但政治风云的变化是他无法预料的，此时他的家乡盖县开始了轰轰烈烈的“土地改革”运动。金香惠是地主家庭成分，其妻也是地主子女，正是“土改”的对象，不了解这次运动，只是感到恐惧。金妻一想到金香惠从伪满皇宫中带回的书画，便惶惶不可终日，她知道书画是珍贵的文物，但一旦被人发现必然加重金香惠的罪行，于是胆小无知的金妻竟想出了一个令人发指的办法，她将这些国宝当成柴火一卷一卷地投入灶坑，使其顷刻化为灰烬。哀哉！哀哉！国之珍宝就这样变成青烟永远地消失了。被金妻烧毁的书画

兰花御纹章合金餐具

包括东晋书圣王羲之的《二谢帖》及南宋的《岳飞、文天祥合卷》等。

还有一个叫王学安的禁卫军，将抢出的一批唐宋时期的法书名画带回家乡后，采取了同样极端的做法，将这些国宝匆匆埋入他认为安全的地下，且没有采取稳妥的防护措施。当形势好转之后，他便将这些国宝从地下挖出来，但由于地下潮湿，腐蚀现象十分严重。一些受侵蚀稍轻的纸本书画还可进行修复装裱，大体能显露几分原作的风格，但绢本书画均已断裂、脱裱，色彩尽褪，湿成一团，无法修复和挽救。这些埋入地下遭毁损的字画包括唐代诗人杜牧自书《张好好诗》，宋徽宗赵佶以瘦金书亲自为其题签，还有唐明皇李隆基颁赐给毛应佺的《血狱诏》一卷，以及南宋理学家朱熹的书法，等等。

由上述几例便可知伪满政权垮台时，溥仪从伪满皇宫仓皇出逃后，发生在伪满皇宫小白楼中国宝被抢、被毁的疯狂程度。但这只是发生在伪满皇宫中的第一轮抢掠，接下来又发生了一轮又一轮的抢掠活动。

伪满皇宫中，除了法书名画外，其他各类珍宝也是数不胜数。溥仪逃离伪满皇宫时，仅挑选了一小部分珍宝带走，大部分被散放在宫中

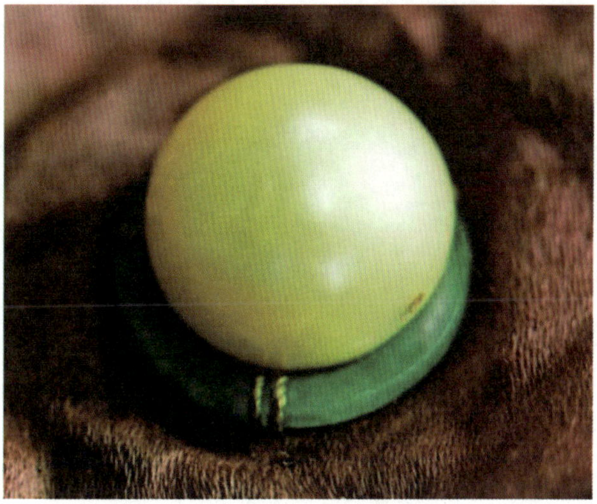
龟珠

各处。处在风雨飘摇中的伪满皇宫乱成一团，在禁卫军、近卫军大肆抢夺之时，宫中其他人员都在算计自己的退路，想在这慌乱之中捞一把，他们贪婪的目光都盯在古玩珍宝上。皇后婉容精神失常，整天疯疯癫癫，侍候她的一个叫刘妈的用人，在溥仪、婉容出逃之际，拿着一包东西偷偷交给了杂役吕庆祥，千叮万嘱地说："这些是无价之宝，你要好好保管，要人在东西在，如果我们和皇后不回来了，这些东西就送给你了。"吕庆祥把这包东西寄放在他的河北同乡吕凤岐家中。吕凤岐也是宫中杂役人员，专门负责给溥仪喂养"御马"和赶马车。后来，吕庆祥来取这包珠宝时，就把其中的一颗龟珠送给吕凤岐作为谢礼。

这颗珠子是海里乌龟体内由分泌物结成的有光小圆体，属海产蛤珠类，故称之为龟珠。此珠形为馒头圆，上圆下平，直径 1.4 厘米，高 1.2 厘米，表面光泽，皮色稍黄，重 3.4 克，即 6.8 分。珍珠有 7 分为珍，8 分为宝之说，这颗龟珠从重量上看接近珍宝，也是不可多得的。此珠底部有四个小孔，用丝绳固定在龟珠下面的翡翠环上，翠环重 0.42 克，外径 1.7 厘米，环壁 0.3 厘米。经鉴定，这颗龟珠是用来做帽正的装饰品的。

就是这位御用马夫吕凤岐，不但帮助他的老乡收藏珍宝，自己在混乱之际虽然未能抢到法书名画，但仍顺手牵羊地拿到了一些珍宝和宫中器皿。

1986 年，长春市中级人民法院在调解一桩财产继承纠纷案时，吕凤岐当年拿出宫的珍宝才曝光于世。除了吕凤岐得到的老乡吕庆祥所给的龟珠之外，他拿的珍宝有红、蓝宝石金戒指，英、俄等国的金币，以及带有伪满皇帝专用标识兰花御纹章的各式餐具。吕凤岐在世时，这批珍宝埋在其所住平房的地下，直到他死后，方引起这场财产继承纠纷案。

三、劫后余生的善本书

伪满皇宫中的禁卫军和近卫军抢掠的主要目标是书画楼中的法书名画等国宝，经过几番抢掠之后，那些法书名画已荡然无存。而在书画楼一楼西侧房间的一箱箱宋版书和殿版书并没有引起禁卫军、近卫军的兴趣，因为他们不知道或者说不了解这些线装书的价值，认为不是值钱货，所以没有大肆抢掠，这些书籍除了少部分散乱地扔在地上之外，基本上保存完好。

伪满皇宫的藏书分存在三个地方：一是尚书府，但数量很少；二是宫内府，虽数量不少，但珍贵程度不够；三是内廷，这是溥仪的私人藏书，善本、孤本珍品均收藏于此。

内廷藏书，其种类、书名、来源较为详细地记载在四本书籍目录中，第一本称为《书籍本》，第二本至第四本称为《书目本》。《书籍本》中所列丛书等书都只记一个总名，丛书中包含的每一册书则另行记录于《书目本》。这个图书目录，没有进行分类，没有完全注明版名，只有少数注明了作者的姓名，但其中大部分注明了来源和收藏日期。

御用马夫吕凤岐捐献的首饰、金币

目录中共记入了藏书820余种34500多册。伪满皇宫的尚书府和宫内府所藏的图书均钤有“尚书府藏”或“宫内府藏”的图记，而内廷藏书没有图记。这三部分藏书中，只有内廷藏书属于溥仪的私产。

从伪满皇宫留下的《书籍簿》和《字画簿》等账册中，可以清楚地了解其古书、字画的收藏情况。字画类簿册有《御笔手卷册页挂轴簿》一册、《新旧手卷册页挂轴簿》一册等。对照近人陶湘所著《故宫殿本书库现存目》，可知有十分之九的清廷殿本精品书籍转运到了伪满皇宫中，其余的便是宫藏的历代古书珍本。

伪满皇宫的内廷藏书主要有五大类：一是清代各朝皇帝的御制诗文集；二是御纂、御选、御批、御定、钦定书籍；三是政书；四是实录；五是满文书。

第一类御制诗文集，搜集齐全，包括顺治文集《劝善要言》；康熙文集、诗集《数理精蕴》《耕织图解》《避暑山庄诗》《千叟宴诗》《几暇格物编》；雍正文集、诗集；乾隆文集、诗集（乐善堂诗集、初集、二集、三集、四集、五集等），《日知荟说》《日知荟说讲义》《盛京赋》《全韵诗》《古稀说》《棉花图》《评鉴阐要》《避暑山庄图咏》；嘉庆文集、诗集，《全韵诗》《嗣统述圣诗》；道光文集、诗集；咸丰文集、诗集；同治文集、诗集；光绪文集、诗集；附醇贤亲王《修齐俚言》。

第二类御纂、御选、御批、御定、钦定书籍包括：御纂类《性理精义》《周易折中》《诗义折中》《日讲书经解义》《日讲礼记解义》《日讲春秋解义》《日讲四书解义》《承华事略补图》《内则衍义》《朱子全书》《医宗金鉴》《分类字锦》；御选类《唐诗》《语录》《悦心集》《全唐诗》《宋诗选》《金诗选》《元诗选》《四朝诗》《历代诗余》《经海一滴》《古文渊鉴》《唐宋文醇》《唐宋诗醇》；御定类《历代记事年表》《七政四万余年书》《佩文斋咏物诗选》《资政要览鉴》《渊鉴类函》《执中成宪》《陆奏约选》《康熙字典》《群芳谱》《词谱》《曲谱》；御批类《历代通鉴辑览》《资治通鉴》；钦定类《十三经注疏》《七经》《皇清经解》《书经传说汇纂》《诗经传说汇纂》《春秋传说汇纂》《书经图说》《孝经衍义》《古今储贰金鉴》《明鉴》《历代职官表》《大清一统志》《皇舆图》《皇清职贡图》《热河志》《盛京通志》《日下旧闻考》《律吕正义后编》《授时通考》《授衣广训》《万年书》《选择历书》《月令辑要》《熙朝雅颂集》《古香斋十种》《佩文斋书画谱》《古今图书集成》《佩文韵府》《骈字类编》《子史精华》《石渠宝笈》《同文韵统》《叶韵汇辑》《西清续鉴乙编》。

第三类政书包括：《十朝圣训》《圣祖仁皇帝圣训》《康熙皇帝遗训》《朱批谕旨》《圣谕广训》《圣像广训直解》《圣谕像解》《圣祖仁皇帝敕选六谕衍义大意》《福惠全书》《大清会典》《大清会典图》《大清会典事例》《律例图说正编》《大清律例汇辑便览》《皇朝礼器图式》《重订满洲祭神祭天典礼》《皇朝词林典故》《殿阁词林记》《清谥法考》《金吾事例》《皇清帝典简明册》《国朝宫史》《宫中现行则例》《总管内务府现行则例》《西清仪仗谱衣服谱武备谱乐器谱仪器谱祭器谱》《皇朝三通》《皇

《十三经注疏》毛氏本

朝续文献通考》。

第四类实录包括：《满洲实录》《大清历朝实录》《大清宣统政纪》《康熙政要》《嘉庆三年太上皇起居注》《皇朝开国方略》《满洲编年纪要》《东华录》《贰臣传》《逆臣传》《清皇室四谱》《八旗满洲氏族通谱》《圣祖仁皇帝六旬万寿盛典》《南巡盛典》《幸鲁盛典》《星源集庆》。

第五类满文书包括：《满文字母注音法》《清文汇书》《清文补汇》《满汉文论语孟子》《增订清文鉴》《初学必读》《劝善要言》《满汉合璧四书集注》《重刻清文虚字指南编》《满汉字清文启蒙》《清语指要四种》《清汉对音字式》。

伪满皇宫的古书中，还有清宫所藏的珍贵的毛氏刻本和闵氏刻本，计常熟毛晋毛氏刻本 543 种，闵齐伋闵氏刻本 117 种。内廷所藏毛氏本和闵氏本的精华几乎尽在其中。著名的毛氏本有：《十三经注疏》《十七史》《陆状元增节音注释义资治通鉴》《李善注文选》《元人十家集》《列朝诗集》《苏门六君子文粹》《忠义集》《郭乐府集》《唐诗类苑》《六十种曲》《津逮秘书五集》。闵刻精华有：《易传》《书传》《战国策》《兵垣四编》《南华经》《楞严经》《圆觉经》《金刚经》《古诗归》《花间集》《西厢记》《明珠记》等。

伪满皇宫所藏字画，大多数是从清宫紫禁城中盗运到这里的。从《御笔手卷册页挂轴簿》《新旧手卷册页挂轴簿》《日本手卷册页挂轴簿》三本簿册记录的统计看，计手卷 112 件（御制 20 件，清中叶前的旧作 55 件），挂轴 258 件（御制 110 件，旧作 32 件），册页 73 件（御制 13 件，旧作 16 件）。

伪满皇宫的字画中，较齐全的是清历朝皇帝的字画，显然是溥仪有意搜罗的，共有 143 件，有 40 余件是从清宫紫禁城中盗出的。这百余件清帝字画包括：顺治帝 6 件，康熙帝 22 件，雍正帝 7 件，乾隆帝 73 件，嘉庆帝 8 件，道光帝 7 件，咸丰帝 1 件，同治帝 2 件，光绪帝 3 件。

这批古书画和古物，丢失、损毁十分严重，只有一部分被接管和接收，有些则流失散落，有的甚至流失国外。

按内廷藏书的目录所记，其来源主要有以下几个方面：

其一，溥仪从北京故宫盗运出宋版书、殿版书，从天津运到伪满皇宫。

其二，溥仪陆续收购的。伪满尚书府大臣袁金铠曾专为溥仪收购各类珍贵图书。当时名气较大的是北平隆福寺街的东来阁书铺，已在沈阳设立了一家分铺，后在袁金铠的鼓动下，又在长春设立了一家分铺，主要是准备和伪满宫廷进行交易。溥仪特别注意收集历代皇帝所编纂、审定、刊刻的书籍，如从顺治到光绪的御制文集，历朝的诏令、实录、法典。袁金铠在东来阁购买了大批这样的文献，一次就购买各种古书十箱，其中有《四部备要》《大藏经》等，十几件清朝历代皇帝的墨迹、匾额、对联等。有一个叫陶湘的人，收藏了一些明版书，曾将常熟毛刻和闵刻分两批以3.8万元的价格售给溥仪。

其三，方方面面、形形色色的人呈进给溥仪的。例如，1933年，前清头品顶戴、内阁侍读学士刘锦藻进奉了《皇朝续文献通考》，溥仪亲题“殚见洽闻”匾额一方以示奖励，刘锦藻为此还上了一道谢恩折子，其文为：

头品顶戴、前内阁侍读学士，臣刘锦藻跪奏，为叩谢天恩，恭折仰祈圣鉴事：

十二月二十日，猥以臣子承干奏进臣所纂《皇朝续文献通考》，由前学部郎中臣王孝烈寄到蒙恩赏给“殚见洽闻”匾额一方。臣锦藻当即恭设香案，东望叩头，谢恩祗领。伏念臣草茅弱质，蒲柳衰姿。循崦嵫而顾影，老学无成；昧宛委之秘藏，晚闻滋愧。研几忍古，识限区辄；勤志服知，目穷辀录。惟是徽文考献，稍酬炳烛之微明；扬烈觐光，窃比引喤之初意。乃蒙恩焘曲被，宸翰遥颁。拜嘉有曜，瞻奎壁而分辉；循分逾涯，戴泰山而知重。庶几传诸州郡，兴多士稽古之风；昭示昆仍，作累世教忠之范。所有微臣感激下忱，理合恭折具谢，伏乞皇上圣鉴。谨奏。

宣统二十五年十二月二十一日

1938年10月，又有清室驻北京办事处朱益藩师傅的儿子鲘銮“将自宅所存雍和宫大和斋书籍及文件开具书目及文件清单，奏明呈览”。溥仪立即传谕：“交两陵承办事务处点收，运交天津静园保存，钦此。”后来，这批书籍自然也运到了伪满皇宫。

溥仪对殿版书和宋、元、明版书异常喜爱，可谓情有独钟。他从北京故宫盗运出大批此类善本书，并均已存放在伪满皇宫的小白楼中。这是内廷藏书的主要部分，也是最为珍贵的。这其中有较为详尽记载的，略加举例介绍如下：

《太祖高皇帝老档译稿》两本，清太祖努尔哈赤天命二年（1617年）编撰，

并用朱印直行纸精缮，每页六行，每行二十二个字。黄纸装订，书内夹有黄纸长签，并行书："赐进士出身，前翰林院侍讲学士，盛京陵庙办公处总务员、兼办译当房翻译事务臣文华恭译，盛京陵庙承办事物处译档房缮写员臣张英符恭缮。"

《德宗景皇帝实录》，都是用朱印直行格纸精缮，用朱圈句读，红绫装订。

《垂广补注黄帝内经素问》，石青绢装，黄绢题签，楷书《宋版内经素问》。封面前后页里钤"五福五代堂"、"古稀天子宝"、"八征耄念之宝"、"太上皇帝之宝"；首页右上方，钤"天禄继鉴"方印、"乾隆御览之宝"椭圆印；末页左上方，钤"天禄琳琅"方印，和《天禄琳琅书目续编》所载相符。

明·沈周《盆菊幽赏图》

《纂图互注杨子法言》，黄绢装，黄绢题签，楷书《六子纂图互注》。封面前后页里及首页、末页前后钤印，都和《黄帝内经素问》相同。此外，每页首有“谦牧堂藏书记”印，和《天禄琳琅续编书目》所载相符。

《重校唐文粹》，锦装，黄绢题签，楷书《唐文粹》，书中前后的衬页钤印同《皇帝内经素问》相同，唯末页左上方多“乾隆御览之宝”一印。

溥仪带了一大批殿版书到伪满皇宫。秦翰才在《满宫残照记》一书中有这样一段记述：“至殿版书更多，我一次进宫中警卫卧室，便见案头有巨书一本，正是殿版开化纸《御批通鉴辑览》。”

清宫廷所刊刻的典籍是古籍善本中的一枝奇葩。由于清宫廷有足

紫禁城武英殿

够的人力和财力用于刻书，故刊刻之书特别精工，校勘也颇有水准，这些书精良美观，雍容华贵，工艺精湛，用料讲究，极富皇家气派，凸显盛世之风。

清代宫廷刻本因为在武英殿承刻数量最多、时间最长，故称之为殿版书。殿版书刊刻极严谨，要求甚高，字体精美，印刷纸墨极为考究，插图版画繁复精细，装帧奢华至极，处处体现出皇帝的喜好。

溥仪的内廷藏书安放于书画楼，但常用书和现用书就存于寝宫缉熙楼二楼书斋。可见，溥仪每天都是要读些书的。对此，曾任伪满宫内府“行走”兼溥仪日文翻译的林出贤次郎在《宵旰御情》一文中写道：

> ……拜察陛下趣味，对于读书、挥毫、作诗等，深感御兴，而御所藏书，搜罗颇富，且在北平、天津方面及本地陆续购买各种书籍。在御书斋之沙发横小桌上，常堆积日本变更之书籍，高如小阜。陛下偶有寸暇，辄耽读书。去年底，陛下治疗御齿之际，前后凡四十二日，余每日下午二时起，

迄三时乃至四时伺候御前。与圣上接谈，然陛下所谈之题材，罕有超出学问上、宗教上以外之言语。

林出还谈到“陛下”指示让他阅读一些书籍，如清圣祖皇帝于康熙四十二年敕彭定求选定的《钦定唐诗九百卷》、清世宗雍正帝御笔的《拣魔辨异录》《悦心集》《御录经海一滴》等。在禅苑珠林之中，溥仪还亲选了一些经籍，向林出指示《佛教经典》和《圣经》的要点，并给予讲解。

值得注意的是，溥仪不但读书，而且有著述。据林出讲，1936年2月，溥仪正在写《中庸解说》。他说，在圣躬御读书之外，曾蒙拜读御执笔中之《中庸解说》原稿极佳之御笔迹，实达繁多之页数。现已解说至《中庸》第十五章矣。

溥仪常用或现用的书籍在其《书籍簿》中的书名下面有黄签标记，上面写着“安楼上书斋”字样，因此可以得知这常用、现用书籍的名称。伪满政权垮台后，即到伪满皇宫几次实地考察并得到相当数量的散落在伪满皇宫各处的记事本、图册等资料的秦翰才先生，据此著有《满宫残照记》一书，他曾提到溥仪常读之书有：《唐宋诗醇》《康熙字典》《悦心集》《白香山诗集》《康熙政要》《周易折中》《邵子全书》《苏东坡文选》《苏诗合注》《拣魔辨异录》《月令辑要》《读书记数略》《圣祖仁皇帝圣训》《御批历代通鉴辑览》《唐诗合解》《日讲诗书解义》《诗经》《易经》《辞源》《书经图说》《满洲实录》《十朝圣训》《全唐诗》《扈从东渡百九诗》《李太白文集》《靖献遗言摘注》《皇清帝典简明册》《元王承恽承华事略补图》《乾隆御制诗初集》《经海一滴》《春秋左传浅解》《重订满洲祭神祭天典礼》《避暑山庄诗》《御选语录》《桂山录异》《夜谭随录》《阅微草堂笔记》《岂有此理》《更岂有此理》《客窗闲话》《北东园笔录》《不可不可录》《灯下闲谈》《诗韵全璧》《板桥杂记》《秋灯丛话》《白玉蟾集》《击壤集》《酉阳杂俎》《春秋大义》《东海吟》《嘉庆三年太上皇起居注》《寒山子诗》《张守约拟寒山诗》《沙门翼庵和寒山诗》《郇庐遗文》《黄箓科仪》《辽海吟陈曾寿诗稿》《女箴篇目》《唐诗绎》《沧趣楼诗集》《丁已闻见录》。

上述经、史、诗、文诸典籍，确实是颇有选择性的，证明溥仪在我国古典文献方面的功底很深。这当然与他从小经名师指教、多年研读有关。

溥仪对他的藏书是很爱护的，常常吩咐侍从人员加以整理和修缮，《记事簿》中就有这样的记载。这里摘引由随侍严侗江在1936年传出的两道“谕旨”：

3月21日，严宗渊传：近侍处进内几个人包书，用桑皮纸包好，外贴书签。书签用白纸。

3月22日，严宗渊传：近侍处预备书签。唯《图书集成》书签须用黄绫，里外一样。其余用白纸。

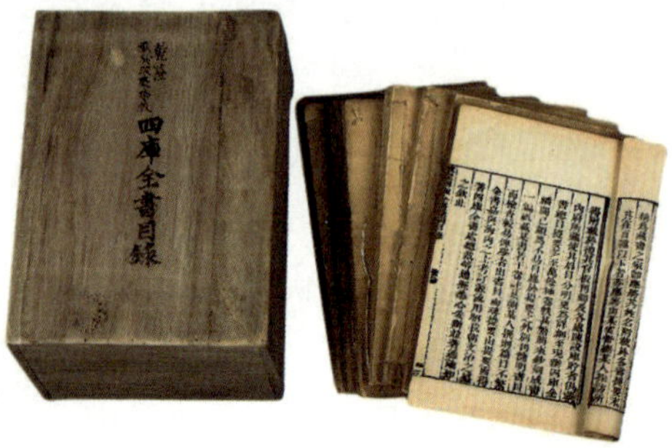

武英殿四库全书

俗话说，好学之人爱书，爱书之人好学。这一点也体现在溥仪的身上，因为他毕竟受过严格的帝王教育，读过各式各样版本的书籍，公允地说，爱护书籍是他的本能使然。

1945年8月12日，溥仪仓皇逃出伪满皇宫，慌乱之中，仅选了一少部分法书名画和四箱日本版《大藏经》带到了大栗子，所有的善本书都留在了伪满皇宫。直到1946年1月，国民党政府东北行辕经济委员会主任张嘉璈才派经委会总务处副处长凌志斌等人，把伪满皇宫的古籍书装了一百多箱，用马车运到长春市政府，等待机会运走。

这批书除少部分仍流落民间，大部分已被有关图书馆收藏。其入藏情况大体如下：

第一批被收藏的伪宫之书。1946年4月至5月，东北民主联军在长春市政府发现了一百多箱图书，检查人员未及细看，误认为是文溯阁《四库全书》，即报告了林枫同志。林枫同志怕这些珍贵图书在战争中被毁坏，当即提出转移到安全的地方，便运到了佳木斯，交东北日报社负责保管。经开箱检查，始知是伪满皇宫藏书，包括一部分原天禄琳琅藏书，虽非《四库全书》，但也极为珍贵。东北行政委员会于1947年6月派东北教育委员会委员、文物保管委员会委员王修同志将这批图书运至哈尔滨，后转交东北图书馆收藏至今，成为辽宁省图书馆古籍藏书的重要组成部分。这批图书共两万册左右，为长春伪满皇宫藏书的绝大部分。经过整理确知，其中有宋版书23种、元版书4种、影宋抄本2种、翻宋版书3种、明版书3种，其余多为普通古籍的副本书，暂未整理。这批书是经过国民党政府派人挑出十三箱以后剩下的，但当时由于挑书人不太懂书，仅凭印记挑选，加之时间仓促，因而仍然留下了很多有价值的善本，如宋版《抱朴子内篇》《续资治通鉴长编》以及影宋钞本《周髀算经》等，都是《天目》里有代表性的珍籍。

第二批被收藏的伪宫之书。1946年3月，国民党军队仓惶撤离长春，张嘉璈命凌志斌、李润春二人将盖有“玉玺”的图书挑出来，单独装成十三箱，在4月民主联军进驻长春前夕运到东北行辕经济委员会隐藏起来。我军进驻长春时，只发现了一百多箱伪满皇宫图书，而没有发现这十三箱图书。国民党再入长春后，张嘉璈等把十三箱善本书运到沈阳，存于中央银行。1946年8月17日，国立沈阳博物馆筹委会主任委员金毓黼到中央银行亲自办理接收手续。这十三箱书共有宋元明版90种1450册，金先生认为这批书“十九为命世之宝”。1945年8月22日的《新生报》对此曾有报道：

> 伪帝宫之宋元明善本书自八一五后下落不明，甚为国人所关怀。兹悉当国军第一次入长时，张主委嘉璈即甚为注意，嘱董彦平至伪满皇宫查验，共装书十木箱，并存于某处，嗣因国军退出长春，即由董彦平捡重要书籍十三箱运返沈阳，存入中央银行。现已查点竣事，送交沈阳图书馆保存。共有宋元明善本书92种1449册，其中宋版占二分之一。

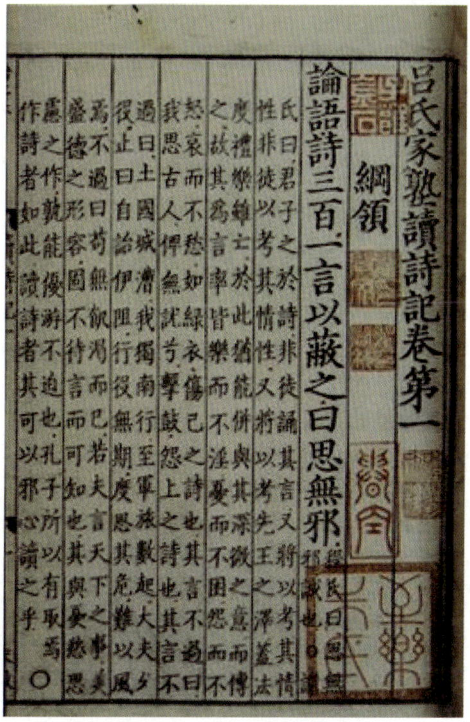

宋刻《吕氏家塾读诗记》

1947年下半年，国民党在全国战场上开始败退，其教育部下令沈阳博物院，将重要的文物图书档案急速南运。1948年7月将十三箱书运到北平，开始存放于国史馆北平办事处，1949年1月又转移到北平图书馆。1948年11月2日沈阳解放，东北图书馆接收了国立沈阳博物院筹委会图书馆的全部藏书。

北平解放后，东北行政委员会于1949年3月派人去北平接收沈阳博物院运平部分图书文物（其中包括十三箱运平伪满皇宫善本书），处理有关事宜。其间，国立沈阳博物院筹委会决定用出自长春伪满皇宫的善本书90种1450册换回藏于国立北平博物院的一批丝绣。这批丝绣原为民国初期的内务总长、代理国务总理、中国营造学会会长朱启钤所藏，后以半售半赠的性质转让给张学良将军，“九一八”事变后落入日本正金银行。日本投降后，这批丝绣运到北平，拨交北平故宫博物院。当时任故宫博物院院长的马衡，得知沈阳博物院所藏长春伪满皇宫宋元明版图书90种1450册系清宫之物而被溥仪盗出者，欲用丝绣换回图书；沈阳博物院因这批丝绣原是用东北的钱款从朱启钤那里购买的，遂同意换回。这批丝绣目前完好地存放在辽宁省博物馆。北平故宫博物院随后将这些善本书全部移交给北京图书馆。现在这些书均收藏在国家图书馆。

第三批被收藏的伪宫之书。国立沈阳博物院筹委会在平办公期间，曾两次收购长春伪宫流散出去的善本书。第一次是1948年7月，购得宋刻《书苑菁华》2册、宋刻《韩文》1册、宋刻《吕氏家塾读诗记》1册、宋刻《后村居士集》1册、明刻《玉台新咏》2册等，共4种9册，合计11种20册，当时亦转交北平故宫博物院，后交北京图书馆（现国家图书馆），延续至今。

第四批被收藏的伪宫之书。1952年“三反”、“五反”运动期间，东北文化部派人到长春等地，在当地党政机关的领导、协同下，查出了一批长春伪满皇宫流散出来的善本书和古画，其中善本书23种155册，于1952年6月拨交东北图书馆（现辽宁省图书馆），其中有《纂图互注荀子》《孔子家语》《春秋意林》《画继》《大易粹言》《纂图护注南华真经》《昌黎先生集》《新增说文韵府群玉》《童溪王先生易传》《真文忠公续文章正宗》《唐柳先生集》《学易记》《分门史志通典治原》等宋、元版书。按照当时的政策，对这批书的持有者分别采取了捐赠、奖励、购买和没收等办法。

第五批被收藏的伪满皇宫之书。1972年，辽宁省图书馆从辽宁省文物店购入《漫塘刘先生文集》10册（原定为宋木活字本，实为明活字本）、宋版《童溪王先生易传》1册和宋版《战国策》3册。这些都是流落民间的长春伪满皇宫藏书，被售予辽宁省文物店。

上述五批被收藏的伪满皇宫之书，是所知现已入藏图书馆的，其他有关图书馆也可能有收藏，但为数很少。

伪满皇宫善本书，除了直接接收之外，现在仍有大量流散在社会上。估计流散在社会上的伪满皇宫藏善本书至少还有一百多种（部），即溥仪从北京故宫盗运出的善本书的一半左右。

我们认为，流散的原因是：1945年8月日本投降后，有长达4个多月的时间，长春市处于无政府状态，长春伪满皇宫基本上是在溥仪的“留守人员”的控制之下。“留守人员”是由溥仪的亲眷、侍从人员和禁卫军组成的，他们中的某些人是最有机会浑水摸鱼和顺手牵羊的。

1946年1月，伪满皇宫的大批善本书运到市政府之后，直到3月才装箱，这两个来月又给管理人员和近水楼台者以可乘之机。从伪满皇宫运出图书后，曾有人目睹，藏书楼架上地下均有散乱图书，有人还从其中拣出宋元残本。目前已收藏的伪满皇宫图书残缺率达三分之一，可想而知，当年伪满皇宫藏书的流失情况之严重。

伪满皇宫书画楼现在已是书去楼空，完成了它的历史使命，然而它留给后人的悬念却很多。我们盼望从这里流散的善本书早日浮出水面。

四、国宝在大栗子的散佚和收缴

由润麒绘画、溥仪填字的《狮子滚绣球图》

溥仪在通化大栗子沟退位后，在等着登上亡命的汽车之际，又作出了一次令人肉麻的举动。一对日本兵正在列队送“退位皇帝”，溥仪突然出其不意地对一个日本兵来了个奇袭式的拥抱亲吻，借以充分表达他对日本人的最后忠诚。当然，这一切都是做给吉冈安直看的，那个头脑简单的日本兵被感动得发出了呜咽之声。但此时的吉冈哪有心思看溥仪这司空见惯的表演，只是冷冷地对溥仪说：“日本关东军已和东京联系好，决定把你送到日本去，但是天皇陛下也不能绝对担保你的安全，这要听盟军的了。”吉冈又告知溥仪亡命的路线，即由通化经平壤乘飞机去日本。随即，吉冈又吩咐溥仪挑选随行人员。

因为飞机小，不能多带人，溥仪挑选了他的弟弟溥杰，三妹夫郭布罗·润麒，五妹夫万嘉熙，三个侄子毓嵣、毓嶦、毓喦及随侍李国雄和御医黄子正，另外加上吉冈安直、祭祀府总裁桥本虎之助、日本宪兵曹长浪花和捧“天照大神”三件神器的一名日本神官，共计十三人。就在这出逃前的忙乱之中，溥仪还安排毓嶦把他这些年所记的日记烧掉，目的就是不能留下他的亲笔证据。对此毓嶦回忆说：“这天溥仪又给了我一项新的任务，烧掉他亲笔写的日记，满满一小皮箱，这些日记要是保存到现在，可是绝好的历史资料。要是在我烧的时候，大致看看都是什么时候写的，或者记住那么片言只句的也行，可当时也没往这方面想，整个是人心惶惶。现在能有点儿印象的就是有不少线装的红格子本，里边是用毛笔写的，这些可能是溥仪当年在故宫里写的。再有一些是硬皮笔记本，是用钢笔写的，这可能是他在天津、长春时写的。烧这些日记本比烧电影片子省事多了，外边有的是空地，捡几块碎砖头围个圈子，免得被风吹跑了，不大的工夫全都烧完了，提着空箱子向溥仪去复命，这只小皮箱马上派上了新的用场。溥仪的一些箱子都印有伪满洲国的国花——兰花，都不能用，临时就抓了一只装电影放映机的箱子。这个箱子是不是装着电影放映机，当时我也不清楚。不过我现在要特别交代一下这只箱子，因为刚才说的珍宝，之所以能带回国来一部分，就是用的这只箱子。一般的箱子都是放平了开盖，这箱子是放电影机的，它是立着开盖儿。箱子是黑色皮子做的，里面的衬是黑绒的，所以在箱子底下做一个小夹层，如果不用尺子量，绝看不出来。当然，这是后话。”

挑选完随行人员，溥仪又令随侍李国雄再挑一些珍宝带走，好在由长春带到大栗子的珍宝有许多可选。挑出的珍珠、钻石、翡翠、猫眼以及多种宝石和名贵金表、金首饰等，足足塞满了一皮箱。其中，有一块金盾，这是溥仪过生日时别人送的寿礼，就是一片儿足赤纯金，直径有一尺来长，盾的中间有“万寿无疆”四个字，重达三百多克。此外，还给溥仪带上了一箱随身使用的物品和换洗的内衣。因其他箱子上都印有伪满皇宫的标志“兰花御纹章”，是万万不能用的，就临时抓了一只装电影放映机的箱子装了进去，还带上了一小箱药品，装了些常用药及一些安眠药。随行的其他人员，谁也没带东西，就穿着一身西服，都想一到日本就好办了。

溥仪丢下了重病兼有大烟瘾步履艰难的皇后婉容、未成年的福贵人李玉琴及他的妹妹们和乳母等。李玉琴哭哭啼啼地问溥仪：“我可怎么办呢？”溥仪说：“飞机太小，你们坐火车去吧。”李玉琴问：“火车能到日本吗？”溥仪不假思索地说：“火车能到，顶多过三天，你和皇后她们就能见着我了。”“火车要是不来接呢？我这里一个亲人也没有呀！”“过两天就见着了，行了行了！”此时的溥仪心乱如麻，反复思索着如何能逃脱死亡，哪还有心顾什么火车不火车呢？

溥仪随即换上他的蓝色带道西服，连夜和吉冈安直、桥本虎之助及溥杰等随行人员一起由大栗子登上火车，于8月19日晨到达通化，下车后直奔机场。溥仪、吉冈、桥本、浪花、溥杰等登上了日本军用八人座双引擎机，其余的人分乘两架伪满邮政飞机。就在飞机将要起飞时，又收到了关东军改变飞机航向的命令：原准备以平壤作为换乘飞机的地点，现改为到联络一切事情都方便的奉天。溥仪所乘坐的那架双引擎机在当时的日制飞机中还是较先进的。这架飞机上午九时许先起飞，另两架邮政飞机后起飞，规定到沈阳聚齐。

回过头来，再介绍一下溥仪等人逃离大栗子沟后，留存在那里的国宝的散佚和收缴情况。一些当事人的回忆较为详细，可信度较高。溥仪和日本人吉冈安直选择大栗子作为他们的“临时行宫”，不仅因为这里气候宜人风光美，更是看中这里能攻能守、能进能退的地利优势。在大栗子沟，溥仪和皇后婉容、福贵人李玉琴、太监等人住进了“东边道开发株式会社大栗子采矿所”所长染谷前的住宅——丁字房。丁字房其横五间，其竖三间。横五间为东西走向的正房，竖三间为厢房。贵人李玉琴住在正房最东头的一间。溥仪的侄子毓嵣带着一队亲兵日夜巡逻，戒备森严。溥仪及婉容分别住在竖向房的两个卧室里。丁字房位于一个十字路口的西北角，斜对过是一栋二层的旧式黄楼，长约 30 米，宽约 8 米，分为两个单元。溥杰一家人及部分伪满大臣就住在这里。溥仪在大栗子时最关心的便是他携来的文物、珍宝，他把“行宫”西头的两间房作为临时“藏珍库”，最贵重、最值钱的物品全放在那里面了。

8 月 18 日，溥仪从大栗子准备逃亡日本时，除将一批金银首饰、珍珠、宝物一小皮箱随身携带外，又将他所有的衣物以及那个手提带层小匣内所装的表链、表坠、戒指、金银别针等以纪念品的形式分给随行的亲属及杂役人员。溥仪走后第二天，大栗子周围的日本关东军部队全部撤走，溥仪的一大群亲属和随行人员处于群龙无首的混乱状态中。长期遭受日本帝国主义奴役、欺凌、压迫的中国人民，终于盼到了扬眉吐气的这一天，

宋版《资治通鉴》

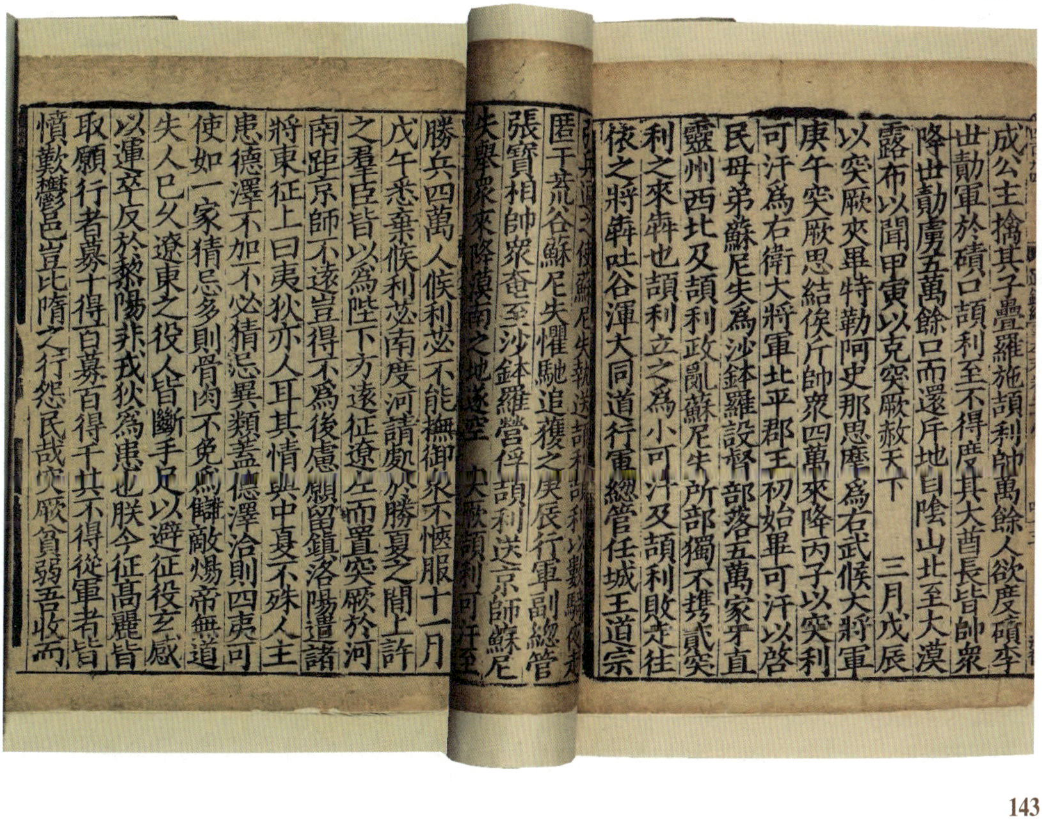

《大清宣宗成皇帝实录》

“距大栗子沟不远的临江县城里，前一天，日本人挨了中国人的打，他们家里的东西全被抢光，消息传到大栗子沟，村里、矿里的工人和家属，大人、小孩一齐来到矿区日本人的住处，把他们家里的东西全部抢走了”。鉴于此况，伪满皇宫的内廷人员也都集中迁到叫柴扉疗的一所大库房里住，库房里分隔成八九间，此时从长春带来的物品还有40多箱，集中存放在西面的第四间屋子内，门上连个锁也没有，只象征性地贴了一张小封条，有些内廷人员包括溥仪家人在内，夜里悄悄潜入此屋，专拣贵重易携带的物品塞入自己的私囊，甚至因为你拿得多、我拿得少而争吵。

当时，伪满皇宫内府近侍处处长毓崇和溥仪的亲信随侍严桐江以及溥仪的二妹夫郑广元管理这个摊子。他们将所带的手卷、金银珠宝、首饰等分给个人保存。由于形势岌岌可危，随时都有被掠一空的危险，所以联系准备搬到临江县，又由毓纹、严桐江向个人追要所分的溥仪用品，收了一夜，要回的也是为数有限。于是，又将原剩余部分挑出精华，共装了七皮包，由毓纹和伪宫内府室会计审查局审查官吴少香雇了一辆马车，将这些东西先行运到了临江县，寄存在临江县商会会长所开的商店里。20世纪40年代的临江城在辽东仅次于通化的县城，交通虽不发达，但是梅河口至大栗子的铁路畅通无阻，鸭绿江的水运可以直驶安东（今丹东），是木材、矿产和山货的集散地。县城商铺林立，旅馆和大车店配合着餐饮业应运而生。当时，在临江城的中心地带有一处日商开设的旅馆，在当地称为伊美朵的旅馆。伊美朵旅馆是个两进的平房大院，室内布置得比较豪华，那个年月是东北居室的一流房间。宫内府留下的所有人员都住在这里。日本投降后，该旅馆倒闭了，改为县公署的集体宿舍，又叫临江公寓。溥仪宫内府人员，在当地“山民抢日本”的报复行动之后，总觉得安全没保证。虽有公安队派人保护，但他们还是不放心。溥仪的亲信随侍严桐江是溥仪的忠实奴才，此时俨然成了宫内府的老总管，为讨好主子和他自身的利益，多次带吴少香等人去县公署联系并花钱买通了伪县长、地方维持会会长兼公安队队长边树芳，用了 10 万伪币租下了这所旅馆，据说买一所旅馆也花不了这么多钱。边树芳以宫内府人员在大栗子不易保护为由，于 11 月下旬将宫内府留下的四十多人接到了县城。边树芳派人联系了一列火车专列，沿途保护并亲自带领县公署人等到车站接驾。宫内府当事人马文周回忆说：“那天到临江是晚七八点钟，市民大多没睡觉，天还下着小雪，约一手指多厚。”马文周，满族，经亲戚介绍，十五岁进宫，是宫内府留在临江的唯一的老人。因为他经常出来采买，熟悉不少临江人。后来，就在当地娶妻生子。解放后参加了工作，是食品厂的退休工人。

溥仪的二妹韫和，人称二格格，聪明能干，是溥仪比较喜爱的妹妹。她主事，联系皇后和贵人，同时也监视她们。她回忆说：“宫内府近四十人被安排在临江公寓。婉容、李玉琴、溥仪乳母二嬷嬷和她的孩子住在左边的几间房子里。溥杰的妻子浩子和次女嫮生及我们几个格格住在后院。”

宫内府人员从大栗子迁往临江城住定，大约半个月以后，于 12 月中旬左右，中共通化地委和专署责成罗衡同志成立了临江民主政府，罗衡为县长。这时，军队和地方都发现溥仪宫内府人员正在分散、盗窃、转移他们带来的国宝。郑广元回忆说：“严桐江把溥仪的一些宝物交给内廷人员，分头藏起来 。”马文周回忆说：“我曾拣到一个很精致的烟盒，带有一块东洋表，还有女人装胭脂等化妆品的装置，严桐江看见后，就用两幅画换我的。这两幅画用黄布包着，其中一幅有五尺多长，我叫不上是什么画，他让我收起来，并说这两幅画可值银子啦，能换一座大楼。我当时不相信。那时还有人把金戒指等珠宝玉器藏到炉子里，被烧炉子的伙计拣去了。”

二格格韫和及郑广元曾回忆说：“不知是谁在后院把溥仪的三大柳条包照片给烧了。这些照片中有大清历代皇帝、皇后、皇妃及溥杰等人的各种照片。”还有一次，部队炊事员到宫内府住的伊美朵旅馆敞口辘轳井去打水，捞水罐斗时，发现井内有一块金饼子。这块金饼子是赤金的，据说是宫内府大臣熙洽献给溥仪的宝贝。

郑广元是伪满洲国国务总理郑孝胥的孙子，与溥仪的二妹韫和结婚后，即跟随在溥仪身边。“满洲国”崩溃时，他是负责“帝宫”逃亡的经管人之一。他以其亲身经历，回忆了在大栗子的许多细节，是对这段逃亡过程的翔实记录：

随同溥仪逃跑的，有皇后婉容、贵人李玉琴、弟弟溥杰及其妻子嵯峨浩，溥仪的二、三、五三个妹妹及妹夫，溥仪的乳母、“学生”、侍医、随侍、太监和用人，还有伪宫内府次长鹿儿岛，各处长、科长和他们的家属，近侍处处长毓崇及其家属。“帝室御用挂”吉冈安直和伪祭祀府总裁桥本虎之助，是离不开溥仪的人。其他诸如伪满总理张景惠、总务厅长官武部六藏及各部伪大臣，也纷纷跟着逃跑。这一大群人，活像逃难的难民，挤在一列火车上，走了两天三夜，于8月13日到达长白山区、鸭绿江边的大栗子沟铁矿区。这群人在这里过了两天惊惶不安的日子，8月15日，日本天皇裕仁宣布无条件投降，伪满洲国傀儡皇帝也宣布“退位”（这是溥仪第三次“退位”）。

当天，“御用挂”吉冈通知溥仪去日本，叫溥仪挑选几个随行人员。溥仪挑了溥杰和三、五两个妹夫（润麒和万嘉熙），这三个人都是在日本学过军事的；还挑了三个侄子，都是侍候“皇上”最得力的；再就是医生黄子正和随侍李国雄。下午，

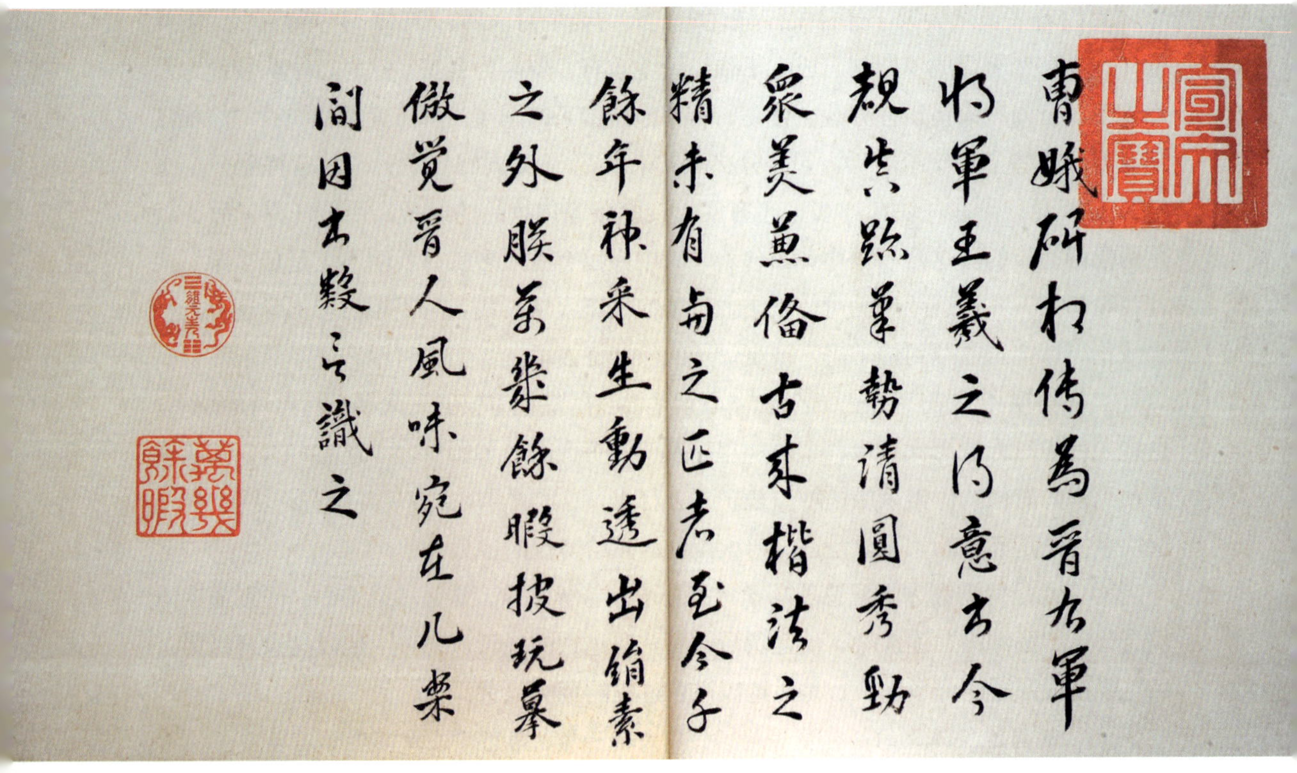

康熙为《曹娥诔辞》题写的跋

我去看溥仪，见他情绪颓丧，他叫我把随行人员名单交给吉冈。我走进吉冈的住所，只见他和伪祭祀府总裁桥本两人，身穿日本和服，坐在“榻榻米”上，正在低声谈论什么。他一回头，我发现他鼻下的小胡子没有了，脑中顿时一闪：莫非他要显示“武士道精神”剖腹自尽吗？吉冈接过名单，看完后说：“好吧，飞机小，乘不了许多人，就这样吧。”随即，溥仪把一大群家属和随行人员留在大栗子沟，派溥俭、溥僎和我三人照料。晚上，溥仪一行人匆匆忙忙乘上火车，离开大栗子沟到通化去了。

溥仪走后第二天，大栗子沟周围的日本关东军部队全部撤走，半山上的“建国神庙”被放了一把大火烧光了。这时，一大群伪满宫内府和大栗子沟铁矿的日本职员和家属，还留在铁矿区宿舍楼里。伪满宫内府的日本人，每天的饮食由矿区日本人供给。内廷有自己带来的粮油，矿区只供给一些菜蔬。伪宫内府的一群日本官吏，见溥仪一走，更是摆出一副专横跋扈的样子。日本翻译道满，要内廷司房管理人严桐江交出带来的大米、面粉、白糖和油料等食品，由日本人管理。溥俭、溥僎和我研究，不同意将全部食品归日本人管理，只同意分一部分给他们食用。道满不同意，向严桐江发怒，我们不理他，他也再无办法。伪官内府的日本人弄到内廷分给的食品后，就各自在家里做糕点。不料，距大栗子沟不远的临江县城里，前一天日本人挨了中国人的打，他们家里的东西全被抢光，消息传到大栗子沟，村里、矿里的工人和家属，大人、小孩一齐来到矿区日本人的住处，把他们家里的东西全都抢走了。那个一向气势汹汹的日本翻译道满，被打得鼻青脸肿，衣服也被撕破，垂头丧气地靠在墙角边，不敢动弹。当晚，所有日本人都被赶到车站仓库里去住。溥杰的日本妻子和女儿，仍留在中国人当中生活。第二天，内廷人员也都集中迁到一所大库房里住，库房里分隔成八九间，带来的食品和溥仪的一些行李，都放在那里。

青山绿水环绕的大栗子沟，秋天来得早，天气渐渐凉了。住在库房里的一群内廷人员，各自安排各自的生活。皇后婉容有两个太监侍候，有带来的鸦片烟抽；贵人李玉琴也有用人侍候；嵯峨浩自从到大栗子沟以后就穿上中式服装，带着女儿整天坐在房中，愁眉不展；严桐江把带来的英国香烟分给会抽烟的人们，还把内廷储存的鱼翅和海参做菜分给大家吃。

一天下午，忽然来了一辆大轿车，后面跟着一群伪警察。车停在路旁，从车里走出一名苏联军官、一个没有穿军服的苏联人和两名手里拿着轮盘式冲锋枪的苏联士兵，他们向库房走来。这时，内廷人员都惊慌起来，一个个都急忙收拾行李，挤在走道里，等候苏联军官吩咐。苏联军官（三十多岁，胸前戴着一排小勋章）把这一群人召进一间平时是饭厅也是会客室的较大的房里，然后满脸笑容地向屋里挤满的人们讲话，由那个没有穿军服的苏联人翻译成中国话。他先问："你们为什么都背着行李，站在走道里呢？"然后又解释说："你们不必害怕，我们不是来抓你们的。"于是大家都围着长桌坐下，静静地听着。苏联军官自我介绍说，他是苏联战斗英雄比夫廖夫中校，是在欧洲战场战胜纳粹德国后，调到远东来对日本作战的。他还透露消息说，你们的"皇帝"溥仪在苏联受到很好的待遇，你们可以放心。最后，他说他来大栗子沟，是要找几个人去苏联侍候溥仪，其中要一名厨师，去做中国饭给溥仪吃。然后，他拿出一张名单，叫溥俭、溥僎及随侍数人，准备随他去苏联。严桐江拿出带来的法国香槟和进口雪茄，请苏联军官用，比夫廖夫中校高兴地举杯一饮而尽。少时，他要求见见"皇后"婉容，他走进婉容的房里，有礼貌地和婉容握手后出来。他又约大家到屋外参观两名苏联士兵手中的新式武器——轮盘冲锋枪。侍候婉容的太监说，婉容要给溥仪去信，让他执笔，报告溥仪婉容平安，希望早日团聚。信写好后，交溥俭带去。

溥俭、溥僎走后，留在大栗子沟的还有四十多人，由我照料。溥仪的侄子、伪官内府近侍处处长毓崇和职员吴少香，也自动参加照料。侍医徐思允一家和内廷用人霍青云搭上老乡运货马车，回长春去了。其他人也想分散雇大车回家，只因听说山沟里时常有拦路抢劫和绑架的事，未敢冒险而行。为了安全，每夜都有两人一组，轮流在库房门口值班。一次，轮到我和一个随侍值班，半夜时，只见两个人影向库房大门走来，手中都拿着长枪，走到大门前五六米处，发现了我们，就举起枪对我们气势汹汹地叫"不许动"。见我们没动，他们就往大门里走。门里没点灯，一片黑暗。他们的叫声惊醒室内的几个随侍和用人，随侍们吓得连滚带爬，致使桌椅乱响，把这两人吓了一跳，以为室内有不少人，便急忙向门里放了两枪，回头就跑了。这次幸亏没有伤人，但使住在库房里的人们都感到极不安全。毓崇和严桐江建议，去联络当地伪警察和伪铁路警察，请他们保护，每处送去10万元伪币。

一天下午，我到村里去，想探听当地老乡们对伪官内府的反应。我遇到一位老乡，因他有时来库房前卖菜，早就认识，他见到我，非常热情，留我在他家里吃晚饭，还把他的一位邻居请来作陪。酒过三巡，他劝我尽快把我一家搬到村里来住，说“官内府很不安全”。我们正说得热闹时，忽然毓崇和伪警察所长找来了，说到处找我，以为我失踪了。回去后我想起老乡说过“官内府很不安全”的话，恐怕是有些根据的，便同毓崇和严桐江研究今后怎么办。毓崇建议约伪警察所长和伪铁路警察头头来谈谈。严桐江主张全体搬到临江县城里住去。我赞成他们的建议，就派吴少香去临江县联系住处和搬家用的车辆等事宜。吴少香去后回来说，临江县里没有人管，找不到联络人。一天夜里，我们约了两处伪警察头头来谈，他们建议给我们枪支，自我保护，我们没有同意。正说话间，忽然听到远处传来很密的枪声，越来越近，伪警察头头们忙取出手枪，跑到屋外墙角，向天空放了几枪。这时室内灯火全都熄灭，一时枪声不断，约半个小时才渐停。一场虚惊，弄得大家一夜没有睡觉，究竟是怎么一回事，我不知道，很可能是这些伪警察头头们表面上“保护”我们，暗中却唆使一帮地痞流氓抢劫我们来了。

约一个月过去，山风飕飕地吹着，寒冷的霜露浸黄了地上的野草和路旁的树叶。天气变化，有时也飘一阵雪花，库房里寒气袭人。严桐江找到过去烧暖气锅炉的老工人，用日本人留下的大堆煤块，把通库房暖气的锅炉生起了火，使库房温暖如春。这时，内廷用人霍青云又由长春回来。毓崇自告奋勇同吴少香、霍青云再去临江县城，联系迁移的事。他们找到临江县伪县长，安排将离县公署不远的临江公寓做我们的临时住所。并且，联系了铁路段派一列专车到大栗子沟来“接驾”，沿途由铁路警察保护。办这些事，一共被索取了10万元伪币。我当时纳闷，严桐江几次大量花钱，究竟带来了多少钱？后来严桐江才透露，溥仪当了十几年傀儡皇帝，每月都有存钱，到大栗子沟时，带来120多万元伪币，这些伪币如不尽快用掉，转眼就要成为废纸。

11月，我们迁到临江县城里。临江公寓是一所临街的中式平房，进大门，右边一间大厅，厅后是存放行李的小库房和几小间住房；左边一排七八间住房，婉容、李玉琴、溥仪的乳母“二嬷”等人都住在那边；后院有四间日本式平房，溥杰的妻子嵯峨浩、女儿嫮生、溥仪的三个妹妹和孩子住在那里。经过几天安顿，生活稍安定些，县城里确比大栗子沟安全，日用品和食品也能买到。

约过半个多月，临江县一带又紧张起来，传说八路军向临江进军，已离县城不远。伪铁路警察和县警察队，在县城北面山坡上把守，企图抵抗；伪县长以下的一些官吏，纷纷逃跑。新年前夕，天气已很寒冷，时常下雪，街上行人稀少，偶然可听到远处零星的枪声。有一天晚上，闻枪声越来越近。

第二天早上，街上店铺都没有开门营业，直到下午枪声才停止。临江公寓大门整天紧闭，内廷人员个个紧张不安，不知又会发生什么事，夜里大部分人不敢睡觉，静静地倾听着门外的动静。一天夜里约十一点钟，忽有敲大门声，敲得很急，随侍和用人慢慢打开门，突然冲进来十几名八路军战士，举起枪叫大家"不许动"。随后进来一名拿手枪的战士，让大家都集中到大屋里，听他讲话，后来才知道他是八路军后勤部李政委。李政委中等身材，面貌红瘦，态度和蔼，四川口音，是参加过二万五千里长征的老干部。李政委宣布，溥仪的财物全部查封，随行人员的行李要检查一次，不需用的物品全部交出。次日早晨，李政委和七八名青年战士便到各个房间检查行李，我们把一些用不着的物品，如我的草绿色"协和服"等都交了。严桐江曾把溥仪的部分物品分交内廷随行人员，藏在各自身边，后来在我们离开临江公寓前再次检查各人行李时，这些物品都被查了出来。新年过后不久，李政委通知伪宫内府内廷准备送婉容、李玉琴、嵯峨浩、太监和用人共七人回长春。次日，一辆卡车把七个人送走，其他随行人员也搬出临江公寓，遣散回家了。

婉容、李玉琴、嵯峨浩等七人，到通化后就暂时住下了。溥仪的乳母"二嬷"和她的儿子后来也到了通化，和婉容等七人住在一所房屋里。在大栗子沟的那一群伪宫内府日本官吏也都在通化，关在伪公署底层一间屋子里。农历的除夕夜，在通化市内，准备遣返的两千多名日本人阴谋暴动，冲进八路军设在伪公署楼上的办事处，双方发生枪战，日本暴徒多有伤亡。战斗中流弹横飞，穿过婉容等人的住处，溥仪的乳母"二嬷"臂上中弹，流血过多，不久死去。婉容、李玉琴、嵯峨浩在通化住了不久，就被送到长春。婉容被送到她的哥哥润良家，润良不肯收她；李玉琴被送回她的娘家去了。其他人也散了，只有婉容和嵯峨浩没有去处。当苏军撤出东北时，比夫廖夫中校在中途扔下溥俭、溥俣等人不管，于是溥俭、溥俣都逃走了。溥俭到通化，随婉容等人到长春后，又随婉容和嵯峨浩到延吉，一起被关进监狱。那时，婉容病已垂危，有时昏迷不醒。过不久，准备去哈尔滨，她行动不便，溥俭本来要送她去，后来旁人再三劝溥俭不要带婉容去，就让她死在监房里算了。溥俭和嵯峨浩离开延吉，途中听人说，在他们走后第三天，婉容就死去了。

郑广元回忆中提到的八路军收缴物品的事，根据国宝收缴组负责人武清禄《还国宝于人民》的回忆材料，当年收缴工作进程和具体执行情况是这样的：

宫内府分散、转移、隐藏、销匿国宝的种种迹象，引起了当地军政领导的注意并层层上报，经通化省委有关领导批准，一场收缴宫内府国宝的行动开始了。

12 月下旬，东北民主联军后勤部通化办事处的武清禄同志，受后勤部谷政委的委派去临江收缴国宝。谷政委分管通化地区敌伪物资的接收工作，他找到武清禄说："老武，给你一个新任务，去临江县收缴溥仪宫内府的珍贵文物。这些文物是我们的国宝，是中华民族的文化遗产，也是一个国家文化及生命的代表。最近，种种迹象表明，宫内府人员正在隐藏、转移、处理他们从大栗子带来的国宝。为了防止宫内府宝物被盗，我们必须采取果断措施，尽快收缴起来交给有关单位，这个任务复杂而艰巨。你到通化卫生学校挑几名助手和警卫人员组成收缴工作组。"

一到达临江，武清禄立即去找通化支队的谢凤山副政委（兼政治部主任），向他报告了国宝收缴组的情况和任务。谢副政委说："军区政治部已告诉我了，还有什么问题需要我们解决？"武清禄说："需要警卫部队的大力支持和配合。"谢副政委说："这个问题，我们已作了部署，你可以再督促检查一下。"当天（21 日）下午，他们安排好食宿，便立即开会研究工作计划和措施。经过热烈讨论，统一了认识、明确了收缴组的纪律。最后议定，在进一步摸底的基础上，首先召开宫内府全体人员大会，进行动员，交代政策，宣布纪律。其次，在动员的基础上，让他们上交应交的文物珍品，边交边查，进一步调查摸底，着重弄清转移、变卖和隐藏的情况。最后，在进一步摸底的基础上，进行强制性的普遍搜查。同时，要求收缴工作组人员要深入细致，严肃认真，态度和蔼，严守政策纪律，不许打骂、逼供；物品不论大小、多少，一律登记造册，决不允许私拿或隐藏。

摸底时，他们首先找老管家严桐江交代库存。严桐江交出一些无足轻重的物品，企图蒙混过关。22 日上午八九点钟，工作组将宫内府全体人员，上到婉容，下至太监、随从和仆人，都集中到伊美朵旅馆的大厅里。由武清禄进行动员，着重指出溥仪是战争罪犯，已被苏联红军带走，其他人员要和他划清界限，不要害怕，打消顾虑。共产党、民主联军的政策是：首恶必办，胁从不问，优待与我们合作共事的人，并给予出路，还可以遣送回家或安排工作，改造成为新人。溥仪所有的宝物和珍品都是人民血汗的结晶，供皇帝、皇后、王妃及大臣们挥霍的各种金银财宝都是劳动人民创造的，本来就是人民的，只是被统治者掠夺和占有了。因此，应全部没收，归还人民。转移、隐藏或出卖都是不允许的，而且是违法的。欢迎大家主动交出，如有私自转移、隐藏或变卖者，一经查出，不仅没收，而且对本人还要加重处理，破坏、对抗者要依法治罪。

动员之后，会场气氛大不一样。虽然有的人表现沉闷，但绝大部分人比较活跃，意味着收缴工作已初步打开局面。婉容神态疲惫，无所顾虑，默默地坐在那里深思着，口

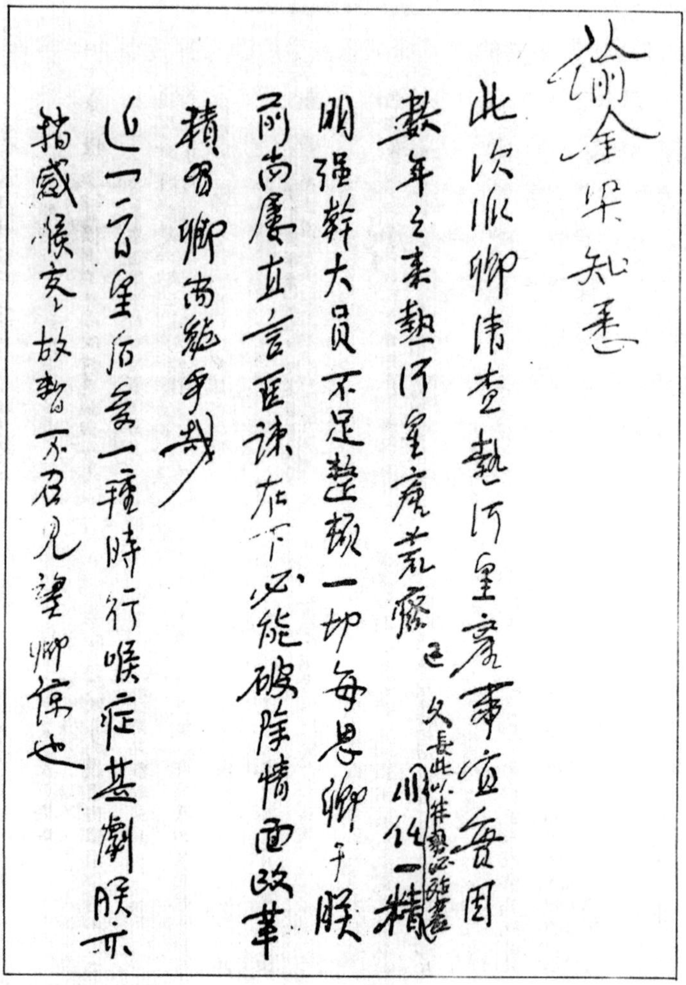
谕金梁知悉
此次派卿清查热河皇产事宜为因
数年以来热河皇产荒废已久长此以往势必殆尽非任一精
明强干大员不足整顿一切每思卿于朕
前尚屡直言匡谏在下必能破除情面改革
积习卿其勉乎哉
近一月皇后患一种时行喉症甚剧朕亦
昼夜焦灼故暂不召见望卿谅也

溥仪致金梁手谕

里打着哈欠，好像犯了大烟瘾似的。李玉琴神情自若，精神头十足，不时地左顾右盼，原来紧张、害怕的神情顿时消失。年纪较大的御医徐思允当场表态说，部队和政府早就应该收缴这些国宝和珍品，咱们也应该主动上交，不能再隐藏或据为己有了，谁有就赶快交出来吧！他的一番话的确打动了大家，当场就有人交出了一些物品，开始时多是各种皮衣。工作组除将溥仪、皇后、贵人、大臣们的珍贵皮衣收来以外，其他一般侍从、用人的皮衣当时就退了回去。通过收缴皮衣发现了一个问题，这些皮衣多半没有扣子。经调查，一个用人说，八路军刚进城那会儿，他们看见有个穿军装的拿了皮衣都把扣子撕掉，皮衣不要。于是，他们交皮衣时，就乘机把扣子撕下来自己要。原来，其中有不少是金扣子，色泽比铜扣子稍暗，但分量重。这样，工作组便抓住时机，动员大家把金扣子都交上来。接着交出来的是一些金银首饰、碗筷、酒具，各种玉器、翡翠、玛瑙及各式钟表等。收上来的物品，收缴组都仔细登记和收存。头几天没有交字画的，可收缴的重点就是历代名人字画，因为这是宝贵的艺术珍品。所以，收缴时又特别强调私藏的字画要一律交出来。这样就逐渐有人交字画了，但为数不多。据一位侍从说，八路军进城时，个别战士拿了他们两幅字画，他们花言巧语地说，字画没用，结果就用两件皮衣换回来了。有一幅乾隆御笔的条幅，他们用 5 元伪币又买回来了。收缴组分析，这些人迟迟不交字画，是认为“土八路”不懂艺术、不识货，还想继续欺骗收缴组。同时，收缴组深刻认识到没收伪满宫内府的国宝，是一场严肃的政治事件。长期骑在人民头上作威作福的皇亲国戚和他们忠实的奴才，是知道这些珍宝的真实价值的。虽经再三宣布政策纪律、晓以大义，但他们还存在着侥幸心理，千方百计拖延时间。收缴组除继续做思想工作外，又采取了坚决的行动。头天晚上通知要送宫内府人员回长春，第二天早饭后又突然通知他们都留在自己房间里不要外出，听候检查。三位女同志负责对皇亲女眷及女佣进行检查，三位男同志负责检查男人。果然不出所料，从他们的行李、包裹和被褥中查出了不少字画，还有一些金银珠宝。女人们有的把一些小型贵重的珠宝缝在随身穿着的棉衣里，有的竟把珍宝小件缝在内衣上，认为这样就可以侥幸地蒙混过关。当收缴组把搜查出来的国宝摆在他们面前时，一个个像打了败仗似的，低头认错，乖乖地服从检查。

原宫内府用人马文周回忆说：“记得有天晚上，八路军通知我们说，第二天送我们回家。于是，我们都高高兴兴地把所有藏的、借出去的大大小小的东西全部收集起来，第二天早晨老早就打好行李。早饭后，八路军通知开会，男女分开，男的集中到一个屋，女的集中到另一个屋。经过一番动员，便开始搜查，衣服全部解开，检查很细，一个一个地进行，检查完谁，就由谁领着工作组的同志到自己的住室，把行李、包袱打开，一切检查完毕，就坐在自己的铺上。就这样，应收的东西基本上全收了回去。我是一个用人，没啥玩意，就是把我用烟盒换的两幅画从行李里给搜走了，别的东西一样也没动我的。”

李玉琴在《坎坷的三十年》中也提到过收缴国宝的相关情况。她这样写道：“过了些天，八路军来人告诉我们说，第二天就送我们回长春，我们高兴极了，开始收拾东西。第二天，午前七点多钟我们就都收拾好东西，准备出发。不一会，来了八路军叫我们男女分别集中开会。我们女的由两三名女八路来搜，一个一个叫到我屋里搜身检查。”搜查完毕，武清禄和警卫部队联系，将收缴上来的宝物集中保管，警卫部队负责看管。现在家住新开社区的通化市制鞋厂的老干部郎昆会回忆说：“我十八岁参军，在通化支队（杨靖宇支队）当战士，后来又调到警卫连连部当通信员。在临江收缴上来的宝物，由我们连看管，当时就住在临江县法院院内。离伪满宫内府人员住的伊美朵旅馆很近。班长张耀武（四川人）为了让我们开开眼，拿出一个精致的小匣子，里面装的都是耀眼的金银首饰，还有一只金表。大家看过以后，又原封不动地放回包装箱里。”

收缴国宝工作组收上来的艺术珍品有：名贵字画二十多幅，其中最宝贵的无价之宝是汉朝的一幅丝绢山水画；一棵罕见的五六百年生的老人参，是伪满通化省献给溥仪的贡品，参体三寸多长，全长二尺有余，装在一个精致的玻璃盒内，红绒布托底，包装盒

溥仪着西装照

左下文注明了参的重量、长度、生长年限及采集时间等数据。其他是金银器皿（一套金碗、金酒具等），以及金银首饰、珍珠、玛瑙、翡翠、玉器等。另外，还有日、法、意、英、美等国同伪满外交往来时赠送的礼品，仅钟表就有几十件（种），至于金扣子、金戒子、名烟、洋酒的种类则更多。

收缴国宝工作组专门研究了包装、起运及安全措施等问题。之后，他们亲自包装，责任到人、到车，总共装了二十八个皮箱，在警卫部队的护送下，用汽车运抵通化，按军事系统上交。武清禄回忆："收缴的国宝首先交给刘东元（刘西元）同志，他当时任通化支队司令员兼政治委员，刘司令又上交给东北民主联军后方司令部司令员朱瑞同志。听说，最后交给了吉林省委（据史料记载应为通化省委）。"据查证，这批国宝的确是按军事系统上交的。先交给了刘西元司令员、谢凤山副政委，他们又交给东满人民自卫军（后改称东北民主联军）后勤部谷广善政委，之后又上交给东北局，最后交给沈阳故宫博物院保存至今。至此，由武清禄同志主持的收缴溥仪宫内府国宝的艰巨而复杂的工作，圆满地画上了一个句号。

武清禄作为亲历者，其回忆形象、具体，还原了当时收缴伪满宫内府人员所藏国宝及金银饰品的整个过程，和其他一些当事人回忆的情况也是吻合的。

如前面提到的溥仪亲信随侍严桐江，是宫内府遗留大栗子沟人员的实际管理者。解放后，他在长春市的粮食部门工作。其后，在历次政治运动中，多次写出的交代材料中对在临江收缴国宝的过程也曾提及。

1945 年 11 月 13 日，严桐江与铁路方面联系租了一列小运转车，将全部人员和物品迁到了临江县，租借了临江公寓。不久，临江县解放，东北民主联军一团团长许凤山、政委李金明来到临江公寓接收溥仪的物品。他们首先说明了我党我军的政策，李政委宣布汉奸傀儡皇帝溥仪的东西应归还人民，所以溥仪的财务全部查封，随行人员的行李要检查，不需用的物品全部交出。次日早，便将装在木箱、皮包内的溥仪剩余的二十八九箱物品接收过去，但其中珍品甚少，又经过一再追查，方将寄存在某商店内的几皮包贵重物品收缴上来。接着又两次检查个人物品，将查出的溥仪的物品全部收缴。当然，也有人千方百计地隐匿起一些珍贵物品，其中的一件珍品值得一提，就是历代清朝皇帝所使用的那颗帽顶珠。

关于这颗珠子，溥仪介绍说："乾隆在圆明园一条小河边散步，发现河里放光，他用鸟枪打了一枪，光不见了，叫人到河里去摸，结果摸出一只大蛤蜊，从中发现了这颗大珍珠……用这颗珠子做的帽顶冠，我曾经戴用过，伪满垮台时把它丢在了大栗子沟。"

毓嵣曾回忆说："这颗珠子，清朝皇帝就拿它当帽顶子，一直传到溥仪。我们看到溥仪穿清朝服的照片，都能见到这颗闪闪发亮的帽顶珠。在通化大栗子沟，我和李国雄亲手放在仓库最西北角的箱子内，任何外人不得而知，结果几日之间竟遍寻无着了。"

当然，这颗帽顶珠是不能无翼而飞的，不知是通过什么渠道到了

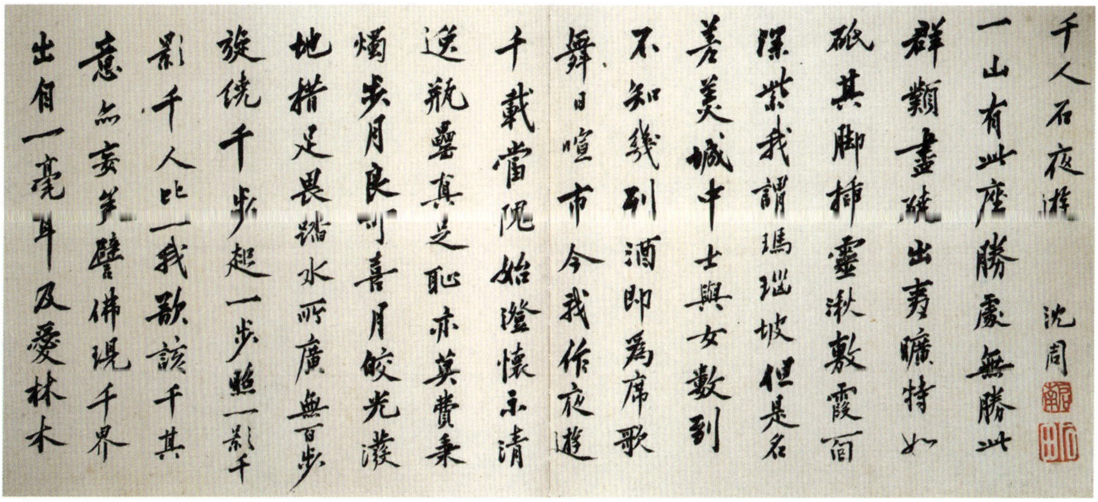

明·沈周《千人石夜游》

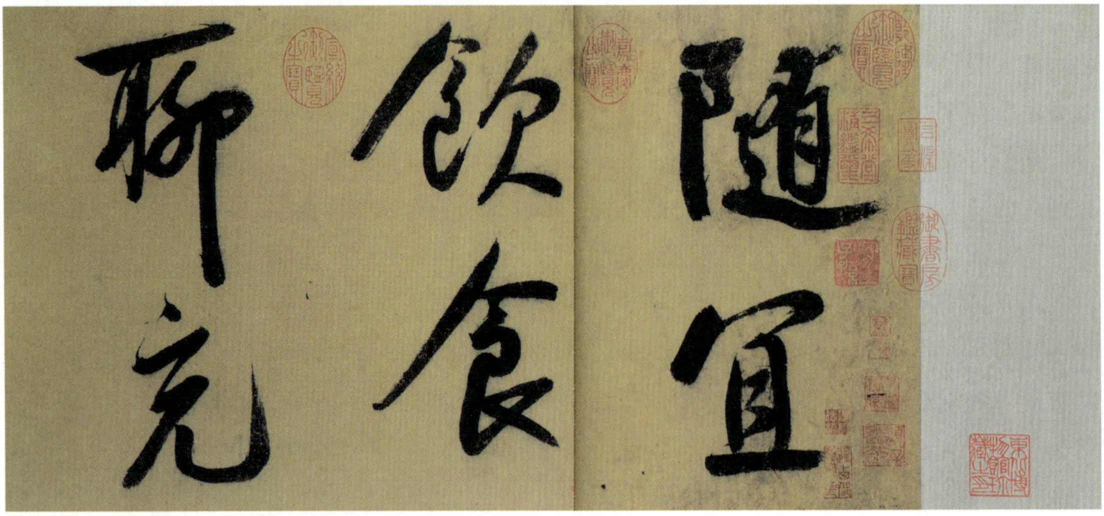

宋高宗赵构行书《白居易诗卷》

毓纹的手里。此珠似红枣一般大小，装在一个金盒内。在民主联军检查时，毓纹将帽顶珠顺着木板铺床边推到严桐江那儿，检查严桐江时，他一手解着纽扣，一手悄悄将珠子塞起来，并借口外出小便，将帽顶珠扔到雪堆里。后来在毓纹去通化前，严桐江将此珠从雪堆中找出交给他。不久，严桐江去通化时，毓纹还曾拿出此珠共同欣赏，其后便不知去向了。

溥仪收藏的宝石戒指

第五章　异国战俘的珍宝

溥仪在苏联的五年囚居生涯，是其一生中的重要阶段，是一个承上启下的特殊时期。说其承上，是因为那是溥仪从“皇帝”到囚犯的初始时期，是一个过渡阶段；说其启下，是因为这个时期为溥仪以后的改造打下了一定的基础，做了一些思想上和精神上的准备。溥仪在苏联囚居的这段生活，是他跌宕起伏的一生中不可或缺的，此方面的颇多著述，从各自不同的角度、不同的侧面揭示了溥仪此间的思想变化、未来抉择、生活经历、移交回国等方方面面。

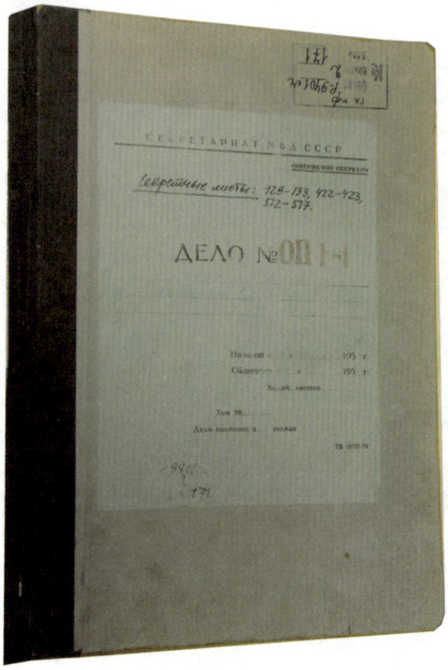

2011 年作者在俄罗斯国家档案馆查阅的溥仪档案

虽然为了逃命受到条件的制约，溥仪未能将法书名画等国宝带到苏联，但毕竟将一批也可称为国宝的珍宝带过去了。在苏联的五年间，溥仪出于保命的需要希望长期留居苏联，献出了一定数量的珍宝，为了不被苏联发现又毁掉了一批珍宝，围绕着这些珍宝上演了一幕又一幕闹剧。在国内国宝被抢甚至被毁，而到了国外珍宝又被灭，真是令人心痛不已，悲愤难言。

2011 年 5 月，笔者在俄罗斯国家档案馆查阅了该馆所藏的溥仪在苏联期间的全部档案资料，其中的部分档案材料虽曾有所披露，但如此直接地翻阅这些档案资料，使笔者对溥仪囚居苏联的经历又有了一个较为全面、系统的了解和认识，在研究揭示溥仪囚居苏联五年间的经历方面得到了翔实准确的原始资料。借助档案史料的目的只有一个，即追求真实。我们要写的历史，是客观存在的历史、真实的历史；历史研究者的神圣职责，是尽可能真实地告诉人们曾经发生的一切。若如此，一个很重要的前提条件就是发掘、解读和运用历史档案文献。所以，利用俄罗斯国家档案馆溥仪档案的目的，就是要还原并解读溥仪是在什么时间、如何被苏联红军俘虏的。

关于溥仪在沈阳机场被苏联红军俘获的时间和原因，一直有不同说法。为什么在苏联红军空降部队即将占领机场之时，溥仪所乘的飞机却在沈阳机场降落而主动将自己送入苏联红军手中成为俘虏？降落的时间怎么计算得这么精确呢？是另有隐情吗？将溥仪移交给苏联红军是日本投降条件之一吗？关于溥仪在沈阳机场被俘的内幕，始终未见翔实可靠的资料记载，有的仅是一些当事人的推测、质疑，所以仍无法揭开这一内幕。但我们从溥仪仓皇出逃直至在沈阳机场被俘的过程来看，特别是从俄罗斯国家档案馆收藏的与溥仪有关的档案资料来看，还是有助于揭开这一内幕的。

一、溥仪被俘的准确时间

关于溥仪在沈阳机场被苏联红军俘获的时间一直存在着以下几种

说法：

一是以《辞海》为代表的工具书等，将溥仪的被俘时间定为1945年8月17日，主要根据是溥仪在《我的前半生》中所提到的8月17日由通化到沈阳机场。

二是《伪满宫廷秘录》将溥仪被俘的时间定为8月18日。

三是《溥仪宫廷活动录》将溥仪被俘的时间定为8月19日。

四是《中国现代史参考资料》将溥仪被俘的时间定为8月22日。

五是在一些相关的书籍、著述和当事人的回忆中，将溥仪被俘的时间定为8月16日或8月20日。

溥仪在沈阳机场被俘

总之，溥仪被俘的时间定得较为混乱，尚无一个经得起推敲和历史检验的准确时间，而俄罗斯档案中的几份电报则有助于这一问题的解决。

1945年8月19日，苏联红军近卫坦克第六集团军占领了沈阳，同时亦配合苏联空军空降兵控制了沈阳机场，在机场意外俘获了欲转机飞往日本的伪满洲国皇帝溥仪等人。抓获伪满洲国皇帝是苏军的重要战果，进驻沈阳的苏军将领克拉夫钦科拿不准该怎样处理此事，所以在俘获溥仪的当天即向苏联红军总部华西列夫斯基元帅电报请示：“在沈阳机场俘获欲转机飞往日本的满洲国皇帝溥仪，请示如何处理。”

俄罗斯国家档案馆至今仍保存着溥仪的四卷档案资料，在莫斯科其他的档案馆也保存着与溥仪相关的档案资料。其中，有这样一份电文：就在溥仪等人由通化逃往沈阳的同时，伪满洲国总理大臣张景惠也逃回了长春，并串联伪满各部大臣组成了“临时治安维持会”。1945年8月20日，也就是溥仪失踪的第二天，张景惠就给后贝加尔方面部队司令马利诺夫斯基元帅发出内容为“大满洲帝国皇帝陛下及其侍卫于8月19日被拘捕，押上飞机，迄今下落不明。上述之事恐系误会所致。确信，皇帝陛下定会被即刻释放”的电报（［俄］德米特里·利哈诺夫：《末代皇帝溥仪在苏联内务部刑讯室》，见莫斯科出版的国际月报《秘闻》

1992年10月号）。

张景惠当然不可能知道他们的“皇帝”究竟在何处、苏联最高决策层对溥仪采取了什么处理方式。负责远东方面军的华西列夫斯基元帅接到沈阳方面电告的溥仪被俘获的消息后随即就给斯大林发了电报：“1945年8月19日，满洲国皇帝溥仪及其侍从在沈阳被押送到克拉夫琴科集团军司令部。根据您的指示，我们拘捕了他，并拟将其安置在赤塔地区。”（［俄］德米特里·利哈诺夫：《末代皇帝溥仪在苏联内务部刑讯室》，参见莫斯科出版的国际月报《秘闻》1992年10月号）。

在张景惠的电报中，明确地说出了溥仪是在8月19日被拘捕而下落不明的。华西列夫斯基元帅在发给斯大林的密码电报中也肯定了溥仪是在8月19日被俘获的。

在苏联的内务部人民委员会贝利亚于1945年8月22日上报的《关于在赤塔安置被俘末代皇帝溥仪呈送给斯大林和莫洛托夫的绝密报告》中，也提到了溥仪的被俘时间（俄罗斯国家档案馆藏中央档案9401号98卷第278～279页）。

国防部——约·维·斯大林同志亲启

苏联人民委员会——维·米·莫洛夫同志亲启

按照后贝加尔舰队指挥部的建议，战俘及被羁押人员事务管理总局已在赤塔接受下列被我军扣留人员并将其安置在一处独立住所：8月19日被俘的原满洲国皇帝溥仪 40岁。溥仪的亲属：毓嵣23岁，学生；润麒34岁，少校；溥杰39岁，少校；万嘉熙32岁，少校；毓嵣32岁，学生；毓喦28岁，学生。皇帝随从：御医黄子正；侍卫李国雄。日军将领……上述人员被关押在设施完善的住所内；住所外面有专门选定的军事分队负责保卫工作；住所内有战俘事务管理局工作人员进行监视。

内务部人民委员会

苏维埃社会主义共和国联盟——拉·贝利亚

我们可以再换一个角度，从另一个侧面来论证溥仪被俘的时间。

溥仪是被苏联空降部队俘获的，那么苏联空降部队是什么时间到达沈阳的呢？这是确定溥仪被俘时间的又一佐证。俄罗斯方面的档案史料有这样的记载：苏军志愿伞兵部队在强击机的掩护下，突袭敌后机场。8月19日，他们刚刚占领沈阳机场，一架日本飞机尚不明了机场发生了什么事情，按正常情况降落。满洲国的傀儡皇帝溥仪就这样被苏军俘虏了（俄罗斯国家档案馆藏中央档案9401号98卷第278～279页）。

国内的相关资料对此亦有类似的记述：“1945年8月19日，苏军伞兵部队在哈尔滨、长春、沈阳三大城市空降，并派出后贝加尔方面军司令部作战处处长阿尔捷缅科上校为首的使团直接进入长春的日本关东军司令部。在苏军强大的武力威慑下，日本关东军司令官山田乙三被迫宣布无条件向苏军投降。同时，长春 1.5 万名守军被解除武装。同日，苏军空降兵在沈阳俘虏了准备飞往日本的‘满洲国’皇帝溥仪。”（牧之、孙良珠编著：《历史上的今天大全集》，企业管理出版社 2010 年版）。

由上可见，苏联空降兵到达沈阳的时间是 8 月 19 日，并在同日俘获了溥仪。8 月 19 日之前，苏联空降兵还没有到沈阳，何来俘获溥仪之事，而 8 月 19 日之后的说法显然也是不能成立的。

下面，我们再来叙述一下溥仪到达通化大栗子沟以后的具体行程。

1945 年 8 月 11 日晚 9 时，溥仪等人仓皇逃出了伪满皇宫，一反过去出巡时威风凛凛的声势，个个犹如丧家之犬偷偷摸摸地溜进昏暗狭小的长春东站，登上逃往通化大栗子的列车，于 13 日拂晓抵达大栗子，过了两天惊慌不安的生活。8 月 15 日，日本政府宣布无条件投降，吉冈安直把此消息告知溥仪。8 月 16 日，伪满洲国总理大臣张景惠赶赴通化探听虚实，当时关东军副参谋长松村知胜去日本东京大本营尚未返回，很难得到准确消息。8 月 17 日，松村知胜返回通化，带来了日本无条件投降的确切消息；同日，伪满国务院总务厅长官武部六藏亦由长春乘飞机飞抵通化，执行日本政府和关东军最后的意图。8 月 18 日，张景惠与武部六藏同赴大栗子，午夜时分，在大栗子铁矿矿技工养成所的教室里举行伪满洲国皇帝退位仪式。就在这最后的一刻，溥仪仍旧没有丢掉一个任人摆布的傀儡的习惯，他脸色铁青，草草地读完了由日本人草拟的伪满洲国送葬词——《退位诏书》。随后，溥仪一行在大栗子车站登上了由长春逃亡来此时的那辆火车，于 8 月 19 日清晨到达通化，改乘汽车前往通化机场，登上了飞往沈阳的飞机。

如前所述，俄罗斯的档案材料、苏联空降部队到达沈阳的时间以及溥仪在大栗子期间的活动日程，几方面材料的说法都是吻合并相互验证的，也就界定了溥仪是在 1945 年 8 月 19 日在沈阳机场被苏联红军俘获的。

二、溥仪被俘的原因

虽然确定了溥仪的被俘时间，但关于溥仪在沈阳机场被俘的原因究竟是什么，在以往的一些著述中大多语焉不详，没有深涉。一些当事人的回忆，亦均从各自的所见所闻所历及其推论中谈了自身的看法。首先，我们来看一下主人公溥仪是怎样讲的。

1960 年 1 月，群众出版社将溥仪在抚顺战犯管理所时口述、由溥杰执笔起草的《我的前半生》油印本印成了灰色封面的铅印本（俗称“灰皮本”）。在这一版《我的前半生》

中，溥仪是这样回忆的：“到了通化机场，我遂和吉冈、桥本及另一名伪祭祀府日本人神官以及我的弟弟溥杰搭乘了前头第一架日本军用八人座小飞机，另外还有两架速度既慢、形式又陈旧不堪的民航小飞机，分载了我的三个侄子、两个妹夫、一名用人、一名医生和一名已成为丧家犬的日本宪兵。据吉冈说，由这里先飞往沈阳，等在沈阳换乘大飞机之后再赴日本。不过我却没有想到，当我们这三架飞机先后到达沈阳机场之后，我刚下了飞机，被引到一幢机场内小楼房的楼上客厅里稍事休息的时候，我便从玻璃墙内看到苏联的军用飞机连续不断地着了陆，不久便开始解除了在机场的日本侵略军的武装。站在楼梯旁走廊口的日寇步哨，也不知在什么时候就换上了苏联军队的战士。”（爱新觉罗·溥仪：《我的前半生》（灰皮本），群众出版社 2011 年版，第 313 ~ 314 页）。

《我的前半生》（灰皮本）成书后虽未立即正式出版，但已引起了较大的反响，得到了毛主席和周总理的欣赏，周总理作出了要修改好这本书的指示。这样，便由李文达协助溥仪整理书稿，便有了《我的前半生》未经删减的全本。此书中，溥仪对沈阳机场被俘是这样回忆的：“飞

溥仪在回忆自己的前半生

机飞行的第一个目标是沈阳，我们要在那里换乘大型飞机，我们分在两架小型飞机里，和我在一起的是吉冈、桥本、溥杰和一名日本神官，其他人和日本宪兵在另一架上。这天我先到的沈阳机场，在机场休息室里，等候着那另一架飞机。等候了不久，我忽然从窗口看见天空出现了大批机群，接着是一片震耳的飞机马达声。先头的飞机盘旋了一下，低头下降了，接着又是一架，又是一架，着陆的飞机一停下，马上从里面走出一队队的手持冲锋枪的苏联士兵。他们走下飞机，立即将机场上的日本军队缴了械。不大时间，机场上到处是苏联的飞机，也到处是苏联的军人。这是苏军受降的军使来到了。”（爱新觉罗·溥仪：《我的前半生》（全本），群众出版社 2007 年版，第 294 页）溥仪在机场休息室看到此情景，又歇斯底里地演出了一出闹剧，还是让我们看看溥仪自己是怎样回忆的：“当苏联军兵士尚没有进入室内之前，胆小多疑的我，也曾产生一种额外的顾虑，那就是我怕日本军还没有完全被缴械，同时苏联军还未能把它的势力伸入到我的身边来，而在这‘青黄不接’的时刻里，如果日本帝国主义不愿使我落到苏联军队之手，想要作‘杀人灭口’之计，那么真说不定从窗外就可能放枪暗害我。于是我就疯子一般掏出手枪预作防备。这时我的家属见我这样，以为我企图自杀，遂慌忙过来拦阻我。我还命令我的侄子等持手枪，专门站在楼上窗口向外监视，一直到日寇完全被缴械，苏联军进入屋中我被缴械为止。”（爱新觉罗·溥仪：《我的前半生》（原稿），抚顺战犯管理所油印本，第 373 页）。

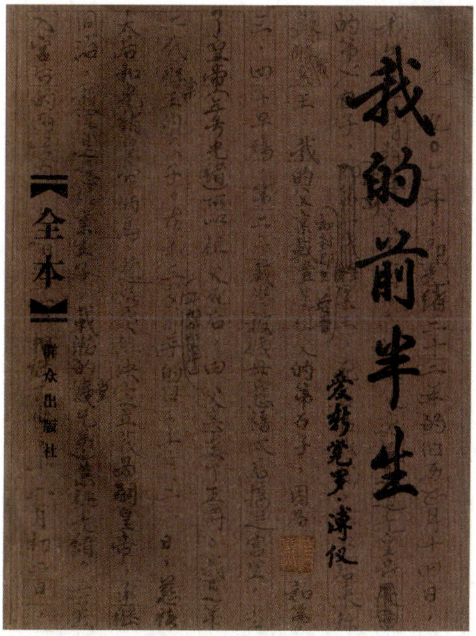

《我的前半生》（全本）

经过删改并于 1964 年 3 月正式出版的《我的前半生》中，溥仪在叙述沈阳机场被俘时，基本还是沿用了《我的前半生》（全本）的内容，但做了删减，语言更为凝练、简洁。

通过溥仪的回忆，可知他乘坐第一架飞机到达沈阳机场并在休息室休息准备转机赴日本时，看到了苏联红军接连不断地降落了，苏军占领了机场。溥仪在回忆其被俘获过程中，只是叙述了整个事情的经过及其亲身经历，字里行间所披露的是被苏联红军意外俘获的，并没有提出

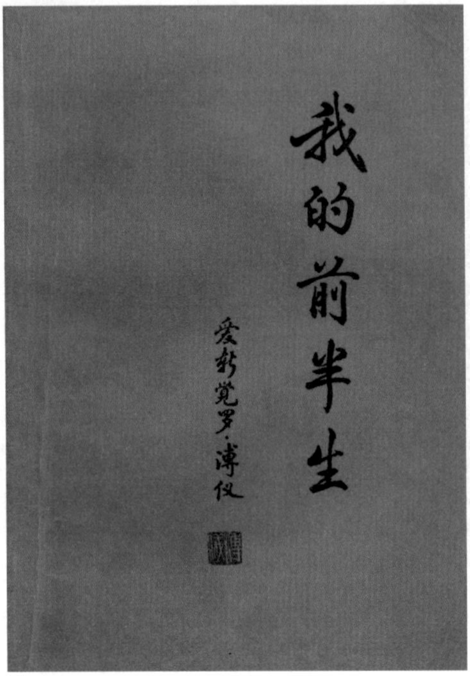

《我的前半生》
（1964年版）

过是被日本人送到沈阳机场移交给苏联红军的类似的猜疑。

其后，溥仪的妹夫侄子们的飞机才降落，就是说，苏联红军接收并占领了沈阳机场后，溥仪的妹夫和侄子们方到达沈阳机场。这和溥仪到达沈阳机场有一个时间差，溥仪到时沈阳机场还在日本人手中，看到的全是日本兵，而随后到达的其他人看到的是苏联红军，他们没有看到日本兵被苏联红军缴械的一幕。溥仪的侄子毓嶦曾这样回忆当时的场面："跳下飞机一看，心想是到沈阳了，远处真有一大拉溜飞机停着，我认为到日本换乘的就是这种大飞机了，可是再往前走了几步就懵了。啊！怎么是个大鼻子挎着个小马枪，那时还不认识冲锋枪，一般骑兵用的都是短枪。赶快进了候机楼，到了二楼找到了溥仪，他们早就到了，说是在等苏联的空军司令官。由窗户往外再看那些大飞机的标志，可不是块大红膏药，都是大红五星。"（爱新觉罗·毓嶦：《末代皇帝的二十年》，中国社会科学出版社2000年版，第154页）。

毓嶦等人根据其自身的经历，也纷纷提出了对溥仪被俘原因的看法，认为："事情很明显，日本一投降，什么换乘大飞机上日本，只是骗人的鬼话。就连御用挂吉冈、神官桥本，也一起被蒙在鼓里了。当初日本帝国主义由天津把溥仪骗到长春，今天又骗到沈阳。它已经垮台了，还要来一次欺骗，总算是骗到底了。"（爱新觉罗·毓嶦：《末代皇帝的二十年》，中国社会科学出版社2000年版，第154页）。

溥仪的贴身随侍李国雄，笔者在20世纪80年代初曾多次采访他，他回忆了许许多多鲜为人知的亲身经历。1924年，年仅十二岁的李国雄即被溥仪召入北京故宫。此后，他跟随溥仪由北京到天津，又到长春。在伪满洲国垮台、溥仪仓皇出逃之际，几经筛选的随行逃亡人员中，就有李国雄这个唯一的非皇亲国戚的随侍。李国雄就是溥仪在《我的前半生》一书中多次提到的"大李"。他也随溥仪一起在沈阳机场被苏军俘获，他曾谈到自己对此事的看法："溥仪在沈阳机场被俘，难道是偶然间遭遇了苏联伞兵吗？我亲身经历了这次被俘过程的一切细节，我认为溥仪是作为日本献给苏联的投降礼物而去沈阳的，不过这是上层之间的事，吉冈和桥本当了陪送品而不自知。若不是这样，则何以解释下列疑问：（1）日本令溥仪撤离大栗子时，为什么要声明‘不能绝对保证路上安全’？（2）既然要从通化撤往日本，隔山即朝鲜，为什么在紧急情况下还要舍近求远，绕路沈阳？（3）通化沈阳之间区区千里，却飞了四五个小时，并在沈阳机场上空长时间盘旋。如不是因为日苏之间正在交涉未妥事宜，这种现象又做何解释？（4）在制空权已经操于苏军之手的条件下，如无某种契约，能允许三架伪满飞机在天上自由飞翔四五个钟头吗？（5）苏联伞兵与溥仪乘坐的飞机同时在沈阳着陆，这恰恰说明我们在飞行中早已处于苏军监押之下。偶然、巧合，这些字眼儿都是解释不了的。”（李国雄：《随侍溥仪纪实》，东方出版社 1999 年版，第 227 ~ 228 页）。

上述当事人所谈到的看法和认识，都是根据亲身经历和切身感受而谈论、回忆的，有其合理性和一定的根据，故这种看法已得到相当一部分学者的认可和采用。关于溥仪在沈阳机场被日本人移交给苏联红军之说，非常遗憾的是，至今为止尚未发现翔实可信的历史档案或相关文件。

而在当年苏联红军中亲历者的回忆中，却一致认为在沈阳机场是意外俘获了溥仪。这种观点和俄罗斯相关档案中的记载也是相符的。前文提到的克拉夫钦科上将发给华西列夫斯基元帅的电报中提到溥仪等人“到达沈阳机场转机继续飞往日本时被俘获，请示如何处之”。这说明苏联红军事前不知道溥仪在沈阳机场，所以才在电报中请示怎样处理溥仪。同样，对接到报告的华西列夫斯基元帅而言，这样重大的事件已不是他的职权范围内所能处理的，力所不及，故密电苏联最高统帅部及斯大林，请示如何处理被俘的溥仪。苏联统帅部认为，苏联红军在中国东北的战争仍在进行中，如果溥仪逃到日本，日本有可能为了掩盖战争罪行而将溥仪销迹灭口，也不能让他成为美国的战利品，当即命令华西列夫斯基：“苏联最高统帅部决定，立即将满洲帝国皇帝溥仪及其随员转移遣送苏联。要求做到溥仪一行九人人身绝对安全，万无一失。”（俄罗斯国家档案馆藏中央档案 9401 号 98 卷，第 282 ~ 283 页）。

通过此份资料，说明了苏联最高统帅部乃至斯大林，对于在沈阳机场俘获溥仪是根本不知情、感到十分意外的，所以才临时决定“立即把溥仪遣送到苏联，并要求绝对保证安全”。可见，苏联最高层在如何处理溥仪的问题上事先并无计划和相应的安排，而是面对突发事件临时决定的应变之策，至于苏联政府要求日本在沈阳机场移交溥仪，作为日本献给苏联的投降礼物的提法是不能成立、无从谈起的，仅是个人的推断而已。

一些当年在沈阳机场参与俘获溥仪的苏联红军在回忆中也谈到了关于溥仪被俘的

准确时间和经过，原苏联红军近卫坦克第六集团军老战士亚历山大·热尔瓦科夫在《陪伴末代皇帝溥仪两昼夜》一文中回忆：“1945 年 8 月 19 日，当同日本侵略者的战斗尚未完全平息下来的时候，225 名苏联伞兵在中国沈阳市空降。此时，他们却遇到了一件意外之事，搜查机场时发现了伪满洲国的傀儡皇帝溥仪和他的随行人员，他们正躲在那里等候飞机，准备逃跑。”

曾任沈阳卫戍司令的苏联少将科夫通·斯坦克维奇回忆说：“我们的飞机在机场降落时，我们当中谁也不知道，在这里，在沈阳，竟有个溥仪，种种迹象表明，他准备飞往日本。”

以上所述，说明溥仪一行是在沈阳机场转机准备逃亡日本时被刚降落的苏军恰巧碰上而被俘获的，这就解开了溥仪被俘之谜，也排除了日苏间的秘密交易、事先预谋的猜疑。

1945 年 8 月 19 日，溥仪在沈阳机场被苏军意外俘虏，是苏联红军进入中国东北意外的重要收获，既有其意想不到的象征意义，亦有着不可低估的实质意义，在其后对日本的交涉、审判战争罪犯，乃至和蒋介石国民政府接触中将起到重要作用。

对溥仪来说，被苏军俘虏使他绝处逢生，并由此走上了再生之路。如果侥幸逃到无条件投降的日本，那他是走上了死亡之路。蒋介石国民政府势必将其引渡回中国，等待他的将是正义的审判，卖国的罪名很可能将溥仪送上断头台。

三、为保命请求留居苏联

溥仪等人在沈阳机场被俘后，转乘苏军的一架大型运输机，于当日飞抵通辽机场，一群苏联士兵听说俘虏了“中国皇帝”，围拢过来看，还有好奇者要求和溥仪握手。一个军官模样的打趣说：“红军士兵和皇帝握手，这真是一件不平常的事。”说罢哈哈大笑不止。这里值得一提的是，“在苏军的命令下，和死缠溥仪达十一年之久的关东军大特务吉冈安直中将以及执行宗教侵略的头头——伪满祭祀府总裁桥本虎之助中将断了腐臭的葛藤”（溥杰：《回忆在苏联的五年》，参见《溥仪离开紫禁城以后》，中国文史出版社 2001 年版，第 195 页）。关于溥仪在通辽的情况，亚历山大·热尔瓦科夫在其《陪伴末代皇帝溥仪两昼夜》一文中提到：“末代皇帝被从沈阳押送至通辽后，上级派我看守他。司令部的军事命令简短而严峻：‘热尔瓦科夫少尉，您要用自己的头颅为溥仪的性命做担保！再派两名战士协助您。’开始，我感到几分惶惑：不管怎么说，这是一位‘皇帝’呀！然而命令就是命令。我们把‘皇帝’和他的随行人员安置在一所幽僻的平房里，平房的四周是严严实实的围墙。城里的形势极度紧张，随时都有可能发生意

溥仪及其随行人员被苏军押往苏联

外，因此我们目不转睛地盯着溥仪一伙。囚禁他们的房子处在严密的监视之下。开始，‘皇帝’的心境沮丧，局促不安，不时惊恐地偷看我们几眼，沉重厚实的牛角眼镜也掩盖不住他面孔的苍白。他夜不能寐，一名仆人始终伴随着他。8月20日清晨，第六坦克近卫军政治部主任克·费里亚什舍将军到来。他命令给溥仪及其随员送饭，并且要求我们对‘皇帝’一行彬彬有礼。那天，天气晴好，我们决定让自己的‘被监护者’们在内院的新鲜空气中散散心。不久，一名苏军翻译来到。此时，溥仪明显地活跃起来，开始急促地对翻译说话。后来我才知道，原来‘皇帝’对警卫队待他以礼遇并悉心照顾颇感惊讶，他承认这是他始料未及的。午饭后，我们送溥仪一行去蒙古的塔木察格布拉克布，派来的是一架有了相当年头儿的旧飞机。为了防备万一，我们带上了一挺高射机枪。此时的溥仪举止安详，久久望着舷窗，有时还与同伴们交谈两句。局外人一眼看去，可能以为他是在旅行之后返家途中在蒙古又换一架飞机，然后直飞苏联赤塔市郊区的苏军远东部队司令部。”（参见《人民日报》

苏联伯力第四十五号拘留所

1983年4月）。

1945年8月20日晚9时许，押送溥仪一行的飞机到达赤塔机场，随即被苏军送赴拘留地莫洛科夫卡赤塔卫戍司令部。溥仪等人刚感受到已获生路，很意外的是听到车外传来一声中国话："要解手的，可以下车！"不觉一惊，以为最坏的情况出现了，要在这里把他们移交给中国政府了。下车一看，原来讲中国话的是一个苏联少尉，虚惊了一场。在莫洛科夫卡赤塔卫戍司令部，卫戍司令向他们宣布了"从现在起将你们拘留"的命令。溥仪听了虽觉刺耳，但仍为能留在苏联幸免一死而感到高兴。经过初审交代问题，一个月后被迁往哈巴罗夫斯克（伯力）第四十五号拘留所。

溥仪在苏联拘留期间，一直享受优待，一日三餐是丰盛的俄餐，还供应面包、果品、奶油之类的午茶，配有医生、护士为他检查身体、治疗疾病。他从不参加劳动，生活起居一应都由三个侄儿和原随侍侍候。溥仪也从未在侍候他的人面前放下"皇上"的架子，天天接受他们的请安。他虔诚诵佛念经，每天跪床修行功课，还让随侍和侄辈放哨，好让他摆弄诸葛神课、金钱卦等玩意儿，占卜自己的不测命运。溥仪觉得，他的这些做法，从未受到苏军干预，而且又看到让他揭发日本帝国的罪行，于是他认为苏联主要是要严惩日本战犯，不会对他们怎么样，便生出一个想在苏联偷生、逃避中国人民惩罚的幻想：苏联和美英是盟邦，先设法在苏联留下来，再伺机从苏联迁往英美去做寓公。他带着的大批珠宝首饰等贵重物品也足够他后半生花销了。为了达到这个目的，溥仪在苏联的五年间，除了多次口头向苏联提出申请以外，还三次上书苏联当局，申请准许他永远留在苏联。

俄罗斯国家档案馆的对外解密档案显示，1947 年 12 月 9 日，溥仪在狱中给苏联政府写了一封“请愿书”，请求长期居留苏联。在信中，溥仪对苏联极力称颂，对自己进行了深刻的反省，申请长期居住苏联。溥仪在信中说：“……兹幸在一九四五年，因苏联邦之仗义出师，一举而击破根深蒂固之日本关东军，不独解放全东北三省之人民， 即余亦因此而得脱去日本军阀之桎梏， 此余精神上之生命复活也。迨至一九四六年，蒙苏联邦当局允许余赴东京，而为对裁判日本战争犯罪人法庭之证人，因得一洗十余年来之积恨可耻，此更为余所引为意外之欢喜及幸福者也。此皆苏联邦之所赐也。故余对于既拯救余之生命，并允许余为精神上之刷洗两事，实为余极端感激而不能忘者。是以此后余愿以一介人民之资格，愿对于苏中两国人民之永远亲爱、永久团结、永久

曾经关押过溥仪的房子——莫罗科夫卡

溥仪于1946年8月去远东国际军事法庭作证

溥仪在作证时验看被告律师提出的证据

材料。后来我被召到东京的‘远东国际军事法庭’去作证，我痛快淋漓地控诉了日本战犯。我到东京‘远东国际军事法庭’去作证，是在1946年的8月间。我共计出庭了八天，据说这是这个法庭中作证时间最长的一次。那些天的法庭新闻，成了世界各地某些以猎奇为能事的报纸上的头等消息。”这是爱新觉罗·溥仪在《我的前半生》中的一段话，反映了溥仪当时的内心活动。

被押解回苏联时，溥仪一路沉默不语，他时刻都在揣测着自己的命运，直到他看见机场穿苏军制服的军人，脸上才露出了点笑容。当溥仪走出机舱踏上苏联的土地时，他情不自禁地跪下来亲吻地上的干草。

1946年8月，苏联当局让溥仪到东京“远东国际军事法庭”作证。“皇帝”出庭，这一空前之举，引起世界各国瞩目，一度成为一些报纸的头条。溥仪先后八次出庭，他以亲身经历有力地揭露了日本帝国主义扶植傀儡政权，侵略、统治中国东北的罪行，“日本一方面施行武力侵略，一方面施行宗教侵略。他们是企图奴化全世界的，而把东北三省视作神道侵略的试验场”。溥仪还揭发了日本关东军在东满和北满的边境上新筑了许多铁路，用以准备对苏的军事行动，目的是要把伪满洲国作为日本军国主义反苏的前沿阵地。溥仪的出庭作证，为苏联战胜国的地位和权利提供了无可辩驳的铁证。同时，溥仪因害怕自己会受到惩罚，为了掩饰自愿充当傀儡的罪行，也在法庭上对一些情节故意闪烁其词。他回避“九一八”事变前就和日本人秘密勾结、相互利用的事实。他拒不承认自己写给日本当局做死心塌地投靠者的亲笔信，他在信中说什么“今看欲谋东亚之强国，有赖于中日两国提携”，希望日本帝国主义扶植他延续清王朝统治。无疑，溥仪在刻意为自己开脱的时候，也就没有彻底揭露日本帝国主义的侵略罪行。

1946年8月29日，溥仪还未离开东京，国民政府再次向苏方交涉引渡溥仪。对于这个为全世界所关注的问题，国民党《中央日报》发了一篇题为《我交涉引渡溥仪》的报道：

> 本报南京二十七日急电　伪满洲皇帝于东京作证后是否解归我国，抑仍由苏押回？司法行政部谢部长今告本报记者，已令派驻东京国际法庭检察官向哲浚，就近交涉引渡。
>
> 苏联考虑自身利益，未置可否。

四、藏宝、献宝与毁宝

溥仪一行在离开沈阳时，他的随从人员除一般物品外，还带了两只大皮箱。被俘虏后，当时押送溥仪的苏军官员认为，箱子内可能装着皇帝的“龙衣龙袍”，但当他们第一次检查这些行李时，看见里面价值连城的珠宝后，所有在场的人都目瞪口呆。去赤塔的途中，溥仪出于一种诚心，把其中的一些珠宝作为礼品送给押送他的官兵，其中有手表、烟壶、领带夹及其他首饰之类的物件。到达哈巴罗夫斯克后，两箱珠宝被没收。1946 年 4 月 2 日，当地珠宝收买局的代表发那耶尔斯基当着内务局财政司一处处长库兹涅佐夫上尉和出纳员戈拉西缅诺克的面，对这些财物作出评估，档案记载：111 种珠宝被估价为 473975 卢布；一只 18K 金嵌一颗 1.7 克拉的珍珠戒指，定价为 400 卢布；一对嵌有四块 3.3 克拉玛瑙的 23K 金耳坠，估价 600 卢布。

在这批明显被低估的珠宝中，确有稀世珍品：重量分别为 213.3 克拉和 596 克拉的两只纯金金盘，用一块钻石和两块红宝石（总重量 34.8 克拉）装饰的 23K 金虫形表，镶嵌有小石榴石装饰的金首饰盒，罕见的中式纯金戒指，形同蜘蛛、上嵌珍珠的纯金发针（蜘蛛的头部是绢玛瑙

法庭当场验证溥仪的笔迹

所做，双翅为玛瑙，眼睛是珍珠，颈部用九颗高纯度珍珠装饰）。

苏联国家安全总部官员认为，不经法院审理和正式调查就没收这批珠宝是“不合法的”，故而决定“以智取宝”。

1945 年 5 月 10 日，第四十五号拘留所所长、克格勃官员捷尼索夫少校，从哈巴罗夫斯克将溥仪接到位于郊区的内务局，于是就有了以下对话：

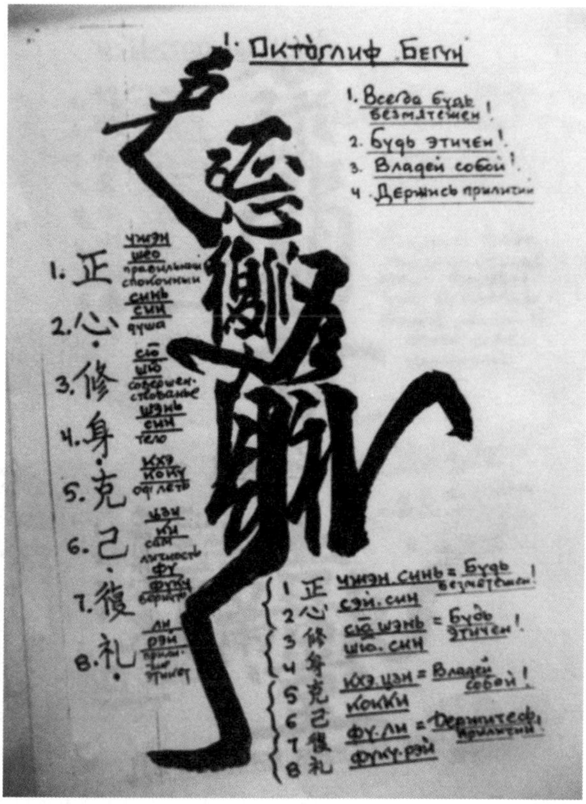

溥仪给中国检察官袁劭恒写的艺术字书法

古得利亚夫佐夫上校：你好，溥仪先生。我们请你来，不是审讯，而是随便谈谈。溥仪先生，您打算怎样处置您的珠宝呢？我们苏联现正为恢复国民经济发行公债，假如您同意把自己的财宝献给苏联政府，那是再好不过了。

溥仪：我自己一直没有机会提出这个问题，既然你们开口了，我很愿意把自己的全部珍宝捐献给苏联政府。

说罢，有人已摆上了纸笔，让溥仪留下笔墨。溥仪当时这样写道：“我恳求苏联政府接受我的珠宝以利战后发展国民经济。”苏方签字的人员是克格勃官员古得利亚夫佐夫上校。从此，中国末代皇帝爱新觉罗·溥仪携带的这些中国珠宝归属苏联，被运到莫斯科转交国家保管局。

这就是溥仪给苏联政府递交了一份声明，要求接受属于他个人的贵重物品，把它们作为恢复和发展苏联国民经济的战后基金的实际过程。

溥仪为了达到留在苏联的目的，为了能为他向上说好话，不惜讨好苏联的官员和拘留所管理人员，对他们毕恭毕敬，对他们的各种索取要求有求必应，在恐吓和敲诈面前更是战战兢兢地把身边的贵重物品大把撒出去。刚到苏联时，一位苏军军官看上了溥仪的手表，那是一块白金外壳的长方形手表，价格昂贵。这位军官伸出没有手表的手腕给溥仪看，溥仪心领神会，立即将手表戴在了军官的手腕上。第四十五号拘

垂果包金手镯

留所负责人看到溥仪的一条项链十分华美，便以羡慕的语气说：“我要是有这样一条项链送给我妻子，那她该多么高兴啊！”溥仪当场将这条项链送给了他。第四十五号拘留所的一位苏联翻译拿捏准了溥仪的心态，屡次讹诈溥仪。翻译有次故意对溥仪说，第一批送回中国的人已全部被判了刑，有的判了死刑。溥仪顿时惊慌不已，马上送了他好多东西请求通融，求他帮忙不被送回国去。

据一些知情人回忆，溥仪在苏联期间出于各种目的送人的有金怀表、金手表、戒指表约 12 支，金镯 2 只，金链 1 条，大小宝石数十块，金笔四五支，金柄剪刀 5 件左右，此外还有金别针、金烟盒和汉玉等。

不单是苏联的个别官员向溥仪索要珍宝，当时伯力所在的州内务局局长也想到了溥仪所带的珍宝。为此，他特意宴请溥仪，并由所长捷尼索夫来接溥仪去赴宴。宴会上，这位内务局局长对溥仪说，现在虽然胜利了，但苏联的战争创伤很重，又遇上大旱歉收，困难很多。还说，溥仪所带的珍宝都是价值连城的东西，希望能为苏联国家的恢复做点贡献。溥仪明白不能“敬酒不吃吃罚酒”，当场答应捐献。同时，溥仪再次提出了在苏联定居的要求，内务局局长当然是满口应承一定把溥仪的要求转达上去，这使溥仪增强了定居苏联的希望，因为献出了珍宝就是作出了贡献。

回到拘留所后，溥仪就捐献珍宝一事和他的家族成员说，原来这些珍宝是作为生活费用带出来的，暂时是用不着了，就这么统统便宜给苏联吗？不行。怎么办呢？大家分头带一些，算是私人的东西，一共五个人能带多少呢。事也凑巧，由大栗子仓皇逃走时，抓了个装电影放映机的箱子，外面黑皮子，里面黑绒里子，它是立着开的，高而深，如果在箱底做个夹层，东西最保险了。

这个夹层是由溥仪的随侍李国雄做的，他对此曾回忆说："我先把皮箱内的黑绒底和硬纸底都撕下来，再把四周的黑绒也撕开，然后用小刀削出三根木条。这三根宽一厘米、高八厘米且与皮箱等长的木条实在难做，既不能长一点儿，也不能短一点儿，仅凭一把小钝刀何其难也！我就用这样三根木条把重底打了三道隔。这是颇为实用的隔，既能防止珍宝在太大的范围内乱窜，又能对假底起到支撑的作用，上面放东西才不至于压塌。隔板完成后，便把溥仪精选出来的珠宝、首饰、翡翠、玉

溥仪收藏的珍宝

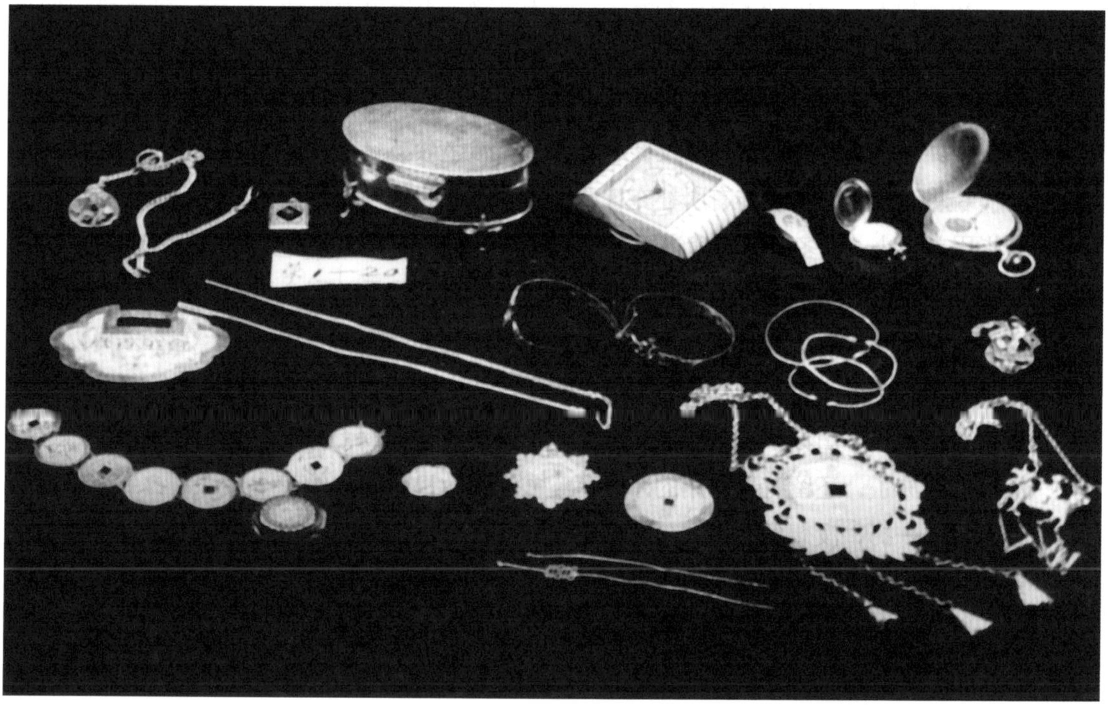

交，由中华人民共和国政府代表负责接收完毕，并将与此有关的材料亦由苏联方面移交给中国方面。双方代表并就此事签订了战俘交接的议定书。中苏两国交接战俘工作，至此已告完成。

1950年3月3日，苏联内务部部长克鲁格洛夫又书面报告斯大林、莫洛托夫、贝利亚、马林科夫、维辛斯基，对于被关押的以溥仪为首的伪满洲国官员、将军及溥仪的亲信、亲戚共58人，以及保存在苏联内务部的溥仪1946年5月10日向苏联政府提出请示要求收下的属于他本人的贵重物品（价值47.3万卢布）、伪满洲国官员的贵重物品（价值47.6万卢布）如何处理的问题，提出了内务部的具体意见：

责成苏联外交部（维辛斯基同志）通知中华人民共和国中央人民政府有关上述在押中国人的情况，了解中华人民共和国政府对将这些人引渡给中国当局是否感兴趣。

在得到中华人民共和国中央人民政府同意之后，按所附名单将58名在押中国人连同属于他们的财宝交由中华人民共和国政府处理。

1950年3月9日，内务部部长克鲁格洛夫、苏联外交部部长维辛斯基联名给斯大林书面报告，对于内务部3月3日书面报告内容，苏联内务部和外交部认为：恰当的做法应是，将上述在押人员及其贵重物品移交中华人民共和国中央人民政府处理。并且，在之后的部长会议决议中提出，责成苏联外交部通知中华人民共和国中央人民政府，责成内务部负责具体移交工作。

1950年7月6日，克鲁格洛夫、维辛斯基在联名向斯大林的书面报告中提到：今年7月1日，周恩来在与苏联驻中华人民共和国大使罗申同志会谈时声明，如果苏联政府认为移交溥仪是适时的，中国政府准备接收。对此，苏联内务部和外交部认为：应通知中华人民共和国政府，说明苏联政府准备将溥仪和他的随从人员移交中国，并请中华人民共和国政府告知，它对向中国当局移交这些人的地点和时间有何考虑。

经中苏双方多次协商，交接地点在中国境内的黑龙江省绥芬河车站，时间为8月1日。苏方移交工作由苏联拘留管理总局代表、中校科雷阔夫及上尉阿斯尼斯负责交接。

到了1950年下半年，移交日满战俘工作的时间到了。中央指示东北人民政府抽调人员，组织班子，准备接收日满战俘。周总理7月19日给东北人民政府高岗、林枫的信的内容如下：

高主席、林副主席：

苏联政府拟将日本战俘971人，溥仪及其僚属前伪满部长、官员等58人移送我国政府。我们已予同意，并商定7月30日在绥芬河站进行交接。我们除派陆曦按时赶到负责接收外，另应派一个团级干部及适当部队前去协助。此批人员应在长春准备房子看管，不要与日俘同在一起。所接收日俘及溥仪等之档案用后，盼速送京。

东北人民政府遵照中央和周总理的指示，进行了详细的讨论研究，决定由东北人民政府外事局局长陆曦同志作为外交部全权代表，负责全部接收日满战俘工作。同时，抽调东北人民政府公安部一个科长、公安三师一个团长，以及一部分警卫部队，加强领导，共同努力，并采取严格的措施，保证按照中央要求完成任务。

元·吴道子《香月潮音图纨扇》

接收人员组织起来以后，学习讨论了中央指示，制定了具体工作方案，布置了接收任务，并按照苏方提出的路线和日期，由陆曦率领全体同志于 7 月 11 日出发，14 日晚抵绥芬河准备接收。此时苏方尚未到达，直至 17 日晚苏方才将日本战俘押到。因已是深夜，便于 18 日晨 5 时开始移交。按照中央指示应接收 971 名，但苏方代表称，按原规定缺少两名，一名病死，一名重病将死，不能成行，实际只移交 969 名。其中，将官 17 名、军官 171 名，下级军官 302 名，士兵 479 名。另有 969 份审讯材料，亦照收无误。

1950 年 8 月 23 日，苏联内务部部长克鲁格洛夫给斯大林、莫洛托夫等书面报告了移交情况：“今年 8 月 3 日向中华人民共和国外交部的这位代表移交了前伪满洲国皇帝爱新觉罗·溥仪及其随员和前伪满洲国政府的部长、将军和官员共计 58 人以及属于他们的贵重财物。”“到达绥芬河车站后溥仪写下了如下内容的感谢信‘在苏联居住期间，我受到苏联以及斯大林元帅的关怀。现在当我离开苏联领土时，我衷心为给予我的好心对待表示我最大的敬意和感激。我祝愿苏联人民世代繁荣，祝愿斯大林健康长寿’。”

1950 年 8 月，溥仪被移交回国，同时接收的溥仪在伯力捐献给苏联政府的那批贵重物品共 138 件，包括黄金带扣、带宝石的黄金表链、玉石坠子、玉石龙、白色宝石、黄金领结钩、金质护符、白金手表，玉石戒指、绿宝石、金蜻蜓坠子、金环绿玛瑙杯、白金坠子、金袖扣、镶珍珠的金别针、金簪、珊瑚坠子、铜手镯、白金锁、珍珠镯等。

当年参与接收的当事人田羽在其《记押解伪满皇帝群臣经过》一文中曾这样写道：“……然后，又清点和交接了战犯们的财物。其中绝大多数的财物是溥仪一人的，记得装财物的有约半立方米的大木箱，有如同沿街理发师傅盛工具用小手提皮盒似的皮箱各一个，内盛金银器皿、珠宝首饰、钻石、手表……好多种财物我都没见过。苏方备有俄、汉文字的财物清单，经双方逐件对照核对，又装回原箱，契封。我现在回忆，清单之外似有两件物品，其中一件人称金盾，即圆形似盾的金质薄板，上面刻有为纪念什么赠送和赠送姓名字样，苏方移交时还说明了未列入清单的原因。因此，我当场作过记录，并与同来的杨永祝、石平两同志共同签字，与实物一起装入财物箱内。”

关于溥仪藏在电影放映机箱子夹层中的那 468 件珍宝，也带到了抚顺战犯管理所，后来上交给了国家。

溥仪等人得以引渡回国，是真正获得了重新做人的机会，这是他们最大的幸运。

唐·韩滉《五牛图》局部

第六章　国宝的征收与回归

一、国宝成了“东北货”

伪满皇宫中的禁卫军及近卫军，大都来自辽宁、吉林、热河、黑龙江，随着伪满政府的垮台，也就自动解散、各奔东西了。这些人当中有的就把哄抢得到的国宝随身带回了家乡，从后来征收的情况看，带回到辽宁的数量较多。而黑龙江一带当时已被东北民主联军解放，属于黑龙江籍的禁卫军开始漂泊在外，有的滞留于长春。事实上，有许多人在长春就把从伪满皇宫中抢出来的国宝变卖了。因为解放后在伪满皇宫周边就有很多古玩店，甚至在光复路上还一度出现了旧物市场。20世纪80年代，笔者曾采访了一位爱好摄影的老先生，他说："光复后不久，就在伪满皇宫的门前出现了一个规模较大的旧物市场，物品种类齐全，卖什么的都有。我多次来闲逛，印象最深的一次，是我看到了一个30来岁的年轻人脚下摆着一个古香古色的画缸，缸中还竖插着几幅古画。我对书画没有兴趣，却非常喜欢插画的画缸。于是我就问起了这个画缸的情况，卖画的年轻人说，这可是皇宫中的东西。由于我带的钱不多，正好我手中拿着一个德国产的照相机，那个年代照相机还是稀罕物，价钱也不低，就用照相机和他交换了画缸。现在回想起来，画缸中的那些古画也很有可能是从宫里流散出来的，那时还年轻，还没有要买的想法，真是丢了西瓜捡芝麻。"老先生的回忆，证实了光复后不久从伪满皇宫中流散出的各类物品便出现在市面上了。

长春的古玩店和古玩市场近水楼台先得月地疯狂收购，使得伪满皇宫中流出的物品很容易成交，特别是国宝字画。后来转卖到天津、北京等地的文物多半都是从长春古玩店中弄出来的。随着这种炒来炒去的交易不断扩大，在京津地区便有了一个专用名词，叫"东北货"。"东北货"的来源、销售后来逐渐专业化，有购有销，猖獗一时。

总体来说，古玩行业的收购有三个来源：一是从禁卫军个人手中直接购买；二是禁卫军中部分头脑灵活有销路的人从其他禁卫军手中低价购入，高价卖出；三是长春的古玩店也收购了相当数量的法书名画等物品。

长春古玩店的收购

提到长春的古玩店，就得先从焦序生说起。焦序生先生，原名焦增级，1916年生，系河北省束鹿县后杜科村人。

焦序生先生幼年时家境贫寒，致使他十岁时就外出谋生。1932年，他离乡背井，来到黑龙江哈尔滨市，拜"华北天"古玩店经理人、号称东北"翡翠大王"的侯润田先生为师，学习珠宝鉴定。

翌年，他随侯先生到长春，建立了长春市第一家古玩商店——"华北天"古玩店。他在主攻翡翠鉴定的同时，又对青铜器、陶瓷器、书画和玉器等各个方面进行了深入的学习和研究。由于他勤学刻苦、博闻强记，不但增强了文物方面的知识和鉴赏能力，也为日后对许多珍贵历史文物作鉴定打下了深厚的基础。

日伪统治时期，处于水深火热之中的东北人民生活极为困苦。百业俱在假繁荣、真萧条的境况中风雨飘摇。这对古玩业来说，无疑也是个沉重的打击。

1945 年东北光复后，随着伪满政府的彻底倒台，“长春的古玩业一度恢复生机”。

1946 年，焦序生先生开设的“增古斋”古玩店主要经营历代陶瓷、书画和珠宝等。

此时，正逢日军投降、伪满政权垮台、苏联红军进驻长春、国民党接收这样一个特殊的历史时期，伪满皇宫中溥仪盗运来的珍贵的历史文物散失殆尽。这使得焦序生先生痛心疾首，决心为国家收集起这些珍贵的文物，以免它们毁于战火或流落国外。经他收藏的有唐代《唐人写经长卷》、宋代司马光《〈资治通鉴〉稿手卷》等极其珍贵的文物近四十种、数十件。最终，他精心鉴定、收藏的这些珍品许多都交给了人民政府，并回归到故宫博物院。

1957 年，焦序生先生向长春市文化局提出了建议和申请。不久，他的建议即批复下来，成立了长春市文化服务社（吉林省文物店的前身），焦序生先生也回到了他熟悉的古玩行业，从事历史文物的鉴定工作。在这期间，他为国家鉴定和收购了金代张瑀的《文姬归汉图》、元代何澄的《归庄图》及陶瓷器、青铜器等特级、一级的珍贵历史文物数十件（均已提供给吉林省博物馆收为馆藏）。

金·张瑀《文姬归汉图》局部

关于伪满政权垮台后长春古玩业的情况，相关材料既零星又鲜得一见。1985 年，七十岁高龄的焦序生先生亲自撰写了回忆文章《长春市古玩行业概况》，填补了那一段特殊历史时期长春古玩业资料的空白。他以亲身的经历和翔实的资料向我们展示了伪满皇宫散出的国宝在长春市是怎样被收购的，都有哪些法书名画，最后的去向是那里。回忆文章原汁原味，真实准确，令人难以取舍，就让我们来品读一下原文吧。

长春市古玩行业概况

焦序生

长春本来是个普通城市，南北交通的主要站口，居民大约十万。日本帝国主义者发动“九一八”事变后，长春成为侵华日军在东北的中心据点，同时纠集以溥仪为首的汉奸集团，于1932年（民国二十一年），建立了所谓的满洲帝国，定都于此，改名新京。名义上的满洲国，实际是日本侵略者借以奴役东北人民、掠夺东北财富的傀儡政权。它仰日本侵略者的鼻息，出卖国家和民族利益，造祸时间长达十四年之久。

1933年，我十九岁，随我的业师“华北天”古玩店经理人侯润田来到长春（在此以前长春没有古玩店铺，“华北天”是由哈尔滨迁来的）。

“华北天”古玩店主要经营翡翠宝石，兼营古玩字画等。原店址设在头道沟东三条街，后迁至西四马路。

长春市的古玩行业，自此发端筚路。

业师侯润田鉴定翡翠宝石的水平很高，加上经营有方，积累了许多财富，在当时的“东三省”古玩行业中有“翡翠大王”之称。因此之故，“华北天”古玩店的字号，在同行业中也占着鹤立鸡群的地位。我在“华北天”的十几年中，积累了知识，得到了锻炼，为后来的自力更生打下了良好的基础。

当年，溥仪由北平到天津，又由天津来长春，裹挟了大批原故宫的文物和珍宝，其中光是书画等珍贵文物就有二千余件。再加上溥仪的亲属及清末北京的遗老遗少纷纷投奔溥仪来到长春，又带来大量的珍宝。一时间，在侵略者和伪政权导演的虚假市面繁荣幌子下，古玩行业陆续增加至十几家。

包括“华北天”在内的十三家店铺中，古旧书店两家，南纸、笔墨、石章两家，字画装裱四家，硬木小器作坊两家；另有日本开设的专营古玩的店铺三家、销售宝石的五家（以上店铺的字号、经理人和店址详见附表）。这些店铺多于专业之外，兼营翠玉宝石、陶瓷、字画、碑帖，等等。销售对象多是日本人（当时在长春的日本人总数有十万之多），其次是伪官吏，只有少数玩家。所销售的古玩字画多是仿制品、复制品，据我所知的珍贵者，只有两件（份）瓷器。其一，是吉林市“师古斋”经理人在乌拉街买到的一件大明万历官窑五彩人物盘，卖给当时在贵阳街的日本人前田（该人在贵阳街开设香兰饭店）；其二，是在日本人开设的青井文藻堂处发现四寸大明万历五彩盘五件，后被“金石斋”古玩店李植甫买去，销往北京。

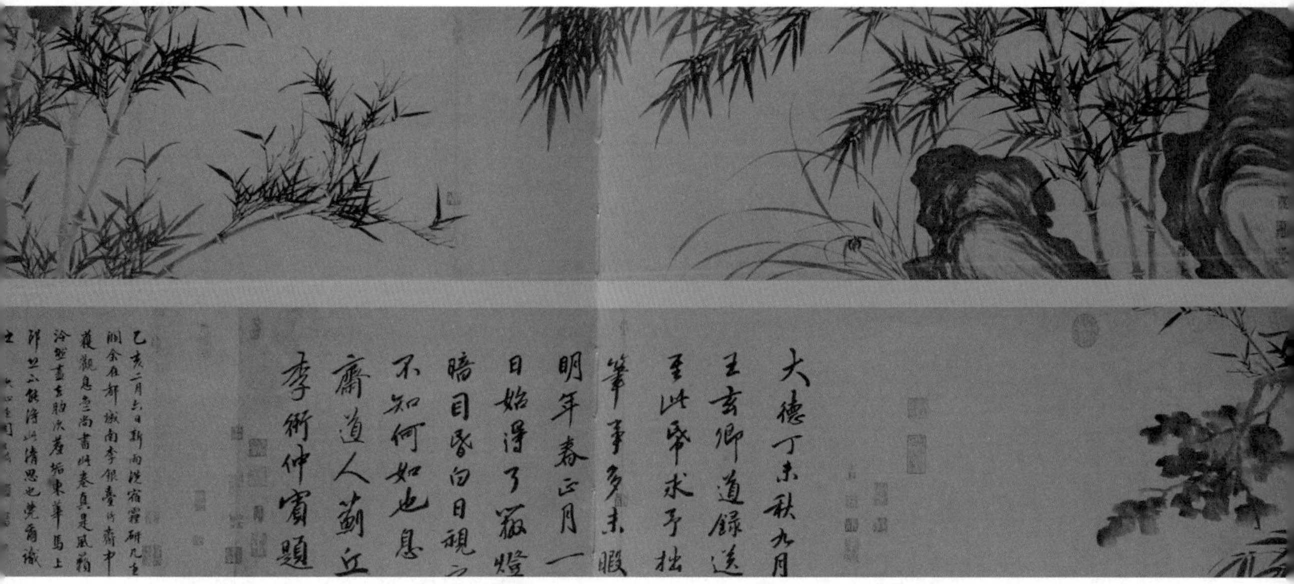

元·李衍《四清图》

由于日本侵略者的大肆搜刮和掠夺，1940年后古玩行业也同其他行业一样，逐渐衰落下去。

1945年8月，日本宣布无条件投降，东北光复，长春回到了祖国的怀抱。

令人遗憾的是，由于侵略者和傀儡政权仓皇出逃，苏军进驻，国民党大员接收及其他种种复杂的原因，伪帝宫中的大批珍宝和文物散失殆尽，其中包括溥仪来长春时所带的两千多件珍宝（数据源自《故宫遗佚录》）。那批珍贵国宝书画横遭有史以来的一场浩劫。

在日伪统治下的长春，当时的境况是百业凋零，人民生活极端困苦，古玩行业同样也是朝不保夕。

1945年“八一五”光复，日本帝国主义无条件投降，伪满洲国也随之垮台，长春的古玩业一度恢复生机。

1946年，我开设了“增古斋”古玩店，经营项目主要是古陶瓷、字画、珠宝等物品。就在这年，长春的市场摊床上和一些街道居民手中，出现了从伪满皇宫流散出来的历代书画等珍贵物品。这批艺术珍品原为北京故宫所收藏，是溥仪出宫前盗运到天津，以后又携带到长春伪满皇宫的。日本投

1933 ~ 1945 年长春市古玩行业概况表

开业时间	古玩店名称	经理人	经营范围	地址
1933 年	华北天	侯润田	珠宝、陶瓷、字画	头道街东三条，35 年迁西四马路路南
1935 年	金石斋	李植甫	陶瓷、字画、杂项	西四马路路南
1935 年	天宝斋	阎监铭	陶瓷、杂项	西四马路路南
1936 年	墨古斋	穆磻忱	字画、碑帖	西四马路路南
1936 年	遵古斋	樊子余	旧玉、陶瓷、杂项	西四马路路南
1937 年	荣古斋	李海亭	陶瓷、杂项	西四马路路南
1936 年	成古斋	张成柱	陶瓷、杂项	大马路路西
1937 年	尚古斋	赵献臣	陶瓷、珠宝、杂项	大马路路西
1936 年	锐钰斋	马玉书	杂项	西四马路路北
1938 年	墨宝斋	马宝山	字画	西四马路路北
1938 年	博古斋	郝	瓷器、杂项	永春路路西
1938 年	震环斋	吴	杂项	西四马路路北
1946 年	增古斋	焦增级	陶瓷、珠宝、字画	西四马路路南

旧书行业

开业时间	店铺名称	经理人	经营范围	地址
1934 年	育民斋书店	雒元培	古旧书籍	西四马路路南
1938 年	东来阁旧书店	魏丽生	古旧书籍	西四马路路北

南纸、裱画、硬木作坊

开业时间	古玩店名称	经理人	经营范围	地址
1938 年	彝古斋南纸店		南纸、笔墨	大马路路东
1934 年	古陶石章笔墨店	陈古陶	石章、笔墨	大马路路东
1938 年	文雅斋裱画店	崔远声	裱画兼营古玩	西四马路路南
1934 年	博古斋裱画店	崔	装裱字画	市北大街
1938 年	同义合小器作坊	段	硬木作坊	友爱胡同
1938 年	同义合裱画店	王仲三	装裱字画	西四马路
1935 年	李学义小器作坊	李学义	硬木作坊	西四马路
1938 年	许见周裱画	许见周	装裱字画	西四马路

日本人开始经营古玩、宝石店

开业时间	古玩店名称	经理人	经营范围	地址
1938年	青井文藻堂	青井		珠江路
1936年	宝石堂		宝石、钟表	长江路
1936年	岩间宝石店	岩间	宝石、钟表	大同大街
1938年	阿曾钟表宝石店	阿曾	宝石、钟表	长江路
1940年	森下钟表、宝石店	森下	宝石、钟表	大同大街
1936年	三太洋行	石黑	兼营宝石	长江路
1936年	三中井百货		兼营宝石	大同大街
1936年	宝山百货	前田	兼营宝石	七马路口
1940年		龟井七三郎	古玩、陶瓷、杂项、日本刀剑	珠江路
1940年		中村	日本画、刀剑	

降前夕，溥仪逃往通化的临江、大栗子一带，以后在以上地区也发现过散失的珍贵书画等物品。

日本投降后，苏联红军首先进驻长春，这期间原驻伪满皇宫的部分禁卫军分子和住在附近的居民乘混乱哄抢了宫内物品，其中包括许多极珍贵的书画等物品。这些珍贵物品流散到民间，曾轰动一时，古玩业同行争着抢购，北京古玩业有八家合资组成了“八大公司”来长春并收购去不少珍贵书画等物品。

这些珍贵书画的出现也引起了我的极大注意，不久就买到一件北宋司马光《〈资治通鉴〉稿手卷》，以后又陆续收买到39种44件之多的历代珍贵书画。

做梦也没想到我能有此般奇遇，这些曾深藏宫廷内、供历代封建统治阶级赏玩的艺术珍品，能被我买到并收藏，回想起来感到无比自豪。同时，也为一些国宝遭到浩劫与毁坏而感到无比痛心和遗憾。

通过鉴别、收买这些珍贵书画，不仅使我大饱眼福，同时也增强了我的鉴赏能力，为我以后从事古玩书画的鉴别工作奠定了雄厚的基础。

日本投降后，国民党政府在美国支持下发动内战，战火波及长春。1947年6月，国民党军政人员龟缩在长春负隅顽抗，被我解放军包围。这时的长春城内饿殍遍地，死伤十余万人，古玩行业也不复存在了。到新中国成立前，长春仅有的二三家古玩店也都转干其他行业了（有关我经手收买、收藏的从伪皇宫流散出来的珍贵书画，详见附表）。

可见，不论是谁看到焦序生收购的伪满皇宫散失书画目录都会惊诧不已，44件都是国宝，件件出类拔萃，无比珍贵，囊括了唐、五代、宋、元、明、清各个朝代的大家名作。

例如，唐代阎立德的《职贡图》，由焦序生购得，后不知通过什么渠道到了郑洞国之手。新中国成立后，由郑洞国夫人经手转让南京博物馆收购，20世纪60年代上调中国历史博物馆。

北宋司马光编修的中国历史上第一部编年体通史《资治通鉴》，是一部不朽的历史巨著，司马光的名字和这部著作一起永远留在了中华民族的文化史上。而焦序生收购的《司马光资治通鉴稿手卷》正是一千多年前司马光编修此书时亲笔写下的手稿，其意义和价值无法形容，现收藏于中国国家图书馆。

北宋崔白的《寒雀图手卷》，是由伪满禁卫军金香惠从伪满皇宫中抢出来的，后存放在长春刘国贤处，也是由焦序生收购后交东北博物馆的，现由故宫博物院收藏。

北宋赵光辅《蛮王礼佛图手卷》，焦序生购得后，又卖出去，再

宋·司马光《资治通鉴》

焦序生从 1946 年至 1948 年经手收买到的伪满皇宫散失书画目录

朝代	作者、作品及形式	件数
宋代	司马光资治通鉴稿手卷	1
唐代	阎立德职贡图残卷	1
明代	黄希宪渔村图手卷	1
明代	文嘉、周光书画合璧手卷	1
金代	张圭画龟手卷	1
宋代	赵葵潇秋意图手卷	1
元代	盛子昭烈妇刺虎图手卷	1
明代	文璧仿米山水图手卷	1
明代	文叔画戏蝶图手卷	1
元代	钱舜举青山白云图手卷	1
明代	文徵明桃园行手卷	1
宋代	梁师闵芦订密雪图手卷	1
宋代	赵光辅蛮王礼佛图手卷	1
唐代	唐人写经长卷手卷	1
元代	赵子昂诗画四篇手卷	1
清代	王翚仿元人山水图手卷	1
宋代	文同晚霭图手卷	1
明代	沈周邃菴图手卷	1
宋代	赵佶柳鸦芦雁图手卷	1
明代	唐寅西山图手卷	1
元代	赵子昂隶书千字手卷	1
宋代	王诜渔村小雪图手卷	1
宋代	董源山水图手卷	1
五代	胡瓌番骑图手卷	1
宋代	苏轼画松、张即之书画松赋手卷	1
元代	赵子俊水仙盆景图手卷	1
明代	仇英青绿山水卷	1
清代	臣字款三官图（天官、地官、水官）手卷	3

木门，夏日里挂上竹帘，冬天则挂有棉门帘，家家都是黑底金字匾额、抱柱式的对联。走在街上，琳琅满目，可以看到各种蓝布套的线装书和各式各样的多宝格中的珍品及瓷器。

琉璃厂街两旁店铺林立，多经营书籍和古董，按当时分类有古书铺、古玩铺、南纸铺、古钱铺四种。古书铺经营善本书籍，古玩铺经营古董生意，南纸铺则专门经营文房四宝，古钱铺经营古钱币。古时比较有名的有松竹斋、清秘阁、青云斋、荣禄堂、通学斋、文禄堂、广文斋等。后来，整个琉璃厂东西两条大街上的店铺也不为这四种经营方式所限制，许许多多店铺差不多都同时经营古玩、文房四宝和书籍等。事实上，店铺老板的生意经是店铺里既接收同时代书画家的作品，又从店铺里向外兜售，以获取利润。

首先发现这批流散文物的是长春金石斋古玩店的李植甫和焦序生、常伯祥。他们先买了一些货送到北京，立刻引起轰动。北京墨宝斋、玉池山房、论文斋、文珍斋等纷纷到东北“挖宝”，引起手中有货的人的注意，于是他们不肯在本地出售，携带手中文物来到北京、天津待价而沽。开始时一顿饭钱就能买到一件唐宋书画卷，后来由于同行争购，涨到数十两黄金才能买到一件，持有手卷的更是待价而沽。眼见国宝的价格从几十两黄金迅速飙升到几百两黄金，同业之间仍然竞购，于是北京玉池山房的马霁川、文珍斋的冯湛如、论文斋的靳伯声、墨宝斋的马宝山和穆蟠忱、博古斋的郝葆初、崇古斋的李卓卿以及长春金石斋的李植甫和焦序生，共同组成了临时的“八大公司”，同业组织。任何地方收购“东北货”都要作为“八大公司”的“伙货”，利润平分，同时约定首先卖给靳伯声，其他地方一律不收，避免竞争。原来，当时京津诸古玩店在遇到珍贵珠宝古玩时，相互间就要抬价竞争，结果会大伤元气，为了避免这种经济损失，遇有珍贵珠宝古玩出卖时，几家古玩店、金店临时组织起来，出资合作，约定将价位压到一定的范围以内，不论哪家收到货物，所得利润平分。

事实上，“东北货”这一称谓，来自于琉璃厂那些老板之口，是对东北各地流散的伪满皇宫文物的特殊俗称。1946年年初，马霁川到长春去看“东北货”，于是打开了“东北货”涌向京津的大门。消息不胫而走，琉璃厂两旁各店铺的老板跃跃欲试，摩拳擦掌，满清遗老、旧宫太监们也从中来回撮合，暗中串通一气。实际上，有些遗老和旧宫太监在中间也充当掮客，有的也成为“好汉股”。所谓“好汉股”，就是从中帮忙，一旦获利，自然从中分利，一旦赔本，则好言安慰，另谋下次赚钱机会。

古玩业的信息极其灵通，伪满皇宫散佚国宝的消息很快产生轰动效应。不久，各地的古玩商都将注意力转向了长春。当时的“东北货”，成为古玩交易中的一大热门。“东北货”的市场以黄金为筹码，南来北往，经久不衰，成为我国文物交易史上一个极其奇特的历史阶段。

1946年，北京琉璃厂玉池山房古玩店老板马霁川断定自己发现了“新大陆”。《游春图》，是隋代杰出画家展子虔的传世经典之作。画中湖光山色，春光明媚。画家用青绿重着山水，用泥金描绘山脚，用赭石填染树干，遥摄全景，人物布局得当，开唐代金碧山水之先河，是迄今存世最古老的画卷。无论是古玩行业的商家，还是热衷书画的收藏家，都醉心于这幅古老的山水画。在马霁川游长春时，《游春图》赫然出现了。

隋·展子虔《游春图》局部一

《游春图》价格极其昂贵，马霁川联系了北京琉璃厂的几家店铺共同收购了这幅画。此外，他还在长春收购了大量从伪满皇宫散佚出来的书画国宝。

除了古董商人卷入外，在琉璃厂之外，国内大收藏家和香港收藏家也开始云集琉璃厂，讨价还价，几经反复，货银两讫。杨仁凯先生在《国宝沉浮录》中写道：“凡是国内外公私收藏的《佚目》书画，除郑洞国先生和少数国民党要员在长春收购有限一部分外，多数是经琉璃厂‘八公司’经办的。张大千先生携往国外的五代、宋、元瑰宝，王季迁、王文伯先生的宋、元剧迹，周游、余协中诸人的若干珍藏，大都与‘八公司’的活动分不开。至于国内的一些鉴藏家张伯驹、张仲慰、惠孝同、谭敬诸人购到的历代法书名画，尤其与‘八公司’有直接关系……由于是公司性质，购进的名家作品，不可能长期存放，必须做到周转灵活，一般情况是进入为了卖出，赚得利润，因而积蓄原件不可能很多，尽管策划详密，行动隐蔽，令别人难识真相，不过，保密是相对的、暂时的，早晚会被察觉。”

这几位“八仙”南北东西来往，将流散出来的“东北货”盯得牢牢的，能够自己买下的就自己买下，不能买下的，通常是一位“仙人”去联合另外一位、二位、三位、四位“仙人”合伙购买，再共同寻找“猎物”，最多的时候是十几个人共同购买再共同卖出。他们购进“东北货”通常是：有的已经出售；有的价格尚未议妥，有待继续磋商；有的已谈定价格，只待带钱取货；有的是直接携往上海、香港，择主出手，从中获取更高的利润。

值得一提的是论文斋的老板靳伯声，是买卖“东北货”的活跃人物。他与天津靳蕴清是兄弟行，当初同在天津劝业场买卖新画，后来逐渐染指古书画。靳伯声向北京琉璃厂发展，开设论文斋古玩店经营旧藏书书画，特别是宋元古迹，获利颇丰。尤其是在发现了从长春伪满皇宫流散出的大批宋元古画之后，靳伯声欣喜若狂，认为这是他大展身手的良机。于是，他开始奔走于长春、天津、北京、上海等地之间，购入了不少法书名画，如宋徽宗赵佶的《金英秋禽图》和《元赵氏三世人马图》以及宋文天祥的《谢昌元座右自警辞》，均是由靳伯声买入又卖出的。靳伯声当时在天津的徒弟张慈生也参与了收购“东北货”的生意。

张慈生1921年出生，曾任天津市文物公司研究室主任等职。他十四岁师从靳伯声学习古代书画鉴定，并得到韩慎先等前辈的教诲，是第一批国家文物鉴定委员会委员。从20世纪40年代末开始，张慈生就追踪溥仪散失在东北的故宫国宝。五十多年来从未间断，行程近万里，经他亲手从民间追回的国宝达100多件。

张慈生先生家中有一本厚厚的目录，这是他自己整理编写的流失到东北的国宝目录，里面记录着每一件国宝现在的藏身之所。这本厚厚的目录上面的文字都是用毛笔书写的，按国宝作者姓氏笔画顺序排列，共150页，记载了664件国宝的简要情况。有些关于国宝的藏身之处的记载还是空白，那都是在民间尚未发现的国宝。

当时，张慈生在天津的古玩店工作，是北京论文斋古玩店在天津的代理。从那时起，张慈生就与这批“东北货”结下了不解之缘。张慈生介绍，当时在天津就曾见到100余件故宫国宝，其中著名的国宝有周昉的《挥扇仕女图》、王希孟的《千里江山图》、赵孟頫的《水村图》、宋徽宗的《王济观马图》。

从关注“东北货”开始，张慈生就在天津地区寻找国宝线索。他先到天津的旅馆和药店去找东北过来的客商，之所以选择这两个地方，是因为经常有东北人到天津来贩卖药材，这些人都要居住在旅馆里。1950年冬季里的一天，正在劝业场三楼培生斋书画店工作的张慈生接待了一位东北来客。那人进屋后，就问张慈生是否有宋元的书画。

张慈生见此人一口浓重的东北口音，又问关于宋元的书画作品，立刻意识到这位东北客商可能有好东西要卖。张慈生对东北客商说，东北有一批溥仪从故宫带出去的国宝，不知他是否有这批货。当时东北客商一愣，忙问张慈生怎么知道他手中有国宝。张慈生没有多说，东北客商说自己手中有宋徽宗的《王济观马图》。张慈生借口时间太晚了，约他明天再见，回到家里，张慈生赶忙查找故宫流失国宝目录，目录中果然有这张画。转天，东北客商又来这里，开价1500元人民币，并告诉张慈生画在东北老家，希望张慈生能够跟他一起去东北。当时的1500元可不是个小数目，张慈生转天赶到北京与掌柜的见面，讲明此事，为防止出现意外，张慈生在东北客商走后才从北京坐着特快列车赶赴东北。

从北京到沈阳，从沈阳到梅河口，再从梅河口转到临江，到达临江时已经是夜里两点钟了。一下火车，严冬时节的东北的天气让张慈生禁不住打了一个冷战，坐着雇来的马车，张慈生开始赶赴乡下。坐在马车上，车夫告诉张慈生要不停地活动腿脚，不然到了乡下，他的脚会冻僵的。就这样一路颠簸地来到鸭绿江边，当晚住进了一个乡间小店。第二天，张慈生到了东北客商的店中，那位客商姓王，叫王寿臣。他把自己手中的《王济观马图》拿出来，张慈生一看，心凉了半截，这幅画是从故宫出来的不假，但却不是宋徽宗本人的作品，而是明代人仿的画，是赝品。

故宫出来的国宝怎么会是赝品呢？当时许多皇帝都在民间征集古玩，听到谁家有好画，就让无偿地交出来。每到此时，那些藏有佳作的人家都要请人临摹一幅画，然后层层送礼，糊弄皇帝。所以，故宫里面有一些画就是明清时期画家仿的画。

见张慈生非常失望，王寿臣告诉他，在他亲家的手中，还有一个好东西，是赵孟頫的《水村图》。听到有这幅画，张慈生又打起精神来，但王寿臣借口他亲家出门了，让张慈生以后再来买。在返回天津的途中，张慈生又到沈阳的古玩市场转了一圈，购了一幅明代的国画回到天津。

这次去东北虽然没有太大的收获，但赵孟頫的《水村图》一直让张慈生念念不忘。在经过北京的掌柜同意后，张慈生再赴东北，购得了这个国宝。尽管那幅《王济观马图》是明代的仿制品，但也有一定的价值。北京方面专程去东北，按照张慈生提供的线索，购回了列入故宫流失国宝目录的《王济观马图》。

后来，张慈生又从一个内蒙古人手中购得了唐代周昉的《挥扇仕女图》。他又专程去了趟呼和浩特，但却空手而归。

几十年来，张慈生为了追寻散失在民间的故宫国宝，几乎跑遍了中国北方地区，尤其是东三省和内蒙古。可以说，国宝有可能流失的地方，都留下了张慈生的足迹，他为

元·任仁发《二马图》

国家找回了国宝100多件。张慈生曾说，现在除了已经知道确切馆藏地点的国宝外，这批从故宫散失到东北的国宝，在民间还有100多件。他呼吁有识之士能够尽快找回这批国宝，希望在有生之年，在自己编写的这部尚未出版的目录中，馆藏项目下不再留有空白。

2012年，九十一岁的张慈生病逝，斯人已逝，其志尚存。当下的文物界能否实现这个20世纪初古玩行小伙计的心愿呢？

二、张伯驹与散佚的国宝

张伯驹，现在的许多年轻人对这个名字已感到陌生，可他对我国文物收藏保护的贡献，至今仍被海内外颂扬着。

张伯驹（1898—1982年），河南项城人，生于官宦世家，与张学良、溥侗、袁克文一起被称为“民国四公子”，是我国老一辈文化名人中集收藏鉴赏家、书画家、诗词学家、京剧艺术研究家于一身的文化奇人，曾任故宫博物院专门委员、国家文物局鉴定委员会委员、吉林省博物馆副馆长、中央文史馆馆员。我国著名书法家启功先生是这样评价张先生的：“论收藏，张伯驹先生当属中国第一，论对中国文物的保护他更是如此。”并称赞他是：“前无古人，后无来者，天下民间收藏第一人。”

自三十岁起，张伯驹开始收藏中国古代书画，对看中的文物，从不计成本。琉璃厂的字画商人最喜欢和这位张公子打交道，因为只要他看中的东西，无论开价多高，都会不惜重金。自三十岁开始收藏至六十岁，经他手蓄藏的书画名迹，见诸其著作《丛碧书画录》者，便有118件。

因收藏著名的隋代《游春图》、唐代《张好好诗》被戏称为“游春主人”和“好好先生”。其中，晋代陆机的《平复帖》，是我国传世文物中最早的一件名人手迹；隋代展子虔的《游春图》距今1400多年，被认为是中国现存最早的一幅独立山水画，有人称它是“国宝中的国宝”。在中国书法、绘画史上，其均为开篇述祖之作。无论中外，但凡研究论述中国艺术史的著作，都离不开它们，故为稀世珍宝。另外，张伯驹的其他藏品，如唐代李白的《上阳台帖卷》、宋代黄庭坚的《诸上座帖》、宋代赵佶的《雪江归棹图》等，也都是中国文化艺术史上的明珠。正是由于这一颗颗明珠穿成线，才使我们今天能够真切地感受到五千年古老文化艺术灿烂的光辉。

张伯驹一生收藏了许多书画珍品，其收购《游春图》的故事颇具传奇色彩。

《游春图》的作者展子虔是我国隋代著名的画家。在中国绘画史上，展子虔被认为是一位继往开来的人物，他一方面继承了魏晋时代的技法，一方面又预演了新的画风。在他之前，绘画对自然景物的表现主要是象征性的，是他开始了恢复自然秩序、利用空间感表现自然山水壮美的尝试。历代学者都认为，《游春图》“写江山远近之势尤工，故咫尺有千里趣”，结束了中国山水画“人大于山，水不容泛”的稚拙阶段。有人因此认为，展子虔“可为唐画之祖”。

《游春图》为历代鉴赏家所珍视，先后收藏于宋徽宗、贾似道、元代鲁国大长公主、明内府、严嵩之手，后于清代经梁清标、安岐等人之手而归于清宫内务府，后由溥仪盗运出北京故宫，携其至长春伪满皇宫。

伪满政权垮台后，《游春图》在浩劫中被禁卫军抢掠出伪满皇宫。后被长春墨古斋书画商穆蟠忱以廉价从“国兵”手中购到，据马宝山在《我为张伯驹购“游春图”始末》中记录：“他（指穆蟠忱）在与北京琉璃厂玉池山房马霁川、文镇斋冯湛如有合买‘东北货’之约。穆蟠忱曾在长春买过范仲淹书《道服赞》字卷，经李卓卿先生介绍卖给画商靳伯生。穆蟠忱为报答李卓卿介绍《道服赞》之情，对李卓卿说：‘我以廉价买得展子虔《游春图》，这件国宝能得厚利，到时候我也分你一份吧！’”

“李卓卿为人忠厚诚实，他和郝葆初、魏丽生、冯湛如等订约合伙买‘东北货’，不愿自得厚利，乃把郝葆初、魏丽生二人拉入伙内。这样，《游春图》为四大公、三小公所有矣。”

“那时全国各地书画爱好者和收藏家都想一睹为快，但马霁川等秘不示人，索价800两黄金，非巨商大贾不能入目。”

张伯驹慧眼识珠，于古书画鉴别十分精深。对从北京故宫流散出来的法书名画更是情有独钟。1927年，溥仪让人将宋代李公麟的《五马图》、黄庭坚的《诸上座帖》等四件字画拿到天津盐业银行抵押。当时，张伯驹正好在天津，力劝银行经理收下。此后，盐业银行又先后收买到文徵明《三友图》等多件故宫珍品，这些古字画后来大多为张伯驹购得。此时，张伯驹已锻炼出一副好眼力，通过收藏故宫珍品，鉴赏字画的功力更是炉火纯青。

那时，中国政局混乱，许多古董商唯利是图，致使大量国宝流落国外，张伯驹对此深感痛惜。最初，他收藏古字画仅仅出于爱好，这时却生发出一种责任感，以保护文物不外流为己任。正如他自己所说："予所收藏，不必终予身，为予有，但使永存吾土，世传有绪。"这是张伯驹一生收藏所遵循的信念，他也实践了这个诺言。

1946 年，由伪满皇宫散失出的书画陆续出现在北平的古玩市场。真迹与赝迹、精品与常品一时难以确认。张伯驹手拿一本旧日《故宫藏画目录》，看了一遍又一遍。另外，他广事搜寻流落在市场的书画，所知 1198 件。他据目录考定，除赝迹及不甚重要者外，精品只有 400 余件。一天，他致函故宫博物院，建议采取两项办法：其一，所有溥仪赏给溥杰的字画文物，不论真赝，统由故宫博物院购回；其二，选精品经过审查鉴定议价收回。按当时价格，不需要巨大的经费即可将大部分收回。但对张伯驹的建议，南京政府漠不关心，故宫博物院院长马衡也就无能为力了。于是，真迹、佳品大多流落于商人之手。一些古董商人见利忘义，绞尽脑汁，企图转手渔利，大发横财。狡猾的玉池山房老板马霁川从收购的几十件文物中，一边选出既真又精的珍品偷偷运往上海伺机转手获取重利，一边选出二十余件送与故宫博物院。院长马衡邀请张伯驹、张大千、邓述存、于省吾、徐悲鸿、启功等专家前往审定。

专家们一直期待着故宫博物院能更多地收回一些精品。不料，审定后，大失所望。在二十余件书画中，除明人文徵明书《卢鸿草堂十志》册，宋人摹本《斫琴图》，宋高宗书、马和之画《诗经·闵予小子之什》卷和清王原祁《富春山图》系真迹外，其余均是赝品。

专家鉴定以后，故宫博物院召开理事会议。张伯驹等人与会并发

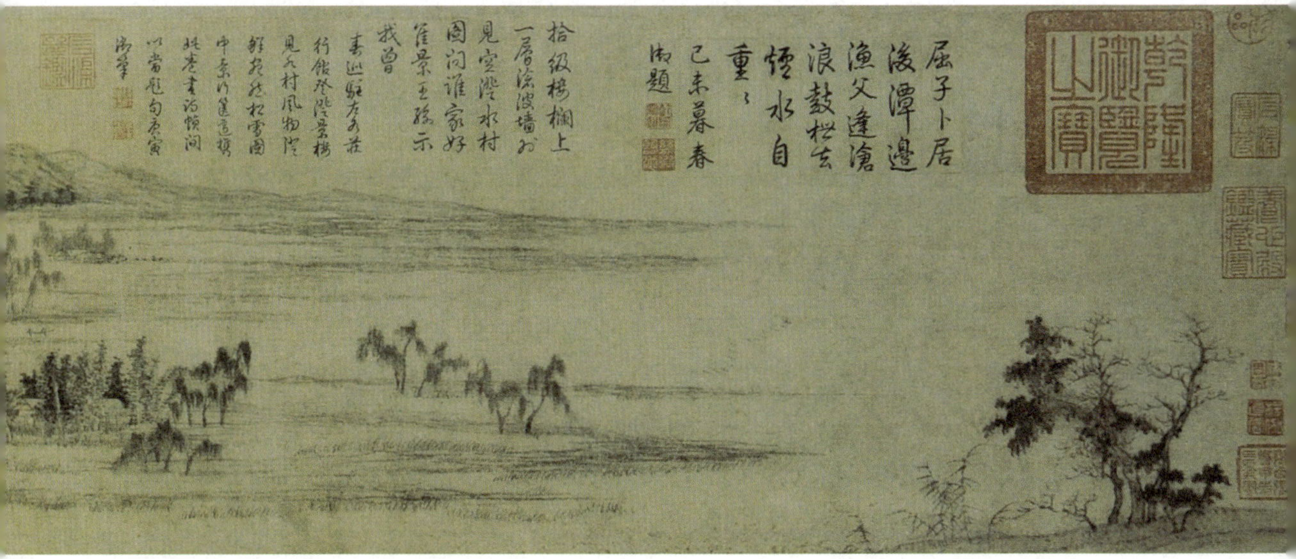

元·赵孟頫《水村图》

表意见，主张宁收一件精品，也不收若干普通之品。最后，会议决定收购宋高宗书、马和之画《诗经·闵予小子之什》卷、宋人《斫琴图》等共五件真迹，其余退回马霁川。

张伯驹虽一介书生，但对于收购文物一类事甚为精明。理事会闭会，张伯驹一脚门里一脚门外，他想转身回去，但又收回了身子。有人问："张先生犹犹豫豫，是何原因？"张伯驹并未作答，心里正嘀咕："此事蹊跷，太蹊跷了，莫非马霁川是在……"

果不出所料，马霁川是在捣鬼，想来个鱼目混珠。马霁川之所以给故宫博物院送去书画二十多件，意在以伪迹及平常之品售与故宫博物

院，既可稳住北平城里关注此事的收藏家和鉴赏家们，又可以收回本金而有余。转移了注意力后，他便乘机将其余真精之品全部运往上海，售与洋人。就在张伯驹等人鉴定的同时，他已将唐代陈闳的《八公图》和钱选的《杨妃上马图》两件真迹售往国外，而故宫博物院院长、专家们尚蒙在鼓里，马霁川甚为得意。

此时，张伯驹得到消息，《游春图》竟然也落到了马霁川手上，他异常着急，唯恐这件重要国宝被卖到国外，匆忙赶去与马霁川接洽。但马氏索价800两黄金，这是张伯驹拿不出来的。

但张伯驹不愿弃之不问。他前去拜见故宫博物院院长马衡，陈述该卷当收归故宫博物院。但马衡院长表示，故宫连日常维护的经费尚且不足，实在没有能力收购。

无奈之下，张伯驹决定自己解决此事。他平生淡泊洒脱，可一旦认真起来，就会显出超人的精明和聪敏。他连日到琉璃厂去，遍走荣宝斋、一得阁、德古斋、庆云堂等字号，每到一处，就大声宣扬："有一幅《游春图》，此卷有关中华民族的历史，万万不能出境。谁为了多赚金子把它转手洋人，谁就是民族败类，千古罪人，我张某决不会轻饶他。"

以张伯驹的身份，此事很快渲染得满城风雨。马衡院长、其他关注此画的人和张伯驹等反复研究、磋商，最后请托墨宝斋的马宝山、崇古斋的李卓卿出面与马霁川洽商此事。马霁川见《游春图》一事已闹得满城风雨，他再转手洋人亦很困难，还会有很大麻烦，又经马宝山、李卓卿的多次通融，他同意降价，以220两黄金的价格让给张伯驹。当张伯驹最初接到马宝山的电话时，曾激动地大声嚷道："我感谢您，我代表我们的子孙后代谢谢您！"电话一挂，仔细一想，张伯驹是又喜又忧。喜者，《游春图》不会转手洋人；忧者，《游春图》要价仍然太高。

当时，220两黄金绝非一个小数目，对张伯驹来说已力不从心。十几年里，他手里的钱几乎都买了古书古画，因屡收宋元巨迹，万贯家财已经用尽，手头拮据。表面上家大业大，其实内里早已困窘了。前不久，琉璃厂文物收藏者靳伯声为所藏北宋著名画家、诗人文同作跋的范仲淹的《道服赞卷》寻找买主。张伯驹一见，此帖是范仲淹为友人所制道服撰写的赞文，也是范仲淹的传世手迹。此帖为楷书，行笔瘦劲，风骨峭拔如其人，诚得王羲之所书《乐毅论》笔法。卷中宋印鲜艳夺目，北宋文同之跋亦极罕见。张伯驹见此真迹后食不甘味，为此变卖部分家产又加以举债，以110两黄金才将《道服赞卷》收归己有，因此手头也日益拮据起来。

为能尽快得到《游春图》，免得夜长梦多、节外生枝，思来想去，最后张伯驹只好忍痛将自己位于弓弦胡同占地15亩的房院出售。这是一处豪宅，原为清太监李莲英私邸，也是张伯驹最有价值的家产了。里面有四五个小院子，花草、果树都有，好几个会客厅、长廊，一向追求雅致生活的张伯驹十分喜爱这所宅院，但为了购买《游春图》，张伯驹已顾不上考虑其他了。经过与相邻的北平辅仁大学几经讨价还价，张伯驹忍痛将豪宅易主，最终以 2.1 万美元出售。张伯驹又将美元换成 20 条黄金，因不是港条，成色差，还是凑不够事先商定的黄金两数，怎么办？

夫人潘素看到张伯驹真是没办法了，她便打开自己不轻易打开的箱子，拿出一包一包的衣服，从箱子底层取出一个包裹，一层一层地打开，缕缕金光闪射。她用手抚摸着心爱的首饰，看了一会儿，又一层一层地包好，递给丈夫说："差人去把它卖掉吧。"张伯驹又忍痛卖掉了夫人的首饰。到了约好的成交之日，张伯驹、李卓卿同到马宝山家办理手续。李卓卿又请来自己的一位会鉴别黄金成色的黄姓亲戚，对金条进行成色鉴别，以试金石验之，因其成色太差，只有足金 130 多两。最后，张伯驹答应尽快想法补齐，并由马宝山担保，李卓卿才亲手将《游春图》交给了张伯驹。至此，《游春图》才最终为张伯驹所购得。后经几次补交，到补足 170 两黄金时，历史的时针已指向 1949 年年初，此时北平已和平解放了，新旧交替，社会快速变革，穆蟠忱、马霁川已无暇顾及旧账了，张伯驹这才不再补交黄金了。直到 1970 年的一天，张伯驹在北京见到马宝山时还问当年购画所欠的黄金怎么办？马宝山说："形势变了，对方完了，我也完了，你也完了，这事全完了。"说完，二人相

隋·展子虔《游春图》

觑大笑。为答谢马宝山，潘素又绘山水画一幅相赠，夫妇俩还与马宝山合影留念。1980年，张伯驹又书嵌名字对联一副送给马宝山，再示谢意。其联语是：“宝剑只宜酬烈士，山珍合应供饕夫”。该联语将马宝山的名字借谐音嵌入其中，颇具张伯驹的天真和书生气。

了解了张伯驹得到《游春图》的经过，我们才能理解他得到这幅“中国第一画卷”后的欣喜。

《游春图》购得一个月后，南京总统府秘书长张群来北平，第一件事就是询问《游春图》，并给张伯驹来函，表示愿以500两黄金收藏。张伯驹暗暗生气，故宫博物院连维修经费都得不到保证，张秘书长何以如此大方，张口就是500两黄金？于是复函：“张伯驹旨在收藏，贵贱不卖，恕君海涵。”

张伯驹自号“好好先生”，不是想当好好先生，而是因得到了杜牧的《张好好诗》。由于年代久远，唐人真迹传世极少，名诗家手迹更是寥若晨星。杜牧的《张好好诗》等

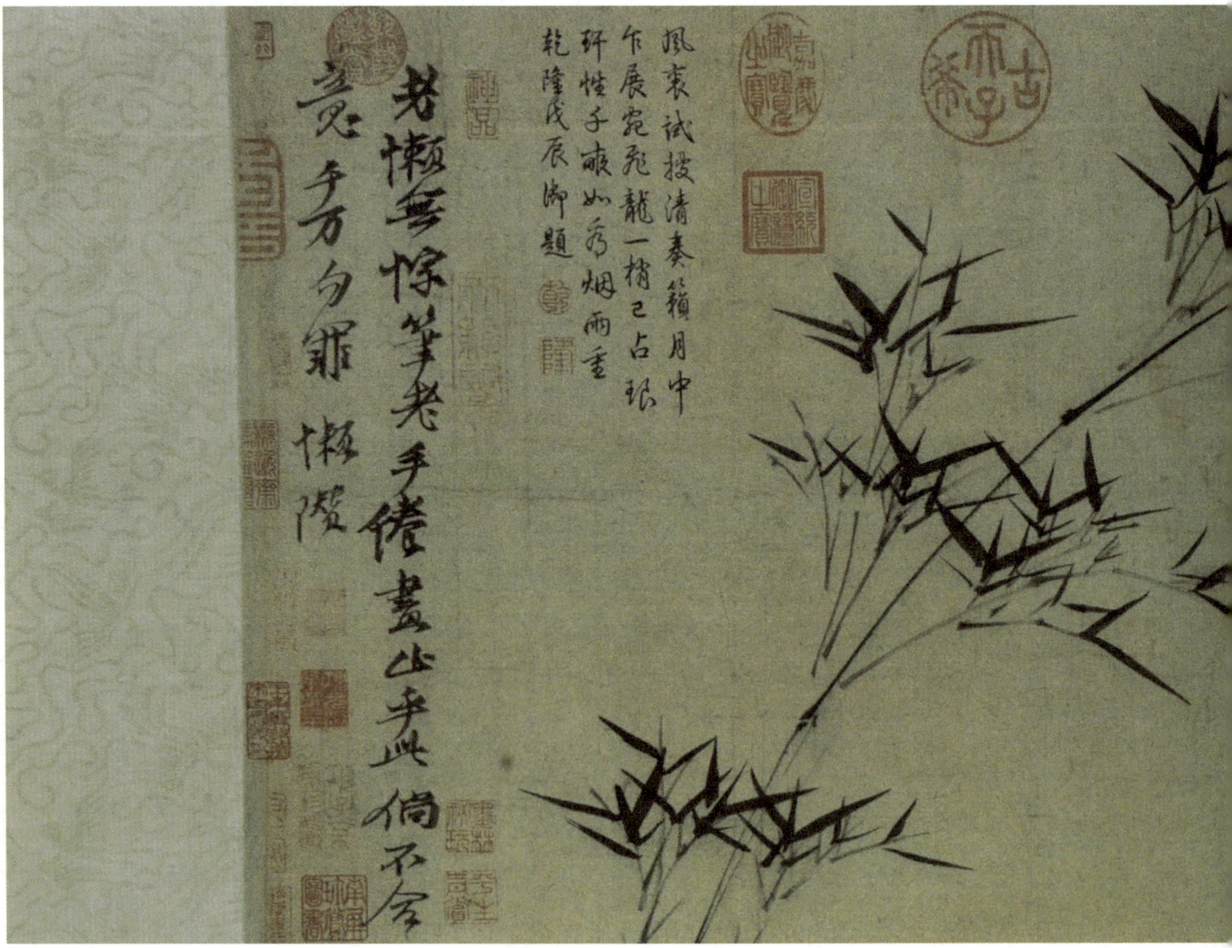

真迹能传承至今，简直是奇迹。

《张好好诗》可说是杜牧的手稿，纸本，行书，长达162厘米，是唐代诗人、书法家杜牧的仅存墨迹，也是稀见的唐代名人书法作品之一。不仅诗篇文笔委婉，书法亦为杰作，写得起伏跌宕，潇洒自如，一派清新刚劲之气流溢于字里行间，与诗篇相得益彰。张好好是一名歌妓，容颜娇美，才华出众。杜牧的这首五言长诗，就是为她而作，并对她的不幸寄予无限同情。杜牧本来就是书法大家，董其昌云："颜（真卿）柳（公权）以后，若温飞卿、杜牧之，亦名家也。"在唐代以法相胜的风气里，杜牧凭其才气将《张好好诗》写得潇洒飘逸，笔势飞动，直逼晋人之韵，古人评为"牧作行草，气格雄健，与其文相表里"。

杜牧的这份珍贵手迹卷前有宋徽宗赵佶书签"唐杜牧张好好诗"，

元·倪瓒《竹枝图》

张伯驹夫妇还是陈毅元帅的好朋友，特别是张先生将大批名帖字画捐献后，1961 年，经陈毅元帅介绍，张伯驹被吉林省文化厅邀请去参加东北地区的文化建设工作，任吉林省博物馆副馆长。在这里，张伯驹如鱼得水，充分施展出自己的艺术才华，将自己对文物的收藏、整理、鉴定方面的知识和经验毫不保留地贡献出来，使当时吉林省的文化和博物馆事业出现了非常可喜的景象。他一方面对馆藏文物书画作品重新进行整理鉴定，教授年轻同志文物知识，培养业务骨干；另一方面，为丰富博物馆藏品数量，组织人力，抽调人员，对历代书画、文物进行寻找和挖掘。在吉林省博物馆工作期间，张伯驹还把自己多年来收藏的三十余件书画及文物作品捐献出来，其中许多作品极为珍贵，有一些属海内外孤本。20 世纪 70 年代，张伯驹还曾把自己收藏的脂砚斋藏书捐赠给吉林省博物馆，这是首次在国内发现的有关批阅《红楼梦》的脂砚斋的文物。而且，一些稀世罕见的书画作品如宋代杨婕妤的《百花图》、宋代拓本《九成宫醴泉铭》册、宋代《仙峤白云图》等也都捐献出来。

已知我国现存最早的一件女性画家的作品是南宋女画家杨婕妤的《百花图》。此绘画长卷现为吉林省博物院的镇院之宝，是 20 世纪 60 年代收藏家张伯驹先生捐赠给吉林省博物馆的。《百花图》是一件流传有序的书画作品，曾著录于《石渠宝笈初编》、吴其贞《书画记》和张伯驹《丛碧书画录》。该画卷在乾隆时期收入清内府收藏，清朝灭亡后，末代皇帝爱新觉罗·溥仪从北京故宫将此画卷以赠送其胞弟溥杰的名义携带出宫，后辗转藏于长春市伪满皇宫小白楼内，1945 年日本帝国主义投降，溥仪仓皇逃亡通化大栗子，《百花图》散失于民间。1955 年，《百花图》曾在长春市内被发现，后流入北京市被收藏家张伯驹收藏。1964 年，张伯驹任吉林省博物馆副馆长期间，将《百花图》捐赠给吉林省博物馆收藏至今。张伯驹曾经这样表述："我终生以书画为伴，到了晚年，

南宋·杨婕妤《百花图》

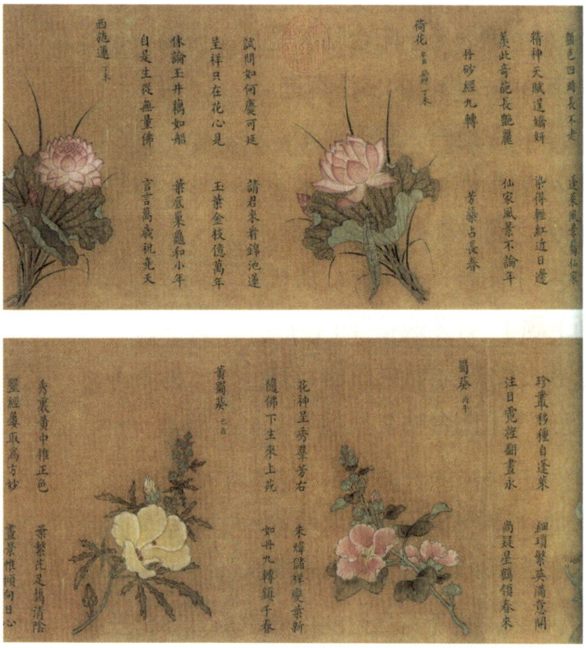

身边就只有这么一件珍品，每天看看它，精神也会好些。”但这样一件被他视为精神慰藉的作品，最后也捐了出去。

“论收藏，一般分四个层次：一是变财，二是休闲，三是研究，四是保护。张伯驹先生则是达到最高层次的人物。”

艺术大师刘海粟曾说：“他是当代文化高原上的一座峻峰。从他那广袤的心胸涌出四条河流，那便是书画鉴藏、诗词、戏曲和书法。四种姊妹艺术互相沟通，又各具性格，堪称京华老名士，艺苑真学人。”

与以往时代收藏不同，张伯驹和夫人潘素，不是把个人的收藏视为己有。人生有限，文物永生。以往的收藏家也许有这样的认识，因此把个人的收藏视为“云烟过眼”，或者认为自己收藏只是“暂时”的，但是他们仍然认为是自己私有密藏，只有当现代民主化思想兴起时，才有不少收藏家把先民创造的文化瑰宝视为人民所共有，张伯驹和潘素即其中之突出者，他们把自己用巨资购藏和用心血保护的国宝级文物无偿地捐献给国家，表现出了他们崇高无私的精神，这岂止是以往各朝代的收藏家们不可思议的壮举？

所以，“中国第一收藏家”的称谓，张伯驹当之无愧。

三、张大千与《韩熙载夜宴图》

张伯驹曾卖房买名画《游春图》，国画大师张大千也曾有弃房买名画《韩熙载夜宴图》的壮举，而且巧合的是，两张名画都是从北京玉池山房书画铺购得的。这两件国宝以重价购回，在20世纪40年代被国画界传为佳话。

《韩熙载夜宴图》是一幅由南唐后主李煜亲手促成的画作，有着非同凡响的绘画表现形式和艺术水准，成为世人公认的国宝。那么，这幅画作背后到底潜藏着怎样的传奇旧事呢？

《韩熙载夜宴图》是中国画史上的名作，中国十大传世名画之一。它以连环长卷的方式描摹了南唐巨宦韩熙载家开宴行乐的场景。韩熙载为避免南唐后主李煜的猜疑，以声色为韬晦之计，每每夜宴宏开，与宾客纵情嬉游。此图绘写的就是一次韩府夜宴的全过程。这幅长卷线条准确流畅，工细灵动，充满表现力；设色工丽雅致，且富于层次感，神韵独出。

《韩熙载夜宴图》是五代画家顾闳中所作。这幅画卷不仅仅是一幅描写私人生活的图画，更重要的是它反映出那个特定时代的风情。由于作者的细微观察，不放过任何一个细节，把韩熙载生活的情景描绘得淋漓尽致，画面里所有人物的音容笑貌栩栩如生。

在这幅巨作中，有四十多个神态各异的人物，蒙太奇一样地重复出现，各个性格突出，神情描绘自然。这幅画从一个生活的侧面生动地反映了当时统治阶级的生活场面。画家用惊人的观察力和对主人公命运与思想的深刻理解，创作出的这幅精彩作品值得我们永久回味。

《韩熙载夜宴图》是一幅承载了太多内容的画，不论是画技、历史、内涵，还是背景，都是一幅值得人们去铭记的画。这幅画留了下来，表明了文化和历史的流传有序。

《韩熙载夜宴图》成为北宋宣和内府珍藏之物收进《宣和画谱》中。后来，《韩熙载夜宴图》随着朝代更迭而流落民间，清康熙年间被四川巡抚年羹尧偶然所得，后由于年羹尧遭到雍正皇帝猜忌而获罪被诛，这幅画作也就被抄没进入清宫内府，遂成为书画鉴藏爱好者乾隆皇帝的珍爱之宝。乾隆六十年，乾隆当太上皇，移居宁寿宫，带去展玩的书画皆为精品，此图亦放其中，故钤“太上皇”一玺，并一直在清宫中珍藏至清王朝覆灭。

末代皇帝溥仪在被逐出宫前，《韩熙载夜宴图》亦被盗运出宫。后随着溥仪至长春收藏在伪满皇宫，由于伪满洲国的覆灭，这幅画被伪满禁卫军抢掠，又散佚民间成为轰动一时的“东北货”之一。再后来，北平琉璃厂玉池山房古玩铺老板马霁川购得此画，并一直囤积居奇、待价而沽。

1945 年深秋，张大千曾一度借居在北京颐和园内。他打算在北京定居，其时正巧有一清王府出售，张大千看房后很是满意，便与房主谈妥了价钱五百两黄金，并交付了定金。

一日，张大千从一位古玩商的口中得知一惊人消息，五代南唐顾闳中的《韩熙载夜宴图》被北京玉池山房老板马霁川购得。张大千闻讯后想买下这幅名画。《韩熙载夜宴图》乃国画之粹，稀世珍宝，被历代帝王、名士珍藏。自从溥仪将此画带至东北长春伪满皇宫后便流于宫外。想不到，《韩熙载夜宴图》又辗转流落到了北京。

当日晚上，张大千在学生萧允中的陪同下前往玉池山房。玉池山房的掌柜马霁川见张大千师徒光临，拱手相迎。张大千与马掌柜交谊甚厚，开门见山便问此画。马掌柜道：“您来得正是时候。”满脸笑容地把张大千迎请到内室，他边说边从一个紫檀木大立柜中取出一个用锦缎层层叠叠包裹的包袱，轻轻地放在写字台上，然后小心翼翼地展开他新近收购的“东北货”——《韩熙载夜宴图》。打开三层锦缎，一件尺余高的手卷呈现在张大千眼前。看到这幅南唐顾闳中的绝世名作，他按捺不住狂跳的心，迫不及待地展开画卷观赏。张大千只看了一眼就不由露出极为惊讶的神情，难道这就是南唐著名画家顾闳中的《韩熙载夜宴图》吗？张大千惊喜不已，立刻决定买下此画。张大千曾亲自对朋友说："观之狂喜，觉得非买不可。"马掌柜见货遇识家，张口开价五百两黄金，竟与王府宅第价钱一般无二，张大千不假思索地就答应了。马掌柜相信张大千的人品，也怕节外生枝，当下就让张大千挟名画离开了。

张大千带着画卷来到叶公绰家，两人再次同赏这件稀世名画，认定这幅《韩熙载夜宴图》绝对是真品，不是赝品。可钱从何而来呢？张大千当即作出决定：舍豪宅而购名画。他感慨而言："房子以后还有，而此图一纵即失，永不再返。"张大千次日筹足了黄金，交付玉池山房，将《韩熙彰夜宴图》收入名下。

张大千得到《韩熙载夜宴图》后，一连几天闭门谢客潜心研究，不时展玩此卷，视为无上珍宝。他专为《韩熙载夜宴图》刻了一枚印章，加盖在图卷上，文曰："东南西北，只有相随无别离。"以此表达自己对这幅画作的珍爱之情。张大千一生，视自己收藏的古字画为珍宝，已到了痴迷的程度。

1950 年，旅居香港的张大千准备移居巴西，由于资金不足不得不出售自己多年购藏的部分法书名画，包括五代南唐顾闳中的《韩熙载夜宴图》、五代南唐董源的《潇湘图》和元代方从义的《武夷山放棹图》三幅无价国宝。以其当时的名誉声望，若将此事委托外国友人料理，或交由香港、纽约、伦敦等多处拍卖行代为拍卖，必能拍得高价。

可是，面对国宝画卷《韩熙载夜宴图》，张大千无论如何也不希望它被外国人买走，他认为如果这幅画作从自己手中流失海外的话，他将成为祖国的千古罪人。考虑到名画流落海外不妥，对不起祖宗，留给我国台湾地区也不妥，最后决定留给大陆，留给生他养他的祖国。当时，在香港的国民党特务多如牛毛、无孔不入，张大千考虑此画不能直接转给大陆，须有第三者介入以免引起麻烦。1952 年初秋，张大千便将自己这一想法透露给大陆有关人士，希望自己购藏的《韩熙载夜宴图》能够回归祖国。

果然，时任文化部文物局局长郑振铎得知这一信息后，立即向周恩来总理作了详细汇报，并建议中央回购这幅具有重大历史与艺术价值的国宝级画作。一贯重视文物事业的周总理随后作出批示，同意回购，并紧急在北京南池子欧美同学会小礼堂召见徐伯郊，亲自部署由他与张大千直接协商有关回购事宜。

领受这一秘密任务后，徐伯郊返回香港便拜访了与父亲徐森玉堪称挚友的张大千，两人协商后，终于想出了一个安全稳妥的方式，那就是先由张大千以极低价格将《韩熙载夜宴图》《潇湘图》《武夷山放棹图》转让给一位可靠友人，但是明确要求这位友人必须将这三幅画作价让给文化部文物局。

一切协商妥当之后，郑振铎在周总理的亲自安排下赶赴香港，以不足原价数十分之一的 3 万美金成功地回购了这三幅画作。换句话说，张大千是将《韩熙载夜宴图》等稀世国宝无偿地捐赠给了祖国。如今，顾闳中的《韩熙载夜宴图》被珍藏在北京故宫博物院，成为一件镇院之宝。

故宫博物院在收到张大千这三件国宝和十几件古书画后，有关部门当即在故宫举行了“特展”，各界人士踊跃参观，一时之间轰动了国内外。

郑振铎还专为画展撰文，发表在《人民画报》上。之后不久，郑振铎又在致友人的信中兴奋地写道：“近几天来，收到的唐、宋、元的名画真迹极多，心里万分高兴。有的是向来不曾见之于‘著录’的，但最大多数还是溥仪携出故宫的东西……研究中国绘画史的人，大可有‘左右逢源’之乐了。汰尽伪品，独显真相，这是前人所未曾有的‘幸福’。而这‘幸福’，我们在毛泽东时代实现了！”

从张大千朋友手中以原价购回三幅国宝，此等名卖实赠之举，免除国宝流落海外，可谓功德无量。而张大千对祖国乡土的眷恋之情，亦昭然可见。

四、郑洞国的收宝与献宝

1946 年，时任国民党东北“剿总”副司令、吉林省主席的郑洞国来到长春。他在长春两年多的时间里，十分注意收集从伪满皇宫流失的国宝。对散佚书画极为关心，一直留心访求。

五代·顾闳中《韩熙载夜宴图》一

当时的长春，由于日本投降、伪满洲国土崩瓦解，政局动荡，民心惶惶不安。而北京、上海、天津、沈阳的古玩商人却云集长春，都在搜寻猎取从小白楼散佚出来的书画，由于物价飞涨、货币贬值，那些国宝级的书画都是用黄金作为筹码进行交易的。没有相当的经济实力，当然也不能染指那些国宝。郑洞国作为东北地区军事机关的负责人之一，在这场对国宝的角逐中，具有得天独厚的条件。他本人喜欢古玩字画，又邀来跻身于北京琉璃厂经营文物字画的靳伯声代为收购，虽然平时深居伪满中央银行的地下室中，但他利用自身优势，在军务之余，用重金购得的这批“东北货”中至少有二十件左右的宋元书画。他收藏过的国宝有：唐代《万岁通天帖》、阎立德的《职贡图》、李公麟的《吴中三

五代·顾闳中《韩熙载夜宴图》二

五代·顾闳中《韩熙载夜宴图》局部

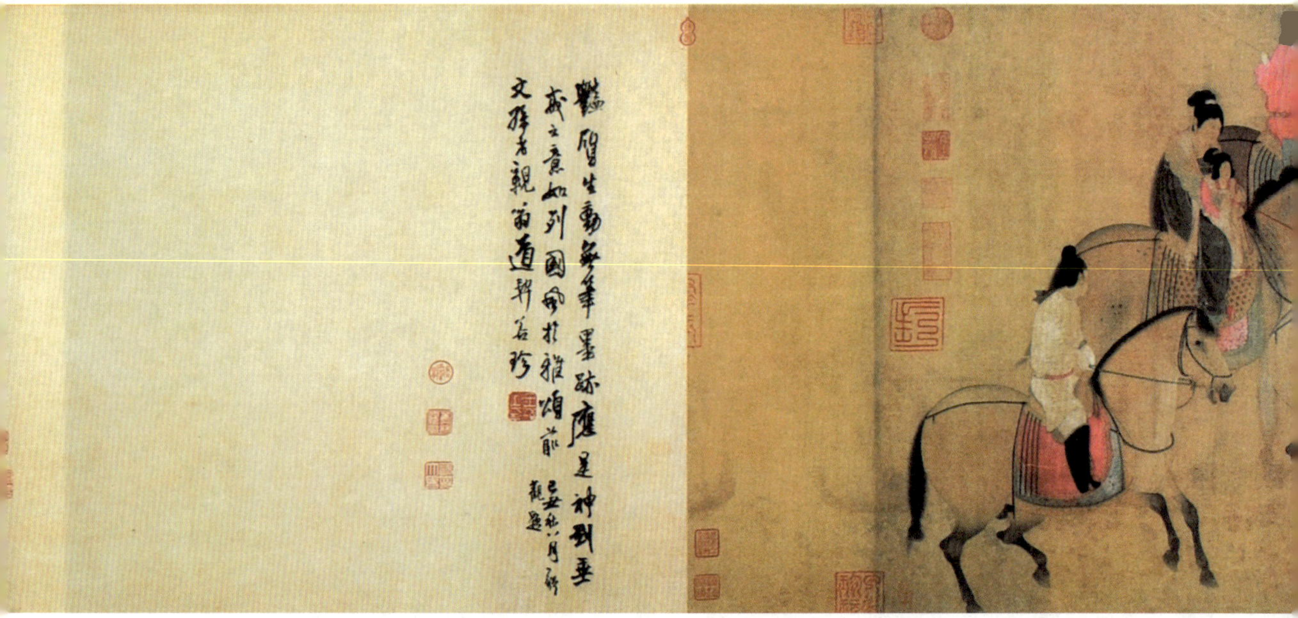

保护时负责派兵。林枫多次在不同场合说：“东北这块地方是满族发祥之地，王公贵族很多。溥仪又带出一批清朝的遗老遗少，他们带到这里的珍贵文物一定不少，要注意搜集和保护这些历史遗产。”

林枫多次在打扫战场时、在部署工作时、参加会议作报告时，不断地向干部战士宣传保护文物的重要意义，并指定专人负责收集文物，而且多次询问文物收集工作的情况。他还组织颁布了《东北解放区文物古籍保管办法》，亲自组织和参与清宫散佚书画、古籍善本及其他重要古籍的保护工作。

部队干部张克威同志通过当地干部收集到从伪满皇宫流散出去的珍贵字画十余卷，其中就有宋代张择端画的长卷《清明上河图》，他将这十余幅卷轴交给林枫。林枫立即请来东北文物保管委员会的同志组织鉴定，后该画由东北博物馆珍藏。到 1949 年时，共收集到《溥仪赏溥杰书画目》中记录在册的书画 140 多幅。

1948 年 11 月，东北文物管理委员会在哈尔滨正式成立后，将此前缴获的清宫散佚国宝暂存于长春东北人民银行。1948 年，担任东北行政委员会主席的林枫决定将解放长春时保存下来的文物运到沈阳，并积极筹备成立东北博物馆（辽宁省博物馆的前身）。1949 年 7 月 7 日，

北宋·摹唐代张萱《虢国夫人游春图》

新中国成立的第一座博物馆——东北博物馆正式对外开放，暂存于东北人民银行的清宫散佚国宝一并转入该馆收藏。随即，原东北局文化部组成了国宝调查组，在不到半年的时间里，根据能够找寻到的线索，迅速将散佚东北、华北各地的部分清宫书画搜集入馆，并对清宫散佚国宝进行鉴定和整理。

清宫散佚国宝中还有宋元版书籍二百部。1946 年 4 月间，长春形势不容久留，所以得把一些必要的物资运出来。伪满皇宫里，堆放着国民党未来得及运走的一大批书箱，有人打开一个看了一下，发现是一部《四库全书总目》，以为箱子里是一整套《四库全书》，就报告了林枫。林枫知道东北有一部文溯阁的《四库全书》，是全国仅存两部完整的原本之一，是国宝。这套书伪满时期放在哪里，无从知道，现在既然在这里发现了，就立即命令运出去。当时有人反对："这个时候不拉汽油要拉书？""不运军火，运古董？"但林枫坚持把这批书运到哈尔滨，放在东北日报保管。经查看，虽然不是《四库全书》，其中却有不少是乾隆内府"天禄琳琅"所藏宋元善本。为了将在战争期间抢救下来的图书保存好，林枫在 1947 年开始筹建东北图书馆。

原任辽宁省图书馆馆长的赵琦同志，当年曾经参与了筹建东北图的刘国贤觉得形势不利，思来想去又交出了七件更珍贵的国宝。加到一起，刘国贤一个人就上交了三十八件珍贵书画。

六、博物馆的征集与收藏

一座宫殿以及宫殿中的奇珍异宝承载着几千年的文明传承和几百年的风云变幻。如今，故宫文物的身影遍布世界各地，每一件文物背后都有一个或辛酸或离奇或曲折的故事。他们的命运轨迹也标示着一个国家、几个朝代国运兴衰的历史足迹。文物的流向往往和国家的命运紧密相连。清末以来，故宫文物几经沧桑，有的散落民间，有的流落国外，成为中华文明的传播者，也成为中国百年屈辱的阴影。

关于溥仪盗运出北京故宫并已散佚的书画数量，据1925年北洋政府组织编写的《故宫已佚书画目》的统计，为1200件；据杨仁恺《国宝沉浮录》的统计，为1331件，此数量更接近实际，多出的100余件，即学术界通常所指的“佚目外”作品。这1331件书画中，外流作品达113件，以宋元为主，多为珍品；已完全毁掉的作品6件，私家收藏约40件，余则分藏在国内各博物馆，以北京故宫博物院、辽宁省博物馆、吉林省博物馆收藏比例较大。同时，北京及各地博物馆也分别收藏了一些，其中不乏中国香港、美国等地的博物馆。据考证，美国至少有6家博物馆藏有“东北货”， 件件都是铭心绝妙之品，其中尤以纽约大都会博物馆最多，如南宋画家李唐的《晋文公复国图》，就是在琉璃厂被一位收藏家买走后捐给了美国纽约大都会博物馆。目前，在日本、美国、英国、法国、俄罗斯、奥地利、德国、加拿大、意大利、荷兰、新加坡、土耳其、瑞士、瑞典、丹麦、挪威等国的博物馆还藏有清宫旧藏文物，但具体数字是多少，已无从考证。随着对外文化交流活动的不断增加，清宫散佚书画的下落及各自的归属，已经基本能够理出一个眉目。但令人遗憾的是，目前尚有少量《清宫散佚国宝目录》中述及的书画下落不明。随着我国综合国力的不断提升，相信这些流失在外的“东北货”最终会水落石出。

北京故宫博物院的珍藏

作为中国最大的博物馆，故宫博物院藏有历代绘画作品近5万件；近千件系国家一级文物，数量居全国各博物馆之首，几乎囊括了中国绘画发展各历史时期的名家名作。这些作品中，有不少为稀世之珍，或为历经劫难而流传至今的孤本真迹，或为美术史上大师巨擘的铭心绝品，精华荟萃，蔚为大观。绘画藏品也因此成为故宫博物院艺术藏品的重中之重。

故宫博物院的绘画收藏以明清宫廷旧藏为基础。历代帝王对书画珍玩的喜爱使大量艺术珍品汇入宫中，乾隆时期内廷收藏的历代法书名画就曾达数万件之多，存世的晋、唐、宋、元名画几乎搜罗无遗，可谓盛极一时。但随着清王朝的衰微崩溃，加之数次战乱兵燹，这些藏品有些被外国列强劫掠出境，有些被末代皇帝溥仪盗运散佚民间，至 1925 年故宫博物院成立时，初步清点的宫内藏书画数量尚不足 7000 件。1936 年，国民中央政府为躲避日寇劫掠，将文物南迁。1948 年，又将千余件绘画精品运往我国台湾地区，此时北京故宫所藏书画仅 5000 余件，而元以前的绘画作品更是散失殆尽。新中国成立后，中央政府非常重视故宫博物院的文物收藏工作，国家文物局在 20 世纪 50 年代先后数次将通过清查、整理、调拨、接收等各种方式收集的书画作品拨交故宫博物院，其中也包括国家以重金从境外购回的珍品。许多国内外爱国收藏家也纷纷将自己呕心沥血的秘藏无私地捐献出来，大大丰富了故宫的库藏。与此同时，自 1949 年以来，故宫博物院通过殚精竭虑、坚持不懈的收购和征集，发现并入藏了一大批绘画精品，使故宫博物院的绘画收藏体系日益完善。自 20 世纪 90 年代起，逐年兴起的拍卖风亦成为故宫博物院一个新的书画收藏来源。在社会各界的鼎力支持下，不少当年深藏大内、后又流散各地的绘画珍品在历经沧桑劫难后终于回归故宫博物院这座文化艺术遗产的宝库，被完好地收藏起来。这些蕴含着巨大艺术价值和历史价值的绘画精品将会奉献给广大艺术爱好者。

法书不同于书法。法书是对古代名家墨迹的尊称，包含着书法作品之楷模的意思。明清两代宫廷内府集中了历代法书作品，其情形见于康熙时所纂《佩文斋书画谱》和乾隆、嘉庆两朝所编的《石渠宝笈》三编等著录中。20 世纪初，溥仪退位前后，国宝流散而出。20 世纪中叶，一部分越过海峡，至今保存于台北故宫博物院。多年来，由于政府的关怀和收藏家（张伯驹、陈叔通、朱文钧、罗福颐、邓以蛰）的贡献，众多精品复归紫禁城，于是书法宝库得以重建，饮誉中外。故宫博物院收藏的欧阳询《卜商帖》《张翰帖》，西晋陆机《平复帖》，东晋王献之《中秋帖》、王珣《伯远帖》和唐代冯承素《摹兰亭序帖》《隋人书出师颂》《秋碧堂法书》《三希堂石渠宝笈法帖》是存世最早的一批法书名迹中的精品。而新近征集的原藏清宫、后流散于民间的隋人书《出师颂》则又是一件流传有绪、闻名于世的名迹墨宝，弥补了故宫藏品中隋代法书的不足，使故宫博物院两晋隋唐之早期法书名迹蔚成系列。

故宫博物院藏元代及以前绘画约 420 件，历代绘画精品有：

东晋：顾恺之《洛神赋图》和《列女图》。

隋：展子虔《游春图》。

唐：阎立本《步辇图》、韩滉《五牛图》、周昉《挥扇仕女图》、陆曜《六逸图》、唐人《宫苑图》。

东晋·顾恺之《洛神赋图》

五代：胡瑰《卓歇图》、黄筌《写生珍禽图》、周文矩《重屏会棋图》和《文苑图》（宋摹）、董源《潇湘图》、卫贤《高士图》、顾闳中《韩熙载夜宴图》、阮郜《阆苑女仙图》。

北宋：赵昌《写生蛱蝶图》、崔白《寒雀图》、郭熙《窠石平远图》、王诜《渔村小雪图》、李公麟《临韦偃牧放图》、张择端《清明上河图》、王希孟《千里江山图》、梁师闵《芦汀密雪图》、祁序《江山牧放图》，以及宋徽宗赵佶《雪江归棹图》、《芙蓉锦鸡图》和《听琴图》。

南宋：李唐《采薇图》、米友仁《潇湘奇观图》、杨无咎《四梅图》、李迪《枫鹰雉鸡图》、马和之《后赤壁赋图》、赵芾《江山万里图》、赵伯驹《江山秋色图》、赵伯骕《万松金阙图》、刘松年《四景山水图》、李嵩《货郎图》、马远《水图》和《踏歌图》、夏圭《遥岑烟霭图》、梁楷《秋柳双鸦图》、马麟《层叠冰绡图》、陈居中《四羊图》、陈容《墨龙图》、赵孟坚《墨兰图》、宋人《大傩图》、宋人《搜山图》、宋人《百花图》。

元：赵孟頫《人骑图》、《秋郊饮马图》、《浴马图》、《水村图》、《幽篁戴胜图》、《秀石疏林图》和《赵氏一门三竹图》（与管道升、赵雍合绘）；黄公望《天池石壁图》、《九峰雪霁图》和《丹崖玉树图》，吴镇《渔父图》、《枯木竹石图》和《芦花寒雁图》，王蒙《夏日山居图》和《葛稚川移居图》，以及倪瓒《古木幽篁图》、《幽涧寒松图》、《秋亭嘉树图》和《杨竹西小像》（与王绎合绘）；钱选《山居图》、李衎《竹石图》、高克恭《墨竹坡石图》、任仁发《张果见明皇图》、王振鹏《伯牙鼓琴图》、朱德润《秀野轩图》、曹知白《疏林幽岫图》、盛懋《秋江待渡图》、王渊《花竹锦鸡图》、柯九思《清閟阁墨竹图》、赵雍《挟弹游骑图》、王冕《墨梅图》（元五家合绘）、方从义《武夷放棹图》、顾安《幽篁秀石图》、周朗《杜秋图》、张逊《勾勒竹石图》。

元·赵孟頫《秋郊饮马图》

明清（可以作为一级文物评定标准的明清绘画作品）：王履《华山图》、沈周《仿董巨山水图》、吕纪《桂菊山禽图》、唐寅《事茗图》、仇英《人物故事图》、董其昌《高逸图》、王时敏《仙山楼阁图》、龚贤《溪山无尽图》、恽寿平《山水花鸟图》、金农《人物山水图》、罗聘《剑阁图》、任熊《姚大梅诗意图》。

故宫博物院藏元代及以前法书310件，历代法书精品有：

两晋南北朝：陆机《平复帖》、王献之《中秋帖》、王珣《伯远帖》、曹法寿《华严经》。

隋唐五代：隋人《出师颂》、冯承素摹王羲之《兰亭序》

宋·赵昌《写生蛱蝶图》

（神龙本）、虞世南摹王羲之《兰亭序》（天历本）、褚遂良临王羲之《兰亭序》（米芾诗题本）、欧阳询《张翰帖》和《卜商读书帖》、国铨《善见律》、李白《上阳台帖》、杜牧《张好好诗》、杨凝式《夏热帖》和《神仙起居法帖》。

宋：李建中《同年帖》和《贵宅帖》、林逋《自书诗》、范仲淹《道服赞》、欧阳修《灼艾帖》、蔡襄《自书诗》、文彦博《三帖卷》、苏轼《新岁展庆帖》和《人来得书帖》、黄庭坚《诸上座帖》、米芾《向太后挽词帖》和《苕溪诗》、薛绍彭《大年帖》、吴琚《寿父帖》、吴说《门内帖》、陆游《自书诗》、朱熹《城南唱和诗》、张即之《佛遗教经卷》、文天祥《上宏斋帖》。

元（故宫博物院元代法书收藏在国内外博物馆中名列前茅，如赵孟頫的上碑墨迹存世仅11件，故宫博物院独占4件，而鲜于枢唯一楷书和邓文原唯一长卷亦存于此）：赵孟頫《帝师胆巴碑》、鲜于枢《杜工部行次昭陵诗》和《道德经》、邓文原《急就章》、康里巎巎《谪龙说》、杨维桢《张南轩城南唱和诗》、周伯琦《朱德润墓志铭》、俞和《临定人肉武褉帖》。

明清（可以作为一级文物评定标准的明清法书作品）：宋克《急就章》、宋广《风入松词》、解缙《自书诗》、陈献章《大头虾说》、祝允明《歌风台诗》、文徵明《十札册》、王守仁《龙江留别诗》、董其昌《洨路马湖记》、傅山《草书孟诗》。

从上述北京故宫收藏的书画精品可知，精中取精、国宝中的国宝，基本上是溥仪盗走后又回归到北京故宫的，据统计共有250多件，虽然占院藏书画总数的比例不高，但鉴定为一级文物的占比相当高。这些法书名画是中国古代绘画、书法艺术传统精华的再现。

抗日战争胜利后，从长春伪满皇宫流散出去的“东北货”屡屡在北京的文物市场现身，自然也引起了故宫博物院的密切关注，并尽其所能收购了几件，但当时国内的战争形势使得国民党政权岌岌可危，哪还能顾得上这些国宝呢！故宫博物院申请的收购经费也是一次次落空，在有心无力的情况下，眼睁睁地看着国宝在文物市场上流转。

明·文徵明《浒溪草堂图》

1949年2月，北平和平解放后，故宫博物院发生了历史性的变化。

新中国成立以来，故宫博物院一直在为这些国宝重归故里而奔波。此时，从伪满皇宫中散佚出的“东北货”表面上已接近尾声，经费有了保障，但轻易也见不到以往经常出现的一些重要作品了。

当时的国家文物局和故宫博物院在征集工作中，通过各种渠道，采取种种办法，取得了可喜的成果。

提到故宫博物院对溥仪盗运的法书名画的征集与收藏，就不能不说到徐邦达。

新中国成立，徐邦达被新成立的上海市政府聘为文物管理委员会顾问，后调至北京就任中央文物局文物处业务秘书。从此，徐邦达开始了以收集、鉴定古书画文物为主的生涯。

1953年秋，徐邦达赴故宫博物院参与绘画馆的筹建工作。

新中国初创时，故宫博物院的文物仅是昔日紫禁城藏品的十分之一，书画卷册就更微乎其微了。紫禁城的藏品，除一部分法书名画被溥仪带到东北、大部分散落民间外，其余九成以上在解放前夕运去了我国台湾地区。

摆在徐邦达等人面前的是如何才能使故宫博物院绘画馆藏品尽快丰富起来。为此，他辛苦奔波于各地，悉心查访，任何一点信息、一点线索都不放过。就这样，短短数年，徐邦达等不辞辛苦，悉心查访，经发掘和抢救，绘画馆就汇集了3000多件“失散重聚”的珍品。其中，有元代著名画家、楷书四大家的《水村图》，五代后唐画家胡环的《卓歇图》，五代杰出书法家杨凝式的《夏热帖》，元代著名画家王蒙的《太白山图》等。

赵孟頫是元代著名书画家，也是开山水画新风的大家。大概因其书名太盛而掩其画名，传世画作相对较少，愈显珍贵。他仅存的几幅画卷皆为皇家收藏，《水村图》就是其中一幅。

北京琉璃厂，是徐先生经常光顾的地方。1953年的一天傍晚，他照例来此徘徊，无意间竟在宝古斋发现了《水村图》的线索。店老板告

明宣宗朱瞻基《万年松图》

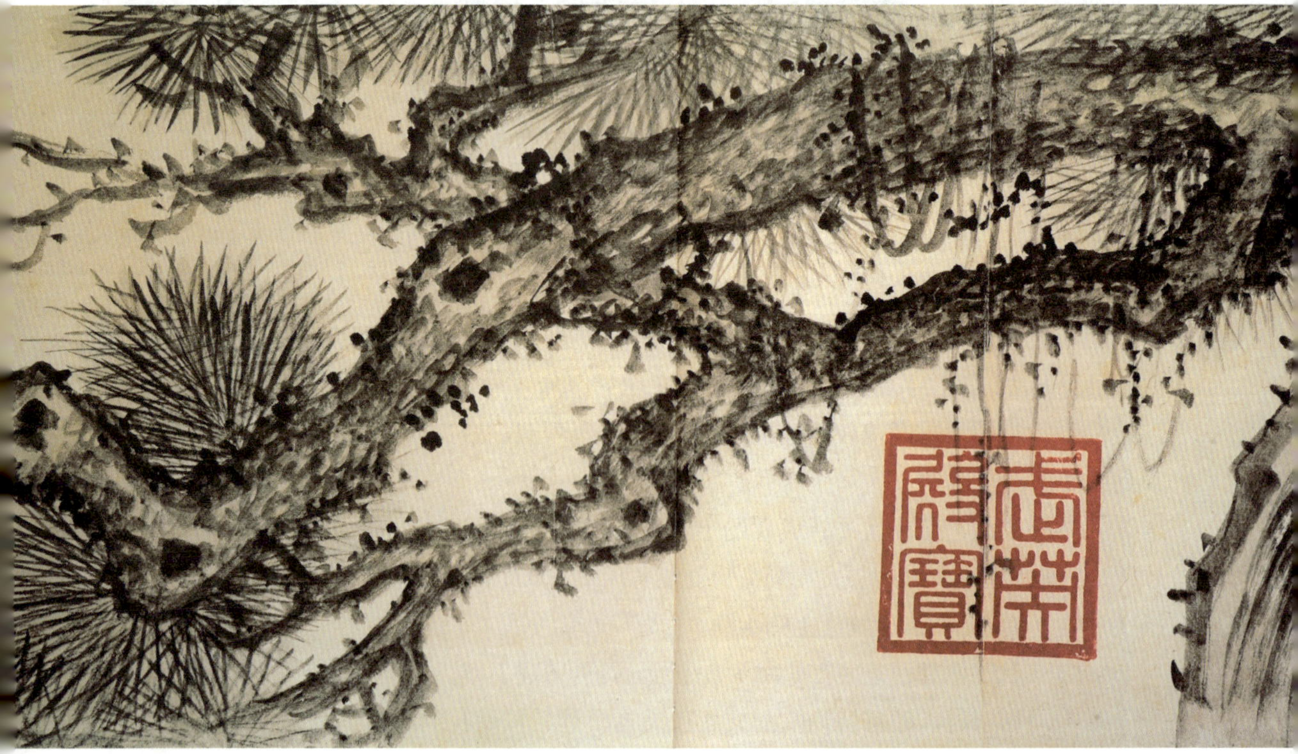

五代·韩干《神骏图》

诉他，前天有个来自东北通化市郊县大栗子沟的老者，到店里称其家藏有许多珍稀古书画，并开有一个单子，其中就有《水村图》。

老板见老者灰头土脸一副乡下人打扮，加之自己对古书画价值也有些懵懂，就没把这当回事。现在说给老相识徐邦达听，也只是聊博一笑。谁知说者无心，听者有意。徐邦达仔细看了单子，心一下就被《水村图》勾住了。

他记下单子的主人姓王，立即与东北的文物机构联系，点名要《水村图》，请他们快些派人到大栗子沟收购。去者是个书画鉴定的门外汉，花了 200 元，购得一帖有赵孟頫署名的卷册。

徐邦达展开那购回的卷册，简直哭笑不得。赵孟頫的山水画，采用的是干笔勾皴的方法，姿态纵横，轶出旧轨，此卷虽墨色斑驳，年代久远，但绝非出自赵氏之手。

为了《水村图》真迹，徐邦达找到一位熟识的文物商，委托他去东北收购《水村图》。这位文物商到大栗子沟，与王姓老者消磨了许多时日，交上朋友，闲聊中文物商得知原委。原来，那位收购员是以官方身份出现的，王氏怕露了底被国家无偿征收，所以才以假充真糊弄了他。文物商凭借私商的身份，以 8000 元买下《水村图》带回北京，徐邦达仔细鉴别后，认定是赵孟頫的真迹，遂说服文物局领导，加价二成，将卷册购回，由国家收藏。

类似的事例举不胜举，窥一斑即可见全貌。

从新中国成立开始，在国家的统一调配下，短短几年时间内，不少流散民间、流失海外及存放在东北、天津等地的一百多件国宝级书画陆续回到了故宫。1953 年 10 月，当故宫绘画馆揭幕时，轰动中外，成为当时中国文化界的一件大事。

现故宫绘画馆位于武英殿内，珍藏的绘画珍品囊括了中国绘画史上各个历史时期的名家名作，系统地展示了中国古代书法绘画艺术的发展进程和杰出成就。

其中，有不少闻名遐迩、国宝级的名家名作。例如，最早的名家存世画作东晋顾恺之的《洛神赋图》、最可靠的唐代真迹韩滉的《五牛图》、最著名的传世长卷北宋张择端的《清明上河图》、最绚丽的青绿山水画北宋王希孟的《千里江山图》，以及开宗立派大家诸如五代的董源、黄鉴，宋代的郭熙、赵佶、李公麟、米友仁，南宋四大家“刘、李、马、夏”，元代的赵孟頫，“黄、吴、王、倪”元四家等人的代表作，集中体现了中国古代绘画艺术传统的精华。

辽宁省博物馆的珍藏

辽宁省博物馆收藏溥仪散佚书画作品总数已达 146 件（组），是全国收藏晋唐宋元书画数量最多、品质最精的博物馆之一。多年来，这批溥仪散佚书画作品得到了妥善的保护、宣传和整理研究。在辽宁省博物馆旧馆，这批书画设有专门的库房，每件作品均配有专门的樟木画盒和绸布包袱皮。进入新馆后，专设的书画库房条件更加完善，恒温恒湿

元·钱选《秋江待渡图》

唐·韩滉《文苑图》

系统24小时不间断地运行，保存条件一流。同时，辽宁省博物馆还将这批书画进行了三十余次的专题宣传展示，其中以2004年辽宁省博物馆新馆开馆时举办的“清宫散佚书画国宝展”最具轰动效应。从2006年开始，“清宫散佚书画国宝展”已成为辽宁省博物馆常设专题展，定期轮换展品，常年供观众观赏。

1949年7月，溥仪散佚书画从东北文物保管委员会所在地哈尔滨安全运抵沈阳，入藏东北博物馆。这些珍贵文物是当时东北博物馆的资本，奠定了该馆在全国的地位。同年7月7日，东北博物馆（即现辽宁省博物馆）成立，大力开展文物整理与收集工作，组成国宝调查组，四处查访遗失在东北、华北各地的部分溥仪散佚书画，并着手对这些珍贵文物进行鉴定、整理。同时，进一步征集溥仪散佚文物，使得不少散落在民间的清宫散佚珍品回归国家收藏。

辽宁省博物馆的溥仪散佚藏品主要有四个特点：一是时代较早，以东晋、唐、宋、元为主，明、清的较少；二是这些藏品名家名品较多，在中国书画史上有重要影响，如怀素的《论书帖》、张旭的《古诗四帖》等；三是可以根据这些藏品勾勒出一定脉络，显示出中国书画的发展史；四是以手卷、册页为主，这是由于早期书画大多以手卷、册页为主，同时也由于溥仪偷运出宫时主要依靠溥杰等用作书包的两个包袱装运，无

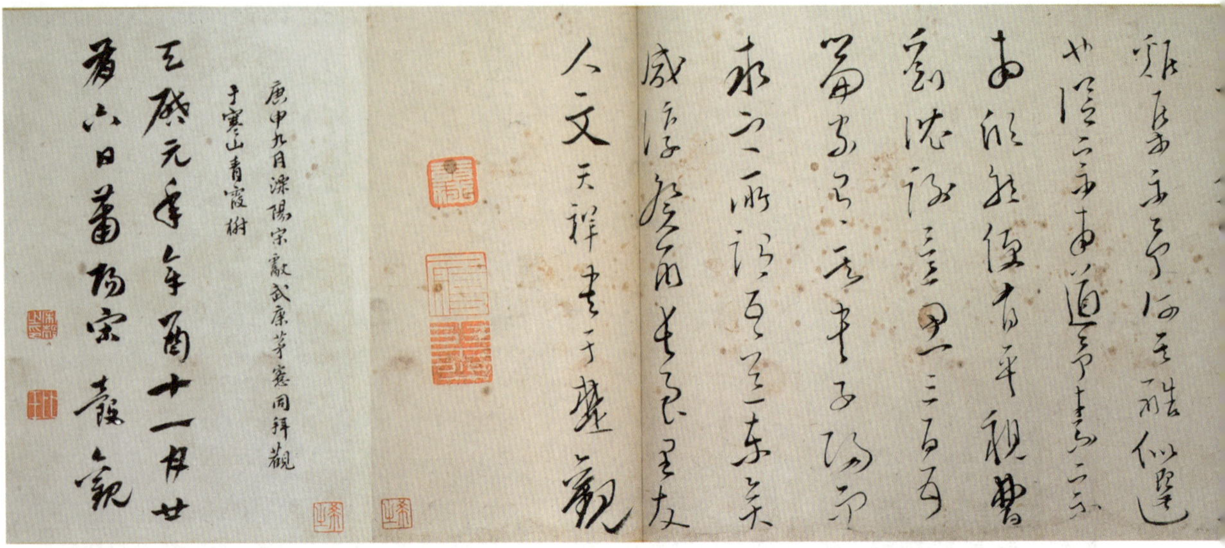

法带较大的立轴作品。

东北人民政府成立后，1952 年春，东北文化部成立了三人小组，集中清查伪满皇宫散佚的书画，杨仁恺是清查书画工作的主要业务骨干。工作组在长春、沈阳、兴城、天津等地积极宣传党的文物政策，追踪“国宝”，智斗奸商，顺藤摸瓜，艰苦斡旋，在短短的几个月中即清查收回清宫散佚文物 170 种 319 件，其中大多是美术史上具有代表性的经典作品。民间征集工作一直在持续，直到 20 世纪 80 年代初，还有一位来自营口的老先生捐献了 8 件清宫藏品，这是 1945 年他在伪满皇宫获得的。

从解放战争到新中国成立初期，在东北人民政府和东北民主联军的组织领导下，经过革命前辈和老一代文博工作者的艰苦工作与不懈努力，这批散佚作品陆续在各地被查获和征集，在东北博物馆成立前后分别由东北文物保管委员会和东北人民银行转拨东北博物馆入藏，包括唐摹《王羲之一门书翰》、唐周昉的《簪花仕女图》、北宋摹唐张萱的《虢国夫人游春图》、北宋张择端的《清明上河图》、宋徽宗的《草书千字文》等书画珍品 130 余件（组）。1953 年，遵照中央文化部指示，将 1952 年经杨仁恺、赵奇、阎万章等人在长春、兴城、天津等地清查出的包括唐韩滉的《丰稔图》等在内的 130 件书画珍品拨交北京故宫博物院收藏。1957 年，又将五代黄筌的《写生珍禽图》、北宋张择端的《清明上河图》、北宋李公麟摹韦偃的《牧放图》、南宋赵伯驹的《江山秋色图》拨交北

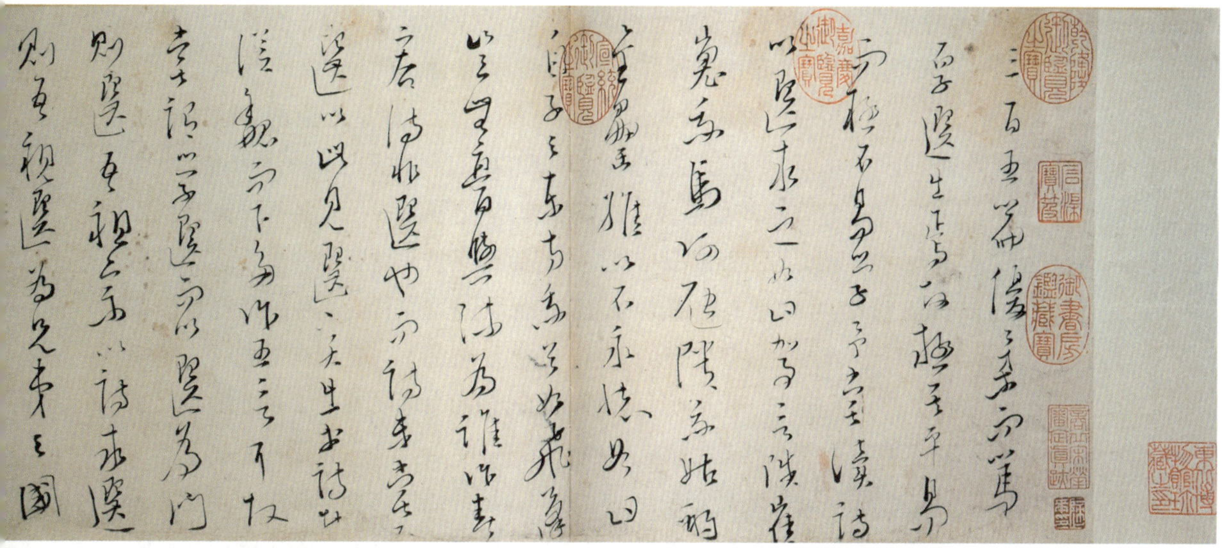

南宋·文天祥草书《木鸡集序》

五代·黄筌《写生珍禽图》

京故宫博物院收藏。如此大批量高水平的书画涌入故宫，骤使故宫具备了举办历代绘画展的条件，故而故宫成立绘画馆的计划如期揭幕。

溥仪在临江被收缴的古书画有一个特点，就是无论是书法或是绘画都以手卷为主，辽宁省博物馆现藏的临江散佚的法书书画仍有 71 件之多，皆为手卷装裱形式。伪满皇宫散佚的法书书画主要收集途径，大致可分为以下六种情况：其一，在临江县被东北民主联军收缴的共有 140 件，主要作品有唐周昉的《簪花仕女图》、五代董源的《夏景山口待渡图》、宋徽宗摹张萱的《虢国夫人游春图》、文天祥书的《木鸡集序》等一大批宋、元、明、清时期的珍贵古书画。其二，东北民主联军长春警备司令部参谋长张克威捐献 10 多件，主要有《清明上河图》等。其三，郑洞国投诚时交东北民主联军，后经周恒转交捐献的，主要有唐摹的《万岁通天帖》、王蒙的《太白山图》等。其四，新中国成立后收缴或当事人主动上缴的，如《唐人画女孝经手卷》、韩滉的《丰稔图》等，均是从长春、天津、兴城等地清查出来并收缴的。其五，通过文物商店或博物馆的文物征集部门从民间征集的，如 1956 年营口市民孙启富向辽宁省文化局捐赠的《黄公望砂碛图》《马轼李在夏芷归去来辞图》等。其六，从各大拍卖机构中拍得的。

在新中国成立 60 周年之际，与新中国同龄的人民政权的第一座博物馆——辽宁省博物馆推出“清宫散佚书画国宝特展”，旨在纪念清宫散佚书画国宝入藏辽宁省博物馆 60 周年、宣传清宫散佚书画国宝的流传和保护历程。 本次展览精选了馆藏清宫散佚书画之精品合计 45 件（组），其中不乏唐摹《王羲之一门书翰》《草书古诗四帖》《簪花仕

唐·韩滉《五牛图》局部二

五代·周文矩《重屏会棋图》

女图》《夏景山口待渡图》《茂林远岫图》等孤本巨迹。

作为展览宣传画背景的《瑞鹤图》特别引人注目。该作品是公认的宋徽宗赵佶存世工笔写实类花鸟画真迹，构图和技法俱称精到：画面一改花鸟画传统的构图方法，将飞鹤布满天空，一线屋檐既反衬出群鹤高翔，又赋予画面故事情节，在中国绘画史上是一次大胆尝试；绘画技法尤为精妙，图中群鹤姿态百变，无有雷同，鹤身粉画墨写，睛以生漆点染，整个画面生机盎然；旁边是赵佶以其著名的瘦金体题诗一首。据记载，1127 年，金兵攻陷宋都汴梁，《瑞鹤图》散落民间，不知去向。六百年后的 18 世纪，《瑞鹤图》竟奇迹般现世，归藏清内府。

辽宁省博物馆收藏的溥仪散佚书画如下：

王羲之《曹娥诔辞碑》（东晋人书）、《鹅群草书帖》（元末明初墨拓本），欧阳询《梦奠帖》（真迹）、《行书千字文》（宋代钩填本），孙过庭《千文第五本》（晚唐人背临本），张旭《古诗四帖》（真迹），唐人《摹万岁通天帖》（弘文馆廓填本）、《金粟山大藏佛说无极宝三昧经》（宋人书本），顾恺之《洛神赋图》（宋人摹本），阎立本《萧翼赚兰亭图》（宋人摹本）、《孝经图》（南宋人本），李思训《海天落照图》（苏州片子），周昉《簪花仕女图》（唐末本），韩幹《神骏图》（五代人本）、《唐宋元集绘册》（十四帧），宋太宗赵光义《赐蔡行敕》（书吏作），欧阳修《自书诗文稿》（真迹），《圜丘季享敕》（书

宋徽宗赵佶《芙蓉锦鸡图》

吏书）、《草书千字文》（真迹）、《自书七律诗》（赵构真迹），赵构《洛神赋》（真迹）、《汉高祖求贤诏》（明人伪作），宋孝宗行书《赐周必大手勅》（明人伪作），陆游《自书诗帖》（真迹），朱熹《自书读道书有感诗》（赝品），张即之《汪氏报本庵记》（真迹）、《书唐诗》（真迹），文天祥《自书木鸡集序》（真迹），宋人《续高僧传》（真迹）、《大方广佛华严经》（张即之书）、《开皇刻兰亭叙》（宋拓本）、关仝《大岭晴云图》（图假跋真），董源《夏景山口待渡图》（真迹），王齐翰《江山隐居图》（明人伪本），李成《小寒林图》（北宋人本）、《寒鸦图》（北宋人本）、《茂林远岫图》（真迹），易元吉《聚猿图》（明人伪作），崔悫《茶花玉兔图》（苏州片子），惠崇《柳塘鹭鸶图》（伪本），李公麟《九歌图》（南宋人本）、《临韩幹狮子骢图》（元人本）、《唐明皇击毬图》（南宋人本）、《商山四皓·会昌九老图》（南宋人本），张激《白莲社图》（真迹），李公麟《白莲社图》（伪本）、《君明臣良图》（明人伪本）、《前代故实图》（明人伪本），赵佶《王济观马图》（明人伪本）、《临古》（苏州片子）、《写生翎毛图》（苏州片子）、《瑞鹤图》（真迹），张择端《清明上河图》（苏州片子），马和之《唐风图》（南宋画院本）、《陈风图》（南宋画院本）、《鲁颂三篇》（南宋画院本）、《周颂·清庙之什》（南宋画院本）、李唐《天台图》（赝品）、《谭道图》（明人伪本），李迪《花鸟图》（苏州片子），赵伯驹《莲舟新月图》（元人仿）、《仙山楼阁图》（苏州片子）、《荷亭消暑图》（苏州片子），夏圭《秋江风雨图》（明人仿本）、《江山无尽图》（南宋至元仿本）、《长江万里图》（明人仿），马远《江山万里图》（明人仿）、《千岩竞秀图》（明人伪作），马麟《荷乡消夏图》（真迹）、《荷乡消夏图》（仿清本），李嵩《海屋添筹图》（苏州片子），何浩《万壑松涛图》（真迹），宋人《仿顾恺之洛神赋图》（宋人本）、《宋元梅花合卷》（真迹），《潘岳藉田赋》（明人仿）、《烟江叠嶂诗》（真迹）、《般若波罗蜜多心经》（真迹）、《秋声赋》（真迹），鲜于枢的《王安石杂诗》（真迹），元人《周文英诗志传合卷》（真迹），赵孟頫《摹卢楞伽罗汉像》（真迹）、《洪授受图》（明

宋·赵伯骕《万松金阙图》

人伪作）、《临李伯时五柳先生图》（明人伪本）、《饮马图》（真迹）、《渊明故实图》（明人伪本）、《书画陶渊明遗事图》（明人摹本）、《十八罗汉图》（明人作品）、《十八应真图》（明人伪作），黄公望《溪山雨意图》（明人临本）、《沙碛图》（明人摹本），张渥《竹西草堂图》（真迹），吴镇《竹谱》（赝本），王振鹏《王母贤妃图》（苏州片子），王蒙《修禊图》（明人画）、《太白山图》（真迹），倪瓒《懒游窝图并记》（赝品），莫是龙《杂书》（真迹），董其昌《临褚遂良枯树赋》（真迹）、《白书封敕稿本》（真迹）、《燕然山铭》（真迹）、《东方答客难》（真迹）、《云笈》（真迹），王祓《胡山书屋图》（真迹）、《画观音书金刚经》（真迹），朱瞻基《万年松图》（真迹），沈周《墨竹图》（旧本）、《菖蒲图》（赝品），戴进《达摩至慧能六祖图》（真

元 ·吴镇《渔父图》

迹），唐寅《临李公麟饮中八仙图》（真迹）、《悟阳子养性图》（真迹），文徵明《桃园问津图》（旧本）、《浒溪草堂图》（真迹）、《长江万里图》（旧本）、《兰亭图祝允明书序》（真迹），仇英摹周昉《太妃上马图》（日本）、《汉宫春晓图》(明人粉本)、《赤壁游图》(真迹)、《花卉图》(苏州片子)，董其昌《书画合璧》（真迹），马轼和李在《归去来辞图》(真迹)，清代刘统勋《书乾隆弘历舟行杂诗三十首》（真迹），乾隆弘历《临怀素千字文》(真迹)，张照《临董临苏轼杂诗》（真迹）、《了义经》（真迹），董邦达的《盘山十六景图》（真迹），弘旿《降魔图》（真迹），汪承霈《摹兰亭图》（真迹），徐扬的《盛世滋生图》（即《姑苏繁华图》，真迹），曹夔音《临赵黻长江万里图》（真迹），黎明《法界源流图》（更名为《摹丁观鹏法界源流图》，真迹），张镐《瀛台赐宴图》（真迹），永瑢《长江风帆图》（真迹）、《大驾卤簿图》（真迹）。

吉林省博物院的珍藏

20世纪50年代初，中央决定，有条件的省市可以筹建博物馆。吉林省委决定筹建省博物馆以提高吉林的文化底蕴，1951年吉林省博物馆在吉林市建立，1952年年初正式对外开放。1954年冬，迁到长春，靠近“东北货”劫难发生地伪满皇宫旧址，占据天时地利，人民政府倾人力、财力收集清宫散佚书画。征集工作在各方面的大力支持下不断深

元·张渥《竹西草堂图》

入，工作人员把搜寻清宫散佚书画视为己任，历经半个多世纪，在几代博物馆人的不懈努力下，一件件书画奇珍被寻回，北宋苏轼的《洞庭春色赋》、南宋杨婕妤的《百花图》、元何澄的《归庄图》、明董其昌的《昼锦堂图并书记》、清丁观鹏临的《张胜温法界源流图》等珍品入藏吉林省博物馆，成为镇馆之宝。

元代何澄的《归庄图》长卷，是从故宫流散出去的珍品，是目前为止何澄传世的唯一一件作品，在美术史上占有重要地位。这幅画原为时任吉林省委宣传部部长宋振庭所购。一次，他在旧货市场看到要价700元的《归庄图》，可一时掏不出这笔钱，又怕名画流失，就卖了自己和妻子的两块手表，凑足钱把画买回，北京某博物馆想以两件宋画交换都没能如愿。1964年，宋振庭忍痛割爱，按原价将《归庄图》转让给了吉林省博物馆。

1957年，张伯驹被划成“右派”。为保护张伯驹，在宋振庭的老首长陈毅的安排下，张伯驹来到吉林省博物馆任第一副馆长。张伯驹的到来为吉林的文化星空涂抹了一层厚重的底色。来吉林后，张伯驹慷慨解囊，无偿捐献了几十件自己的珍贵藏品，包括元代仇远的《自书诗》卷、颜辉的《煮茶图》、宋代赵伯啸的《白云仙乔图》、元代赵子昂的《篆书千字文》卷、明代薛素素《墨兰图》轴、唐人写经《大般若波罗蜜多经》、唐人楷书册，等等。1963年，张伯驹捐献了宋代杨婕妤的《百花图》，这幅画被认为是现存最早的女画家作品。当初，张伯驹离开北

元·任仁发《张果见明皇图》

张伯驹将其珍藏的清宫散佚书画宋杨婕妤的《百花图》、宋赵伯驹的《白云仙乔图》、元仇远的《自书诗集》、元颜辉的《煮茶图》等23件文物捐献给吉林省博物馆。于省吾也将明马守贞的《兰花图》、阮鸿仪将元赵孟頫《种松书札卷》等私藏捐献给国家。

最后是购买。吉林省博物馆将征集目光始终盯住文物市场，一是通过长春市文化服务社购买流散于民间的珍贵文物，如于1962年8月经文化服务社从长春市民李玉琛手中征集金人张瑀的《文姬归汉图》；二是掌握收藏者和卖家线索，一追到底。宋振庭部长重视吉林省文博事业的发展，从吉林省并不充裕的财政中年年申拨专款用于文物征集，并亲自部署博物馆购买溥仪散佚书画的工作，安排张伯驹带队到北京从俞涵清等收藏家手中购进国宝级书画，指示博物馆"要买一万把扇子，把市面上的扇子、碑帖买光，让藏品配套成龙"。而且，还将当时并不被看好的张大千、溥心畲等人的画作收入博物馆，奠定了吉林省博物馆馆藏书画的基础。

吉林省博物院所藏溥仪散佚书画的特点如下：

其一，所藏溥仪散佚书画在石渠宝笈等典籍中均有著录，有的书画作品既有大明内府藏印，如明万历皇帝的"皇帝图书"、"宝玩之记"两印及"万里之玺"，亦有清乾隆、嘉庆、宣统等诸藏印；既有收入清宫前的私家藏印，亦有入藏清宫后历代清帝的鉴赏印鉴。名家跋语、皇帝题咏也佐证了这些珍藏流传有序。仅拣一例为证，如《归庄图》，图后另纸既有元人张仲寿书《归去来兮辞并序》全文，又有元姚遂、赵孟頫、邓文原、虞集、刘必大、柯九思、揭傒斯、太玄子（张嗣成）、危素，明吴勉及清高力士、张照、王文治等人之跋于后，还有“嘉庆御览之宝”、“石渠宝笈”、“宝笈三编”、“三希堂精鉴玺”等诸印。

其二，部分书画堪称海内外孤品，如苏轼的《二赋》、杨婕妤的《百花图》、张渥的《九歌图》、何澄的《归庄图》、董其昌的《昼锦堂图并书记卷》等。

其三，书画作者多为名士大家。北宋大文豪苏轼、南宋皇后杨婕妤、元初名家何澄、明代吴门画派创始人沈周、华亭派领袖董其昌、清代雍乾时期宫廷画家丁观鹏等，均于史上赫赫有名。

其四，手卷居多。苏轼的《洞庭春色赋》《中山松醪赋》合卷，纵 23.8 厘米，横 306.3 厘米；杨婕妤的《百花图》，纵 24 厘米，横 324 厘米；何澄的《归庄图》，纵 41 厘米，横 723.8 厘米；张渥的《九歌图》，纵 29 厘米，横 523.3 厘米；董其昌的《昼锦堂图并书记卷》，纵 41 厘米，横 1492 厘米；丁观鹏摹《张胜温法界源流图》，纵 33 厘米，横 1635 厘米。皆为国之重宝，价值连城。

吉林省博物院收藏的溥仪散佚书画如下：

宋·陆游行书《自作诗卷》

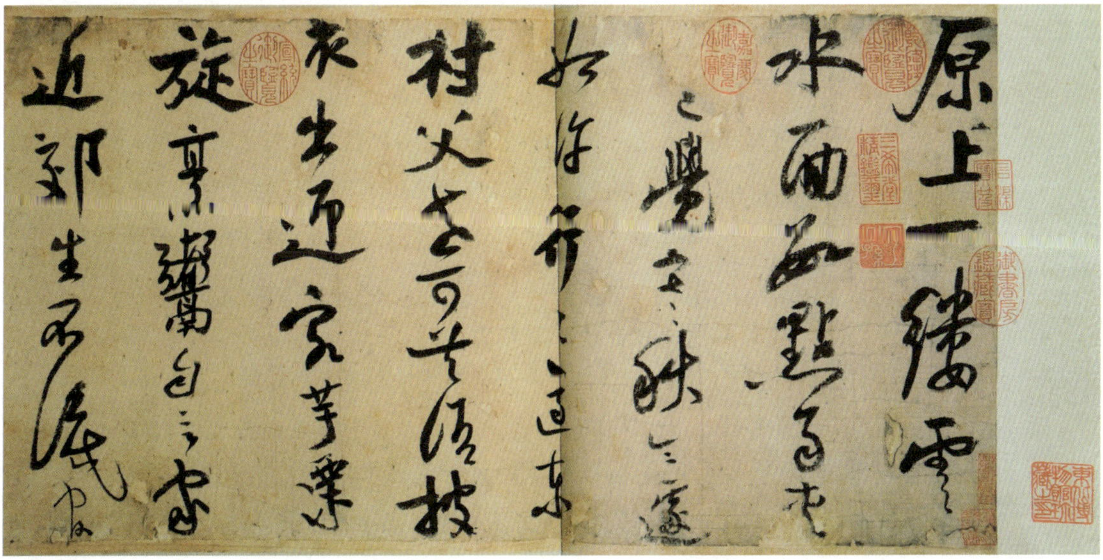

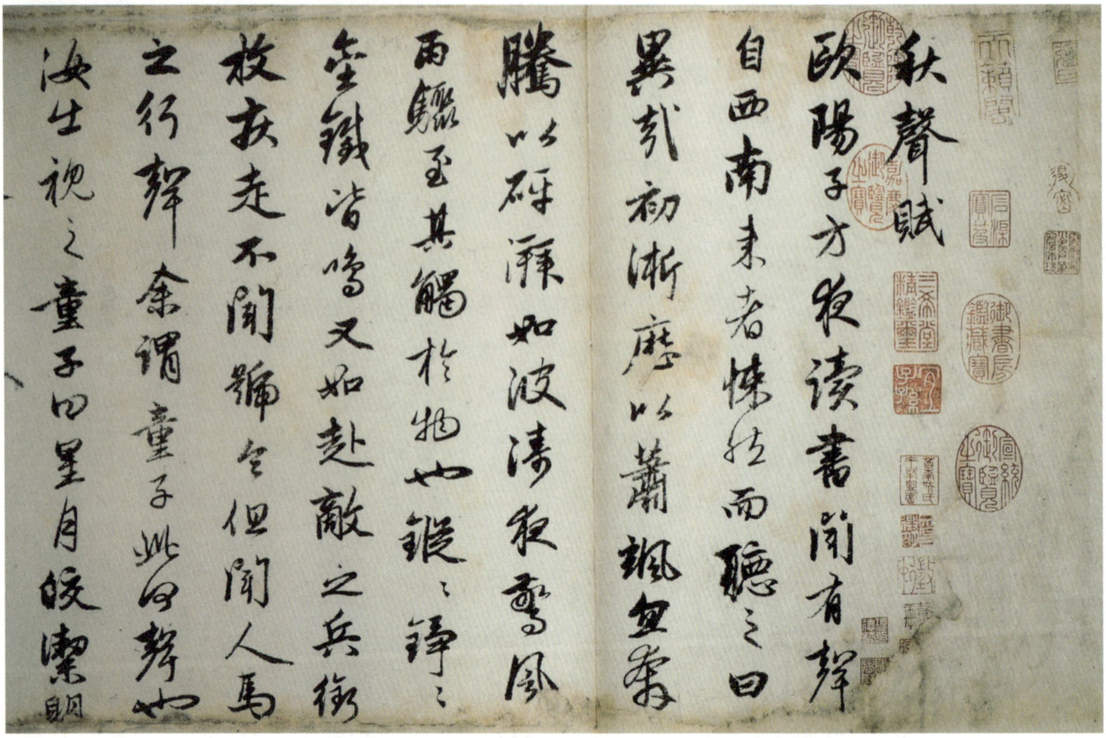

元·赵孟頫行书
《秋声赋》

北宋苏轼的《洞庭春色赋·中山松醪赋墨迹卷》（真迹），唐人书《金粟山大藏般若波罗蜜多经》（宋人墨迹），南宋杨婕妤《百花图》（南宋画院本），五代李昇《山水真迹》（明人样品），金代张瑀《文姬归汉图》（真迹），元代张雨《自书诗卷》（下册，真迹），元代何澄《归庄图》（真迹），元代张渥《临李龙眠九歌图》（真迹），曹知白《青山平远图》（明人伪本），仇远《自书诗》（赝品），管道升《碧琅庵图》（赝品），吴镇《山水图》（赝品），元人《相马图》（旧本），明代沈粲《草书千字文》（真迹），杨基《郑元祐撰陶煜行状》（真迹），林良《禽鸟图》（真迹），沈周《林壑幽深图》（真迹）、《画松图并自书诗》（真迹）、《西山秋色图》（真迹）、《溪山行乐图》（赝品），文徵明《早朝诗》（真迹），董其昌《昼锦堂图并书昼锦堂记卷》（真迹）、《临大照禅师塔铭》（真迹），文伯仁《秋山萧寺图》（赝品），文嘉《琵琶行图董其昌书赋》（旧本），张照《杂书》（真迹），戴进《长江万里图》

宋·赵昌《写生蛱蝶图》

（旧本），仇英《摹李公麟十八罗汉图》（赝品）和《观鹅图》（赝品），清代丁观鹏《摹张胜温法界源流图》（真迹）和《弄郭忠恕四猎骑图》（真迹），钱维城《洋菊四十四种图》（真迹）和《江天秋霁图》（真迹），蒋廷锡《折枝花卉图》（真迹），董邦达《仿王蒙松壑仙庐图》（真迹）和《仿王冼渔春小雪图》（真迹），黄鼎《烟江叠嶂图》（真迹），稽璜《书私历读史》（真迹），陈舒《山厨旨蓄图》（真迹），王翚《仿王祓山水》（真迹），虞沅《九秋图》（真迹），黄钺《喜起庆歌图》（真迹），恽寿平《鱼藻图》等。

下面，将吉林省博物院收藏的溥仪散佚书画作一简要介绍。

首先介绍绘画部分。

（1）杨婕妤《百花图》。《百花图》为南宋皇后杨婕妤（俗称杨妹子，亦称杨娃）的作品，绢本、设色，纵 24 厘米，横 324 厘米。卷内绘有寿春花、长春花、荷花、西施莲、兰花、望仙花、蜀葵、黄蜀葵、胡蜀葵、阇提花、玉李花、宫槐、云天、旭日、莲桃、祥云、瑞芝共计 17 段，每段各有小楷题咏。书法娟秀平正，绘画用工笔重彩，工致严谨，用笔细腻，花中加白粉晕染，花叶用线勾描而染以汁绿，可谓设色厚重古雅，清丽妍美，为典型的南宋院体画风格。

画卷前端题“今上御制中殿生辰诗，四月八日”，似为贺皇后寿

元·何澄《归庄图》局部

诞而作。图卷的书法和绘画部分均无作者款识和钤印，卷后有明三城王朱芝垝跋，云此图乃杨婕妤所画；清吴其贞的《书画记》中说此图为杨妹子所作。或谓杨婕妤即杨妹子。按近代学者考证，杨妹子即是南宋宁宗杨皇后，卒于绍定五年（1232 年）。此图是我国现存年代最早的女画家作品之一。曾入藏清内府，钤有多枚内府藏印；后经张伯驹收藏，并于 1964 年捐献给吉林省博物馆。

（2）张瑀《文姬归汉图》。《文姬归汉图》为金代画家张瑀所作，绢本，设色，纵 29 厘米，横 128.8 厘米。该卷表现的是东汉末年蔡邕之女蔡文姬归汉途中的一个场景。重点突出行旅场面，整幅取势，略去背景，飞扬遒劲的线条极有韵致地画出风沙弥漫的漠北大地上，一队迎风行进的人马。画面虽无背景铺衬，然气势宏大，以实景和虚景相结合的方式展现主题，留给观者无限想象的空间。人物安排疏密错落，相互呼应，真切地描绘出长途跋涉的气氛和朔风凛冽的塞外环境。此图线条活泼精劲，人物形神兼备，手法、风格都堪称人物画中的杰作。画面后端作者题写“祗应司张□画”，“张”字后面的字不清，郭沫若考为“瑀”字。“祗应司”为金代所设，故此图为金人作，为研究金代绘画提供了重要资料。

画面前端有明万历皇帝的“皇帝图书”和“宝玩之记”两印，后端书款处钤盖“万历之玺”。清内府也曾收藏，乾隆帝在卷上题诗以记，另钤有乾隆、嘉庆、宣统等诸藏印。

（3）何澄《归庄图》。《归庄图》为元初著名画家何澄所作，纸本，墨笔，纵 41 厘米，横 723.8 厘米。何澄，燕人，年九十余岁尚在。擅绘人物，亦能山水树石，官至昭文馆大学士、中奉大夫，画名甚重，唯作品流传绝少，《归庄图》是目前国内仅见的何澄画作。此图为长卷，根据东晋陶潜的《归去来兮辞》辞意创作而成。采用传统人物实图构图方式，将辞中描写的主要场景绘成一个整体性的背景，山石、树木、屋宇、舟车、陪衬人物一一安设，主题人物则于其中反复出现，展示各个生活片段。人物用白描法，衣纹多方笔，线条简劲，神态逼真；山石树木以枯笔焦墨勾斫皴擦，略加淡墨渲染。此图被认为是既有宋画遗韵又开元代逸笔先路的一件佳作。

卷末有“太中大夫何秘监笔”小字一行，疑为他人所书。图后另纸有元人张仲寿书《归去来兮辞并序》全文。元姚遂、赵孟頫、邓文原、虞集、刘必大、柯九思、揭傒斯、太玄子（张嗣成）、危素，明吴勉及清高士奇、张照、王文治等人跋之于后。清内府收藏，钤有“嘉庆御览之宝”、“石渠宝笈”、“宝笈三编”、“三希堂精鉴玺”等诸印。经宋振庭收存，1964 年入藏吉林省博物馆。

（4）张渥《九歌图》。《九歌图》为元人张渥于至正六年（1346 年）所作，纸本，墨笔，纵 29 厘米，横 523.3 厘米。张渥（生卒年不详，约活动于元代至正年间），字叔厚，号贞期生、江海客，祖籍淮南（今属安徽），实居杭州。博学多艺，善绘人物，学李公麟白描画法，笔法细劲，形象生动，是元代后期著名的人物画家。

元·张渥临《李公麟九歌图》局部

《九歌图》共十一段，每段一图，画屈原像及楚辞《九歌》中的《东皇太一》《云中君》《湘君》《湘夫人》《大司命》《少司命》《东君》《河伯》《山鬼》《国殇》十章内容，元代书家吴叡以隶书书写《九歌》辞文与之相应。图卷笔法流畅工整，秀劲婉转，线条劲利飘逸，

如行云流水，人物形象刻画生动传神，虽临自李公麟，但张渥在其中掺入己意，使画面流露出元代气息，体现了元代的白描画风格。张渥传世画作仅数幅而已，此《九歌图》可视为精心绘制的极佳之作，且为研究张渥从事艺术活动的下限时间提供了可靠证据。署款“淮南张渥临”，钤“张渥叔厚”白文印、“游心艺圃”朱文印。吴叡书款“至正六年岁次丙戌冬十月，淮南叔厚张渥临李龙眠九歌图，为言思齐作。吴叡孟思以隶古书其词于左”。钤“吴叡私印”白文印、“吴孟思章”白文印。卷后有元倪瓒作于壬子年（1372 年）的观款。此卷钤言思齐藏印数枚。曾入藏清内府，钤有乾隆、嘉庆、宣统诸藏印。《九歌图》于 1972 年在长春教师王世宜处征集。

（5）《相马图》。元人所作《相马图》，绢本，设色，纵 26 厘米，横 213.6 厘米。此图不设背景，画面上绘有六人、三马、一鹰一犬，以人物的神情和动态展现“相马”这一场面：侍者牵马而立，老者拄杖观瞧，奚官（掌管马匹的官员）在毡毯上凝神细品，二仆提水似欲洗马，其中一跣足黑人尤为引人注目。人物神态生动，节奏安排动静结合，相互呼应；线条简劲精练，色彩上红、蓝、黑、灰对比映衬，设色浓丽而稳重，意趣古雅。此卷虽无名款，但画风与元人相近，应为元人作品。钤有“乾隆御览之宝”、“嘉庆御览之宝”、“石渠宝笈”、“宝笈三编”、“三

元·王蒙《太白山图》

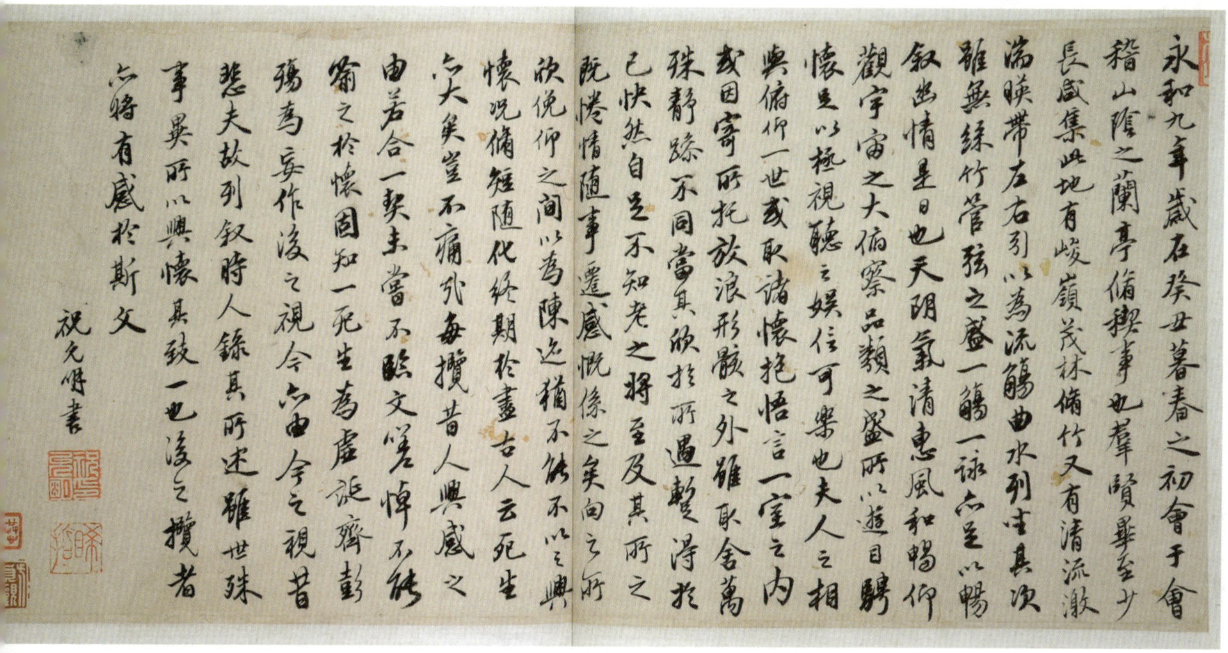

明·祝允明行书《临兰亭序》

希堂精鉴玺”等清内府诸印。《相马图》从长春单庆麟处征集。

（6）沈周《云山图》。《云山图》为明代吴门画派创始人沈周所作，纸本，设色，纵 164.7 厘米，横 34.5 厘米。沈周（1427—1509 年），字启南，号石田，晚号白石翁，长洲（今江苏苏州）人。在山水、花鸟画领域均取得重要成就，为明四家之首。沈周的山水画主要继承董源、巨然及元四家中的黄公望、吴镇和王蒙的水墨浅绛体系，并融汇宋人画法，形成粗笔水墨的个人风格。

《云山图》绘远峰高耸、飞瀑奔流，中部山腰被大片云气笼罩，屋宇若隐若现，恍如结于云端。近处丛树蓊郁茂盛，茅亭静立，板桥横卧，高士策杖徐行，优游于山水之间，得其乐矣。在技法上受米芾父子“米氏云山”和高克恭的影响，以点为皴，完全用浓淡墨点来表现山石和树叶，层次丰富，饱满浑厚，水墨淋漓，是沈周山水画中的一种特殊面貌。画面左上处自题：“白云飞处疑山动，谁谓云忙山自闲。却笑老夫忙不了，朝来洗砚写云山。长洲沈周。”钤“沈氏启南”朱文印、“石田”白文印。此图曾入藏清内府，画面右上有乾隆题诗一首，并钤有“乾隆御览之宝”、“石渠宝笈”、“乾隆鉴赏”、“三希堂精鉴玺”、“宜子孙”等诸印。《云山图》于 20 世纪 60 年代初经张伯驹从北京藏家俞

明·何浩《万壑秋涛图》

涵清处购得。

（7）钱穀《小亭清荫图》轴 。《小亭清荫图》为吴门画派的重要人物钱穀所作，纸本，设色，纵 124 厘米，横 32 厘米。钱穀（1509—？），字叔宝，号磬室，长洲（今江苏苏州）人，五代吴越王钱镠后人。文徵明弟子，兼学沈周、吴镇，山水苍润秀逸，亦善花鸟和人物。

《小亭清荫图》绘水边垂柳茅亭、高人独坐，远处峰峦如聚，溪桥屋宇隐于其间，景色宜人。山石用湿淡的墨线皴擦，笔致松秀；设色以浅绛为主，兼用花青染树冠，清雅润泽。画面左上方题款“小亭清荫，钱穀。”钤“叔宝”白文印、“悬磬室”朱文印。曾入藏清内府，钤有“乾隆御览之宝”、“石渠宝笈”、“乾隆鉴赏”、“三希堂精鉴玺”、“宜子孙”等诸印。

（8）董其昌《昼锦堂图并书记卷》。此卷为明代著名书画家、华亭派领袖董其昌所作，绢本，设色，纵 41 厘米，横：画 180 厘米、书 1312 厘米。董其昌（1555—1636 年），字思白，号玄宰，又号香光居士，华亭（今上海市松江）人。董其昌在书法、绘画、鉴赏和绘画理论方面均有较高造诣，于晚明艺坛执牛耳数十年，名重海内外，并对后世产生深远影响。绘画专长山水，出入于董源、巨然及元代诸大家之间，秀润苍郁，超然出尘。他的山水画基本上呈现两种面貌：一为水墨或兼用浅绛法，数量较多；一为青绿设色，则十分罕见。《昼锦堂图》是董其昌青绿设色山水中最有代表性的作品之一。

此图根据北宋韩琦修建昼锦堂和欧阳修所作《昼锦堂记》而创作，画面上坐落于水边、丛木掩映之中的几所屋舍，应是韩琦的居读之所昼锦堂。此图在技法上十分独特，仅仅于少部分山石、树干和树叶上用极淡的墨线勾勒，而主体部分则是直接以石青、石绿、赭石和淡墨染出，颜色或浓或淡，极有层次，营造出秋山明净、江天开阔的氛围和意境，其温润厚重、古雅秀润处，确如《画史会要》所评："风流蕴藉，为本朝第一。"引首自题"昼锦堂记"，署"董其昌书"，钤"其昌之印"朱文印；画中题："宋人有温公独乐园图，仇实甫有摹本，盖画院界画楼台，小有郭恕先、赵伯驹之意，非余所习。兹以董北苑、黄子久法写昼锦堂图，欲以真率当彼钜丽耳。董玄宰画并题。"明确表示出他在绘画取法上的倾向性。钤"董其昌印"白文印，卷后以行书书写《昼锦堂记》全文。

（9）恽寿平《鱼藻图》。《鱼藻图》为清人恽寿平于1674年所作，纸本，设色，纵78.5厘米，横42.7厘米。恽寿平四十岁左右时作品最为精彩，其绘画艺术已日趋成熟，技法灵活多变，用笔飘逸潇洒，达到了"维能极似，乃称与花传神"的形神兼备的境界。《鱼藻图》是恽寿平四十二岁时触景生情之作。构图简洁，大片留白，景无远近之分，仅取池之一隅，数丛水草与游鱼相伴，鱼儿惬意的神态构筑出自在无忧的平和意境，为全图平添了无限生机和意趣。画面仅施用花青和淡墨，用没骨法点染，水、色巧妙结合，色调极为淡雅清新。题款"甲寅秋八月泛艇北郭外，狄港蒲滩，绿堤花岸。于此流连，高歌采菱，俯玩游鱼，不减濠梁风趣，因制斯图。青蓑钓徒南井抱瓮客恽寿平在静啸东轩戏作"。钤

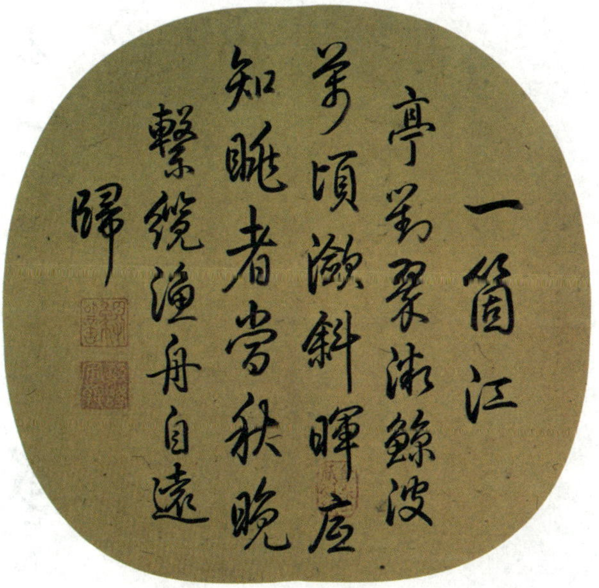

南宋·朱光复《江亭晚眺图》执扇

“寿平”朱文印、“恽正叔”白文印、“园客”白文印。此图曾经清内府收藏，钤有“乾隆御览之宝”、“三希堂精鉴玺”、“乾隆鉴赏”、“石渠宝笈”等印。

（10）陈舒《旨蓄足山厨图》。《旨蓄足山厨图》为清人陈舒所作，纸本，设色，纵 27.8 厘米，横 548 厘米。陈舒（生卒年不详），字原舒，一作元舒，号道山，浙江嘉善人，一作华亭（今上海市松江）人，移居江宁（今南京）雨花台下。清顺治年间进士，官布政使参议。工花卉，间作山水。花卉继承陈淳和徐渭的水墨写意画法，辅以色彩，写意设色，极富韵致。

此图绘白菜、柚子、茄子、笋、莲蓬、菊花等蔬果和花卉，以写意法为之，运用淡墨和花青藤黄等颜色，或勾或染，自如灵动，潇洒出尘。草书长题遍布于景物之间，洋洋洒洒，俊逸多姿，卓有高致，是陈舒集诗、书、画为一体的一件佳作。卷尾自署：“癸丑秋八月三日，拙民陈舒，字原舒，别号道山，于康居阁下写供借云关主老和尚大发慈悲一笑。”钤“道山”朱文印；卷中钤一朱文印“舒”。曾入藏清内府，钤有“石渠宝笈”、“宝笈三编”、“嘉庆御览之宝”、“宣统御览之宝”、“三希堂精鉴玺”、“宜子孙”等诸印。引首处有戴祁题明人徐贲“旨蓄足山厨”诗句，以此名之。

唐·怀素草书《论书帖》

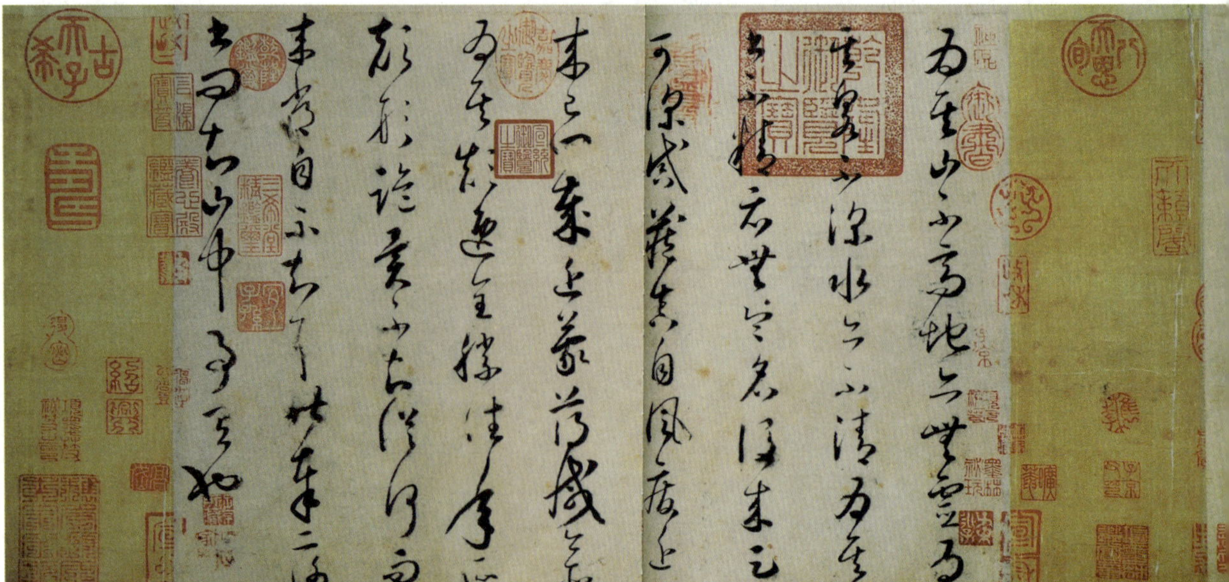

（11）黄鼎《烟江叠嶂图》。《烟江叠嶂图》为清人黄鼎康熙戊戌年（1718 年）所作，纸本，墨笔，纵 52.7 厘米，横 318.3 厘米。黄鼎（1660–1730 年，一作 1650–1730 年），字尊古，一字旷亭，号闲圃、独往客、净垢老人，江苏常熟人。善山水，学王蒙及王翚、王原祁笔法，遍游山川，下笔有生气，时人评价颇高。

《烟江叠嶂图》是摹元代王蒙笔意所作。画面起始为平静广阔的水面，丘陵起伏，平坦处似隐掩着小小村落，湖面上有三两只渔舟；山势渐高渐险，连绵不断，奇峰深壑，茂林飞泉，屋宇掩映，板桥暗藏，随着画卷的展开一一呈现，令观者觉得幽深无限。笔法丰富繁密，用干笔层层皴点，披麻、解索并用，浑厚而有层次；适当的留白，又似烟云流动，产生“寓超逸于沉着”的效果。此是黄鼎摹古的精妙之作，画卷起首处题“烟江叠嶂”四字，末端署款“康熙戊戌秋日仿黄鹤山樵笔，虞山黄鼎”。钤“黄鼎之印”白文印、“尊古”朱文印。另钤有“石渠宝笈”、“石渠定鉴”、“宝笈重编”、“乾隆御览之宝”、“养心殿鉴藏宝”、“乾隆鉴赏”、“三希堂精鉴玺”、“宜子孙”、“嘉庆御览之宝”、“宣统御览之宝”等清内府藏印。

（12）虞沅《九秋图》。《九秋图》为清人虞沅所作，绢本，设色，纵 24.5 厘米，横 152 厘米。虞沅（生卒年不详），字澣之（或作畹之），江都（今江苏扬州）人，约活动于清康熙年间。善花卉翎毛，勾染工整，赋色妍雅，得古人法。

《九秋图》工笔设色，选取雁来红、秋葵、芙蓉、海棠、菊等九种在秋季盛开的花卉，寓意“九秋同庆”。造型准确、形态生动，笔法细腻，赋色明艳而凝厚，气韵古雅，是虞沅传世画作中的至精之作。画面右下方以隶书署款“虞沅”，钤“澣之”朱文印。曾入藏清内府，钤有“嘉庆御览之宝”、“石渠宝笈”、“宝笈三编”、“嘉庆鉴赏”、“三希堂精鉴玺”、“宜子孙”等诸印。

（13）董邦达《松鹤仙庐图》。《松鹤仙庐图》为清人董邦达所作，纸本，设色，纵 28.7 厘米，横 258.5 厘米。董邦达（1699–1769 年，或作 1699–1674 年）字孚存，一字非闻，号东山，浙江富阳人。雍正进士，乾隆初授编修，曾参与编撰《石渠宝笈》等，后官至工部尚书、礼部尚书。善墨笔山水，宗法元人，亦取“四王”法，多用枯笔，功力不凡，是一位深受乾隆皇帝赏识的词臣书画家，作品收入《石渠宝笈》者多达二百余件。

《松鹤仙庐图》以长卷形式描绘连绵起伏的山峦、烟波浩渺的水面，其间屋宇茅亭，溪桥小舟，高人逸士或于山间独步，或于崖下对坐，或于水上泛舟，幽邃清远，脱却尘嚣。疏密安排得当，山石用短笔皴擦，皴法细密而生动，干湿兼用，笔力精纯，气韵宁静清朗，苍茫秀逸。卷尾以隶书题写“松鹤仙庐，臣董邦达恭仿王蒙笔意”，是一幅专为皇帝绘制的精心之作，体现了董邦达在墨笔山水绘画上的较高造诣。钤“臣”朱文印、

“达”白文印。入藏清内府，钤有“乾隆御览之宝”、“石渠宝笈”、“乾隆鉴赏”、“三希堂精鉴玺”、“宜子孙”、“嘉庆御览之宝”、“宝笈三编”、“嘉庆鉴赏”、“宣统御览之宝”等印。

（14）丁观鹏摹郭忠恕《四猎图》。《四猎图》为雍乾时期宫廷画家丁观鹏于乾隆十四年（1749年）所作，纸本，设色，纵34.6厘米，横194厘米。丁观鹏（生卒年不详，约活动于清雍正、乾隆时期），北京人，清代宫廷画家。工道释、人物，尤擅仙佛、神像，学明末丁云鹏，有出蓝之誉。同时，亦吸取一定西画技法，画艺精湛。

《四猎图》分四段绘制，每段一人一马，并无背景。四猎者或持弓骑马，或站立调鹰，或整装待发，或检视箭镞，通幅人、马无一雷同，各尽其态，刻画生动，细节真实，体现了画家较强的造型能力和绘制工笔人物、鞍马的娴熟技法。线条圆劲流畅，设色清润雅洁，人物表情和动作精细传神，颇具特色。署款“乾隆十四年四月，臣丁观鹏奉敕恭摹郭忠恕笔”。钤“臣观鹏”白文印、“恭画”朱文印各一枚。另钤有“三希堂精鉴玺”、“乾隆御览之宝”、“石渠宝笈”、“乾清宫鉴藏宝”、“嘉庆御览之宝”、“宣统御览之宝”等诸印。引首乾隆御书“射雕猛气”，钤“乾隆御笔”白文方印。

（15）丁观鹏摹张胜温《法界源流图》。《法界源流图》是丁观鹏传世佛教艺术的至精佳作，纸本，设色，纵33厘米，横1635厘米。画

清·丁观鹏《法界源流图》局部

宋·李公麟临《韦偃牧放图》局部

家用工笔设色大描金法绘佛、菩萨、观音、尊者、大师、僧众、供养人等六百多位，象、马、狮、虎、龟、蛇等动物五十余种，还有各种佛具法器、兵器、用具以及各类陈设无以计数，山水、树木、亭台楼阁等辉映其间，数不胜数。佛之变幻无穷，大千世界有情百态，十界仪象，尽收卷中。画卷场面浩繁宏大，气势恢宏磅礴；人物工致繁多，布局精细考究；用笔细致非凡，设色浓丽典雅，是一件反映丁观鹏绘画水平的代表性作品。卷首图名“法界源流图”行书五字，为乾隆皇帝所书，画卷前端并有乾隆御题，卷尾御书《心经》，署款“丁亥”，即乾隆三十二年（1767 年）。大理国画工张胜温所绘的《梵像图》传入清内府后，乾隆十分喜爱，但认为画面内容有颠倒错置的情况，乃请国师章嘉进行调整，并命丁观鹏将其摹为两卷，一为《蛮王礼佛图》，一为《法界源流图》，是为此图来历。画卷末端署款“臣丁观鹏奉敕恭摹张胜温笔意”，钤“观鹏”白文印。画面上另钤有“八徵耄念之宝”、“秘殿珠林”、“秘殿新编”、“珠林重定”、“乾隆御览之宝”、“乾清宫鉴藏宝”、“古稀天子”、“太上皇帝之宝”等清内府印鉴三十余方。溥仪逃亡通化时曾带着《法界源流图》，散佚后辗转流入通化市凤凰山寺庙中。1962 年，通化市生产指挥部将此图移交给吉林省博物馆。

（16）姚文瀚《荷宫清夏图》。《荷宫清夏图》为清人姚文瀚所作，绢本，设色，纵 2665 厘米，横 162.5 厘米。姚文瀚（生卒年不详），号濯亭，顺天（今北京）人。清乾隆时供奉内廷，工道释、人物、山水，有较强的写实能力，亦善摹古，画艺精能，在宫廷画家中负有盛名。

《荷宫清夏图》是一幅集山水楼阁及人物于一体的巨作，以细致

宋徽宗赵佶《瑞鹤图》

入微、严谨工丽的笔触描绘了叠起的山峦、浩渺的水面、临水而建的华美宫殿，以及游赏消夏的四十余个人物，构图工稳，场面宏大，用笔设色精整而华丽，是典型的宫廷绘画风格。署款“臣姚文瀚恭绘”，钤“臣姚文瀚”白文印、“恭绘”朱文印。画面右上方另钤有“乾隆御览之宝”朱文大方印。

（17）钱维城《江天秋霁图》。《江天秋霁图》为清人钱维城所作，纸本，墨笔，纵265厘米，横3593厘米。钱维城（1720—1772年），初名辛来，字宗磐，又字幼安，号幼庵、茶山，晚号稼轩，江苏武进（今常州）人。乾隆十年状元，官至刑部侍郎。工书画，山水远宗元四家、近取“四王”，供奉内廷，誉为画苑领袖，得乾隆皇帝器重。

《江天秋霁图》纯以墨笔描绘山川秋色，枯笔较多，披麻、牛毛、米点皴并用，圆浑方折兼而有之，笔墨精妙，沉厚而凝重，气象开阔。由于钱维城在绘画上曾得董邦达指授，故此图在构图和技法上都受董邦达的影响。画面自题“江天秋霁，臣钱维城恭绘”，钤“臣钱维城”白文印、“敬事”朱文印。入藏清内府，钤有“乾隆御览之宝”、“石渠宝笈”、“乾隆鉴赏”、“宜子孙”、“三希堂精鉴玺”、“嘉庆御览之宝”、“宣统御览之宝”等印。

其次介绍法书部分。

（1）苏轼行书《洞庭春色赋》《中山松醪赋》合卷纸本，纵23.8厘米，横3060厘米。苏轼（1037–1101年），字子瞻，号东坡居士，四川眉山人。北宋嘉祐二年（1057年）进士，诗（词）文、书画均有极高造诣，是中国历史上最为著名的文学艺术家之一。其书法于平淡中蕴含汪洋浩荡之气，“文章妙天下，忠义贯日月”，流诸笔端，人所非及。

《洞庭春色赋》《中山松醪赋》二赋，皆为苏轼撰文并书写，为白麻纸接装，书于绍圣元年（1094年），距今已九百余年，展之仍墨色如新，气韵流动。此卷书法“经营下笔，结构严整，郁屈瑰丽之气，回翔顿挫之姿，真如虎蹲狮踞”（张孝思跋）；“不惟以古雅胜，虽姿态百出，而结构谨密，无一笔失操纵，当是眉山最上乘”（王世贞跋）；“如良金美玉，虽愚夫愚妇皆知为至宝”（黄

宋·苏轼《洞庭春色赋》《中山松醪赋》合卷

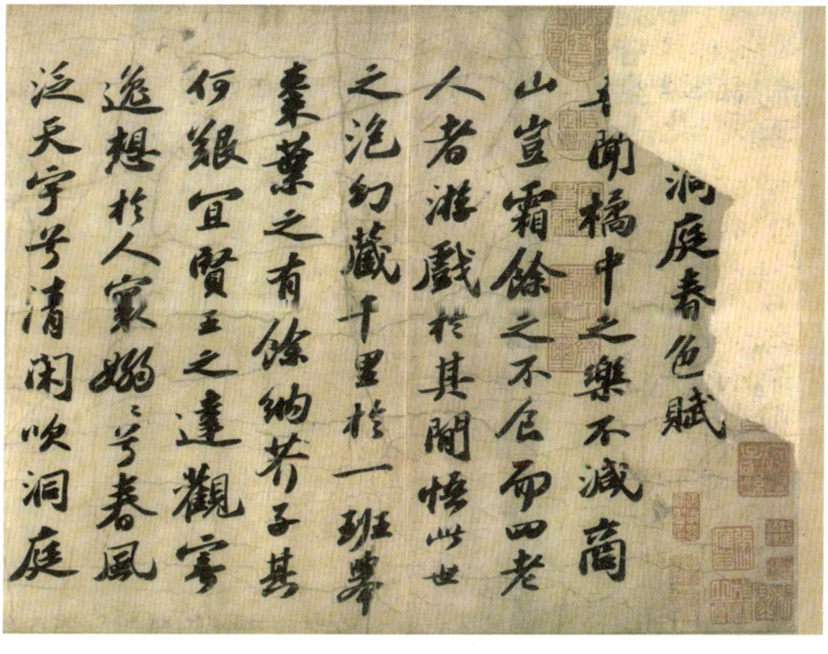

养正跋）。前人所评，诚为可信。二赋全文及后记共计六百余字，是所见苏轼墨迹中字数最多的一件。在后记中作者言明作赋及书赋之原委，并署“绍圣元年闰四月廿一日将适岭表，遇大雨，留襄邑，书此”。是年苏轼五十九岁。卷后有元人张孔孙，明人黄养正、李东阳、王穉登、王世懋、王世贞及明末清初人张孝思等人跋，张孔孙墨迹尤为难得。此卷原藏于清内府，乾隆帝曾多次题咏，钤有多枚内府藏印。1982 年从吉林市教师刘刚处征集。

（2）杨基书《郑元祐撰陶煜行状》卷。《郑元祐撰陶煜行状》为元人杨基所作，纸本，纵 28.7 厘米，横 116.8 厘米。杨基（生卒年不详），字孟载，号眉庵。其先蜀人，后居吴中。史料多记载其为明代书家。此卷后款署：“至正庚子秋七月既望杨基写”，即至正二十年（1360 年），时值元代，故此卷应视为元代书法作品。卷首题作：“元故白云漫士陶君行状”。古时记录死者生平事迹的文章称作“行状”。此文即是元代名士郑元祐（1292 – 1364 年）为另一名士陶煜（1286 – 1358 年）所撰，由杨基所书。手卷为乌丝界栏，小楷书，计一千三百余字。通观全篇，虽为小楷正书，却气势恢宏，灵动纵逸，笔意中可见钟繇的影响。此卷堪称书法与文献双璧，弥足珍贵，原为清内府旧藏，钤有“嘉庆御览之宝”、“石渠宝笈”、“宝笈三编”、“宜子孙”、“三希堂精鉴玺”等藏印。

（3）元明清人跋张雨杂诗册纸本。此书册是一部跋语集册。元代书画家、诗人张雨（1277 – 1348 年）曾手书自作五十五诗赠与友人袁华，原诗墨迹在流传过程中，历代皆有为之作跋语者，遂有此册。张雨墨迹分装上下两册，跋语一册，共同著录于明汪砢玉的《珊瑚网》和清代的《钦定秘殿珠林石渠宝笈续编》，其中跋语一册现藏于吉林省博物院。

册中共有杨维桢、顾安、倪瓒、袁华、张绅、王行、高启、姚广孝、张照等三十一人所作跋文，除后两人外，都是元代或明代早中期时人。其中，倪瓒跋文二则，张绅四则，另有四人同观一款，是以跋文共计三十二则，一部分记述张雨墨迹流传情况，大部分是对张雨其人、其诗、其书的赞颂之词。各跋内容虽相对简短，但书写精美，且书体各异，洋洋可观。约在乾隆中期进入清内府，后被溥仪携带至长春伪满皇宫，1945 年日本投降后流散于民间，三册分离，跋语一册被原文化服务社征集，并于“文革”初拨给吉林省博物馆收藏至今。

（4）文徵明《行书早朝诗》卷。《行书早朝诗》为明人文徵明于嘉靖五年（1526 年）所作，纸本，纵 25.6 厘米，横 446 厘米。文徵明是继沈周之后“吴门画派”的领袖人物，其书画艺术对后世影响极大。《行书早朝诗》为行草书自书诗。文徵明早年屡试不中，直至五十多岁才因推荐得以到京城任翰林院待诏一职，后辞归苏州故里，终生以翰墨自娱。京城任职虽然时间短暂，却给他留下了诸多回忆，故《行书早朝诗》多次出现在他的书法作品中。本卷录《奉天门朝见》《雨中放朝出左掖》等七言律诗十五首，全篇法度严谨，行笔沉稳劲健，结体端庄典雅，气韵连贯，深得《集王圣教序》三昧。署款："鄙诗数首，书似右卿太学请教，丙戌六月之朔在凝香室中书。徵明。"钤"徵仲"朱文印、"惟庚寅吾以降"朱文印、"衡山"朱文印。此卷原为清内府旧藏，钤有"嘉庆御览之宝"、"石渠宝笈"、"宝笈三编"、"三希堂精鉴玺"、"宜子孙"等藏印。

（5）董其昌行书《昼锦堂记》卷。《昼锦堂记》绢本，纵 41 厘米，横 1312 厘米。董其昌是明代晚期杰出的书画家。他的书法从颜真卿入手，又学虞世南、钟繇、王羲之父子及杨凝式、米芾等，最终形成自身风格，对晚明乃至清代书法发展有重大影响。

《昼锦堂记》是宋代著名文学家欧阳修为韩琦所作，历代书家均有书之者。董其昌《昼锦堂记》是以行书写于《昼锦堂图》之后，十余米的长卷一气呵成，用笔含蓄流转，墨色变化自如，分行部白疏宕秀逸，风格古雅，神采焕发，是董其昌行书中的精品。文后又以楷书作记，指出："此文既有君谟（蔡襄）正书帖，故以米行书之。董其昌识于宝鼎斋。"钤"玄宰"朱文印。

以上拣选数件吉林省博物院所藏清宫散佚书画作一简介，旨为相关研究提供一点线索和资料。

上海博物馆是 1952 年由上海人民政府兴建的一座博物馆。由于所具有的地理位置的优势，

明·沈贞《竹炉山房图》

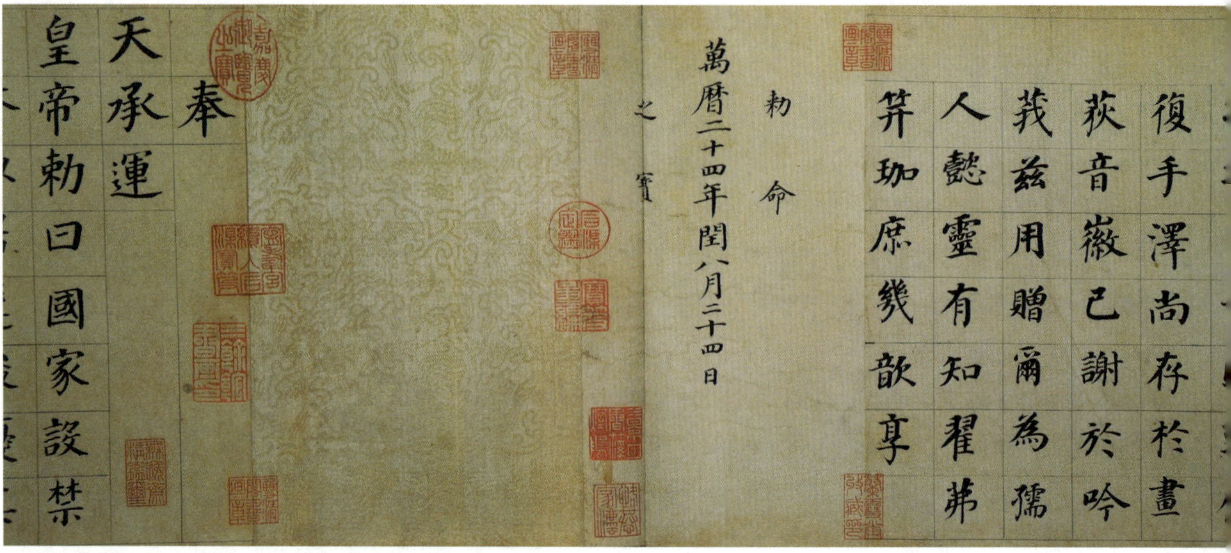

明·董其昌楷书
《封敕稿本》

上海博物馆有机会先后入藏的“东北货”有：唐人孙位《高逸图》（晚唐精品），赵佶《柳鸦芦雁图》（真迹），赵葵《杜甫诗意图》（真迹），米友仁《潇湘图》（真迹），王冼《烟江叠嶂图》（真迹），李嵩《西湖图》（真迹），马和之《召南八篇图》《周颂十篇图》《陈风十篇图》（三幅都是南宋画院本），赵佶《千字文》（真迹），赵构《养生论》（真迹），宋人梁楷《八高僧故事图》（真迹），张雨《自书诗》（上册、真迹）、《自书台仙阁记》（真迹）、《元五人墨迹》（真迹），钱选《四明桃源图》（旧本），吴镇《渔父图》（真迹），李昇《殿山送别图》（真迹），吴彬《山阴道上图》（真迹），孙克弘《写生花卉图》（真迹），杨文骢《兰竹图》（真迹）。

时至今日，对溥仪散佚书画的征集远未结束。当下，民间及非国有博物馆机构所藏清宫散佚书画作为重量级拍品还时常在拍卖市场现身。继续对已掌握的线索进行追踪，发现、梳理新线索，对拍卖市场的拍品给予关注，依然是我们的重任。对有实力的博物馆来说，现在仍是收进溥仪散佚书画的好时机。

七、拍卖会上的国宝

中国文物与艺术品拍卖市场已经走过了二十二个年头，二十二年的时间对人类历史来说只是短暂的一瞬，但对中国文物与艺术品拍卖市场来说却是一个漫长的历程。在这二十二年里，中国文物与艺术品拍卖市场从无到有、由小到大；从没有经验到初步规范，全国具有文物拍卖资质的公司已经达到240家，仅北京就有83家。

“拍卖”这个词，在中国的教科书中没有讲解，在词源辞海中也很少诠释，仅在有的辞书中有以下注释：旧时以委托寄售为业的商行，当众出卖寄售的货物，由许多顾客出价争购，到没人再出高价时，就拍板作响表示成交，叫作拍卖。其实，拍卖是商品交易市场中最为活跃，最为公开、公正、公平的一种交易形式。

改革开放的大好形势，为拍卖行业的繁荣创造了有利条件，而真正把文物与艺术品推上拍卖市场、开中国文物与艺术品拍卖市场先河的应该是：1992年北京国际拍卖会。

在1992年北京国际拍卖会上，成交文物与艺术品260件，成交额300万元。此场拍卖会成交额虽然不高，但它的意义在于文物政策上的突破，开创了文物走上拍卖市场的先河。“书画拍卖会是商品交易透明度最高的一种形式，必须有能打动人心、吸引购买者竞拍的高质量的书画作品”。

文物与艺术品拍卖市场为国有博物馆提供了新藏品，为民办博物馆的发展创造了有利条件。国有博物馆文物藏品的来源，以前主要是国家调拨、民众捐献、考古发掘。改革开放以后，在市场经济条件下，这些来源渠道凸显不畅，博物馆的陈列亦显陈旧，失却了吸引力，减弱了教育功能。自从有了文物与艺术品拍卖市场，真如柳暗花明又一村，给博物馆开辟了一条新渠道。其实，在国际上，博物馆从拍卖市场购买文物的办法早已司空见惯，但在我国却举步维艰。可喜的是，故宫博物院成了第一个吃螃蟹的博物馆。1995年秋季拍卖会，北京翰海公司推出稀世珍宝北宋张先的《十咏图》，资深专家徐邦达先生力排众议，上书中央力主购买，在中央、国家文物局领导支持下，以1980万元买下，这在当时可以称得上是一个天价（尽管现在看来买得极其便宜），开了国家博物馆从拍卖市场购买文物的先河。根据不完全统计，十几年来，国有博物馆从文物拍卖市场购买的文物藏品，既有一级文物，也有二三级文物，但都补充了博物馆收藏品的空白，为国家做了贡献。

故宫博物院1995年从北京翰海公司购买张先的《十咏图》，1995年以500万元从中国嘉德公司购买石涛的《竹石图》，1996年以880万元从北京翰海公司购买沈周的《仿黄公望富春山居图》；2003年以2200万元从中国嘉德公司购买隋人索靖的《出师颂》等。

2002年，北京翰海、中国嘉德、中贸圣佳、上海敬华四大公司，成交8796件，成交额73500万元，单件成交超过百万元的79件，超过千万元的有3件，即中贸圣佳公司推出的米芾《研山铭》卷以3298.9万元成交，中国嘉德公司推出的宋徽宗《写生珍禽图》

清·金廷标《竹溪六逸图》

到真正的知己和朋友，而这些“大内高手”的消遣之举也就只能是将满腔抱负付诸笔端。

也许，在现在的人看来金廷标还是算幸运的，因为其画作还能得到乾隆的赏识，比一般一辈子效力于皇室，而其功名学问一事无成的人幸运多了。乾隆极为赏识金廷标，清宫旧藏书画权威著录《石渠宝笈》中著录的金廷标的书画作品达八十一幅之多，《竹溪六逸图》亦在其中。

金廷标的《竹溪六逸图》即为当初溥仪带出北京故宫而在伪满皇宫被盗抢后落入日本人之手的一件珍贵文物。《竹溪六逸图》共计两件，一件为立轴，另一件为卷，现在金廷标的《竹溪六逸图》轴藏于台北故宫博物院，而本件则为流落民间的《竹溪六逸图》。

宋代张先的绘画作品仅《十咏图》一幅。这件作品的文献价值一直受到前人的重视，溥仪曾以赏赐溥杰的名义将画盗出宫廷，之后此画长达五十年不知下落。

1995 年，在北京的一个拍卖会上此画露面。故宫博物院徐邦达、启功、刘九庵等专家鉴定后确认其为真迹，认为它所记载的文化活动是珍贵的资料。

随后，故宫以 1800 万元竞价将此画购回，使这件国宝找到了它应有的归宿。

1995 年夏末的一天，全国最著名的古玩一条街——北京琉璃厂像往常一样挤满了淘宝的人。下午，位于琉璃厂最繁华地段的北京文物公司办公室的门被悄然推开，一位神秘的东北老汉走了进来，找到这里的文物鉴定专家秦公先生，小心翼翼地拿出一幅画说：“这幅古画，我想了解它的价值，您给看看好吗？”

斑驳的质地表明这还真像是一件有年代的东西，每天都要接待不少来访者的秦公态度谨慎起来，尽管如此，刚刚打开画作的卷首部分，秦公还是惊呆了。阅宝无数的他敏锐地感觉到，眼前的这幅画应该是一件极其珍贵的文物，他不由得激动起来，扶画的手也有些颤抖了。

观察到秦公的异常反应，持画人忙问："这幅画是不是很珍贵？"鉴定文物从来都是实话实说的秦公回答："这很可能是著名的《十咏图》，是北宋词人张先根据其父张维的十首诗作的画，现在看到的卷首部分的内容应该是第一首诗中描绘的情景。"

当秦公尚在兴奋之中时，奇怪的事情却发生了，来人把画又卷了起来，剩下的部分也不让秦公看了。看到持画人顾虑重重的样子，秦公劝他把画留下来，以便作进一步的鉴定，但来人还是决定要走。眼看就要与国宝失之交臂，秦公心急如焚，在他的再三劝说下，来人总算是留下了自己的住址，随后便匆匆离开。

当夜，秦公调来了有关《十咏图》的全部资料，仔细参详。宋代名画《十咏图》是北宋时期江南才子张先（990–1078 年）的画作。这是一幅手卷绢本，幅面为 52 厘米 × 178.7 厘米，有乾隆皇帝御题的引首，宋元陈直斋、颜尧焕、鲜于枢等四人作了长跋。《十咏图》所绘内容为山水、人物、楼台亭榭、扁舟行旅等，钤有宋代丞相贾似道、明洪武内府、清代三个皇帝等多方印章，画作全长 651.6 厘米。据说张先一生只画过这一幅《十咏图》，也许是物以稀为贵的缘故，这幅画成为皇室的珍贵收藏品，得到历代名家的高度评价。

史料记载，《十咏图》原本珍藏在紫禁城，怎么会流失到了民间呢？

原来，这也是溥仪以赏赐溥杰为名盗运的国宝。1945 年，日本战败投降，溥仪仓皇逃亡，而伪满皇宫也遭到乱兵哄抢，小白楼千余件书画被瓜分殆尽，《十咏图》便随着大量珍贵书画散落到了民间。

事隔五十年，《十咏图》神奇再现，真是不幸中的万幸。秦公觉得，应该不惜代价将其收购，让国宝回归北京故宫博物院。于是，他一次次登门拜访，向藏家解读文物政策以消除对方的疑虑。但谨慎的藏家提出，拍卖公司须预付 200 万元定金才能将这件作品从他家中带走，而且如果有专家提出异议而不能拍卖，定金不退。

这成了一个难题。经过再三考虑，自信心极强的秦公认定这是一件国宝级的珍品，身兼瀚海艺术品拍卖公司总经理的他力排众议，答应了藏家的要求。藏家的顾虑终于被打消了，同意这幅画进入鉴定和拍卖程序。

从现存资料可以知道，关于《十咏图》最早的记载，出自南宋周密所著的《齐东夜语》。而张先有江南才子之称，一生著作颇丰，有《安陆集》一百卷行之于世，是北宋时期与柳永齐名的著名词人。据说，张先平生仅作一画，而就凭此画，就让他在中国画史上占有了一席之地。但因此也有人提出，张先一生从没作画，到晚年却画了这幅上乘之作，这有些说不通，此画应该是代笔之作。

在纷纷扬扬的争议声中，全国文物鉴定委员会主任启功先生和副主任徐邦达先生来

了，书画鉴定专家谢稚柳、刘九庵、傅熹年也来了，这几位国内最顶尖的权威组成的鉴定小组对这张已经押上了 200 万元的《十咏图》进行了认真严谨的鉴定，他们的结论是：该画卷具有北宋绘画的典型风格，并有南宋贾似道、陈直斋和元代鲜于枢等名家题记，应属清宫流失的北宋上乘画作，是张先的真迹无疑。

鉴定小组立即把这一结果报告给了国家文物局，并建议国家购买此画。国家文物局很快作出批复，同意此画进入拍卖市场，同时作出了“本拍卖品仅限于境内博物馆、国有企事业单位竞买”的限定，并拨出专款，要求故宫博物院志在必得。

1995 年深秋的一天，北京一个容纳八百人的拍卖大厅里座无虚席，连走廊里也挤满了人。临近九时拍卖开始时，现场却鸦雀无声。很显然，如此紧张的气氛来自于当天最重要的拍品 ——《十咏图》。

故宫博物院副院长杨新代表故宫坐在了竞拍席上，国家文物局的领导也来了，而代表故宫举牌的是故宫文物处处长梁金生，这也是梁金生有生以来第一次参加拍卖会。

宋·张先《十咏图》

600万元的起拍价一宣布，现场聚集已久的能量立刻释放出来，一次次的举牌，让气氛达到了白热化，只要有人高过故宫的出价，梁金生就会再次举牌，价码被一步步推高，终于有人喊了起来："不要争了，把画留给故宫吧！"就这样，当梁金生举起1800万元的牌子时，全场安静下来，所有人都听到了拍卖师发出的颤音："1800万，成交！"

在小锤子砸下的那一刻，《十咏图》终于回到了故宫。

宋徽宗的《临唐怀素圣母帖》是流落我国台湾地区民间的书法珍品。2008年4月20日，在香港举行的艺流国际拍卖公司春季拍卖会上，来自海峡两岸和我国香港以及美国、新加坡、马来西亚和日本等地的买家参加了拍卖会，最终以1.28亿港元的价格成交，创下中国书画作品在全球拍卖市场上的最高成交纪录。

《临唐怀素圣母帖》是现存宋徽宗流落民间最长的草书手卷，也是此次拍卖会的重中之重，当拍卖师叫出6000万港元的底价后，买家竞相举牌报价，价格快速攀升，最后由来自欧洲的私人收藏家以1.28亿港元拍得。

清·钱维城《山水画册》

览》、王世贞的《弇州山人集》，清代顾复的《平生壮观》、安岐的《墨缘汇观》以及著录清宫收藏历代书画的《石渠宝笈》等书都有详细记载，流传有序。当代著名书画鉴定家徐邦达的《古书画过眼要录》和启功的《论书绝句百首》二书，曾根据该作的影印本及相关碑帖拓本做过详尽的考证、评价，认定为“隋人书”。

2003 年 6 月 19 日，故宫博物院专门邀请徐邦达、启功、朱家溍、傅熹年、杨新、单国强六位书画鉴定专家对《出师颂》进行了鉴定。专家们一致认为，该作品确为见于历代著录的隋人书《出师颂》卷，具有极高的艺术价值，是历代卓有影响的国宝级文物。

隋人书《出师颂》卷是目前存世极少的早期章草墨迹的珍品之一。2003 年，故宫博物院行使优先购买权，北京市文物局根据《中华人民共和国文物保护法》第五十六条第二款和第五十八条，向嘉德公司发出《关于指定故宫博物院优先购买〈出师颂〉帖的通知》，指定故宫博物院为《出师颂》的优先购买单位。故宫博物院遂动用该院文物征集专项资金 2200 万元予以收购，弥补了故宫藏品中隋代法书不足的缺憾，也使故宫两晋隋唐之早期法书名迹形成系列。

但令人遗憾的是，《出师颂》本幅与附件元人张达善的题跋割裂，一直缺失，散落民间。直到 1997 年，张达善跋《出师颂》被发现并且出现在嘉德拍卖场，书写内容为对《出师颂》文字、历史背景及作者的考证等。然而，当年这件法书居然流拍，之后辗转被收藏家陆氏父子收藏。国宝级法书隋人书《出师颂》与其题跋首尾分离数十载，2013 年 9 月 29 日，终于在故宫博物院实现合璧，重新聚首。中国嘉德国际拍卖有限公司与陆牧滔先生共同将此件重要文物捐赠故宫博物院。至此，不仅使故宫博物院补充了一件元代大儒的书法孤品，更为重要的是，合璧对于今后《出师颂》的传承和中国早期书法史研究很有意义。

《出师颂》，即使从初唐算起，至今也有一千三四百年的历史，屡见著录，历史上曾一度传为西晋书法家索靖书，宋代著名书画家、鉴定家米友仁题为隋贤书。历代流传有序。根据作品鉴藏印和历代著录书，

《出师颂》流传情况大致是：唐代经太平公主、李约、王涯先后鉴藏，南宋绍兴年间入内府，经米友仁鉴题，明归王世懋，清初由安仪周收藏，后入乾隆内府。清时刻入《三希堂法帖》。1922年11月，溥仪以赏赐溥杰的名义携出宫外，后带至长春伪满皇宫，1945年8月被禁卫军抢掠而分为两段，后散落匿于民间。直到2003年春天，在嘉德拍卖公司的古籍善本专场拍卖会上浮出水面。

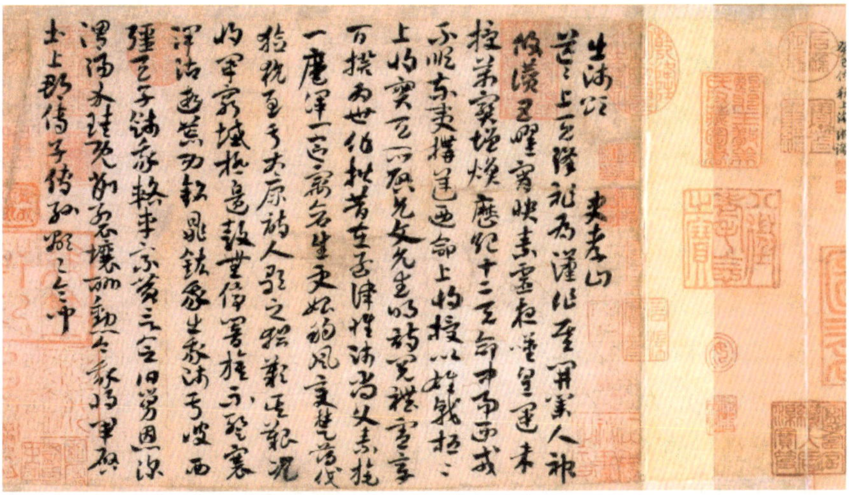

隋《出师颂》

乾隆在钱选《秋江待渡图》上的题诗

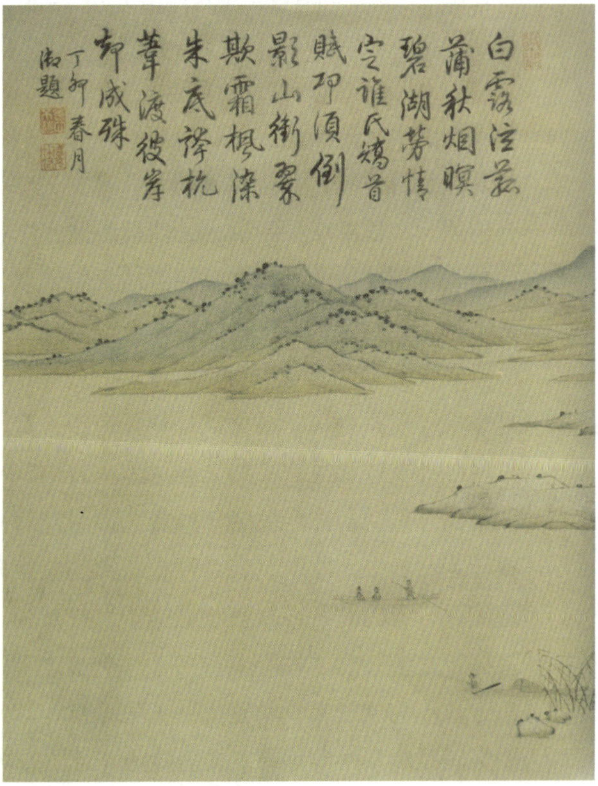

香港三希堂国际拍卖有限公司2014年秋季拍卖会上出现了钱维城的《山水画册》，这是一个有着传奇经历的“捡漏”国宝。

捡漏，是收藏爱好者的行话，意即用极小的代价淘到了大宝贝。在扬州流传着一则传奇：古玩收藏家杭先生一不小心“捡漏捡大发了”，本来是冲着郑板桥的“瘦竹”远赴东北收购的，没想到却以37万元的“小钱”意外“捡”到了一件出自故宫的国宝！更让人惊讶的是，这件国宝保守估计市价为1500万元至2000万元。参与拍卖的话，价格会更高。

2010年6月27日，扬州博古中心的杭从明接到吉林通化一朋友的电话，称其邻居黄先生有不少名人字画，其中扬州八怪郑板桥的“瘦竹”尤其珍贵，他当即决定次日带专家和朋友前往。

次日下午，飞机抵达长春，又转至通化，杭从明一行三人被安排在通化市某乡镇的一个小旅馆。两小时后，朋友带黄先生来到旅馆，随身还带来了一只有“吉林通化革委会”封条的破旧木箱及七幅卷轴画。据黄先生称，其父早年去世，子从父志，在侍养九十八岁的爷爷三个月后，老人也撒手人寰。尽孝后，黄先生和两位叔叔分得了老人一生珍藏的数十幅字画。“旧木箱”内装着的是清代官吏、宫廷画家钱维城的《山水画册》，另七幅分别为改琦和费丹的《仕女图》、郎世宁的《犬挂轴》、颜伯龙的《花鸟图》、王原祁的《山水长卷》、郑板桥的《瘦竹四条屏》、毋欺氏的《梅花图》以及文徵明的书法长卷，八幅字画最终以 78 万元成交。这八幅古字画中，杭从明和黄先生都非常看好钱维城的《山水画册》，不仅因为画风独特，而且该作品还配置了一套破旧的木箱，上有“吉林通化革委会”封条，画页用皇家专用绸缎包裹。仅这幅字画，双方以 80 万元起价商讨，终以 37 万元成交。

返程后，杭从明当即与国家博物馆研究员、央视《鉴宝》栏目资深专家蒋文光取得联系，请其来扬州为古字画“掌眼”。其中，三幅字画被否决待定，初步判断为清代高仿作品——这三幅作品杭从明花了 20 万元。小心翼翼地将木箱打开，首先映入眼帘的是一只精致的密函匣，匣内装着“国民党行政院”的珍藏手记。解开皇家专用绸缎包裹，一盒自然陈旧的画册展现在面前，上书“钱维城山水册页真迹神品”字样，整套册页由十二幅山水水墨画组成，每幅规格为 22 厘米 ×16.5 厘米。

看到钱维城的《山水画册》，蒋文光啧啧称奇，认为这是典型的清代字画精品，并介绍说：“钱维城是武进人，清代乾隆十年进士，宫廷专业画师，最擅长山水画，并得到乾隆赏识。他的画风细腻，手法独特，双沟填墨、中锋用笔、疏密有致，很有宫廷富贵气息，在画册上，这种风格体现得淋漓尽致。”

蒋文光认为，这绝对是钱维城的代表作，即使在故宫的藏品中，也难得一见。无论是装裱，还是画风、成作或是乾隆衔印，都应该是故宫藏品中的上乘之作。确认其为钱维城画师真迹和故宫文物，画风是一方面，八枚乾隆衔印也是有力的佐证。第一枚印为“石渠宝笈”，在清乾隆年间寓为即录“石制保险箱”之意，为清代珍贵级文物；第二枚印为“石渠定鉴”，表示经权威部门鉴定确认为真迹，方盖此印；第三枚印为“宝笈重编”，意为此画在故宫收藏品中，已被列入国宝文物名录；第四、五、六枚印为“乾隆御览之宝”、“乾隆鉴赏”、“御鉴之宝”，均为乾隆帝十分看好此画，方才加印；第七枚印为“三希堂精鉴玺”，三希堂在紫禁城内养心殿西侧，不大，主要是皇帝在冬季取暖批复奏章的地方，加盖此印能证明乾隆帝时常欣赏此画；第八枚印为“宜子孙”，

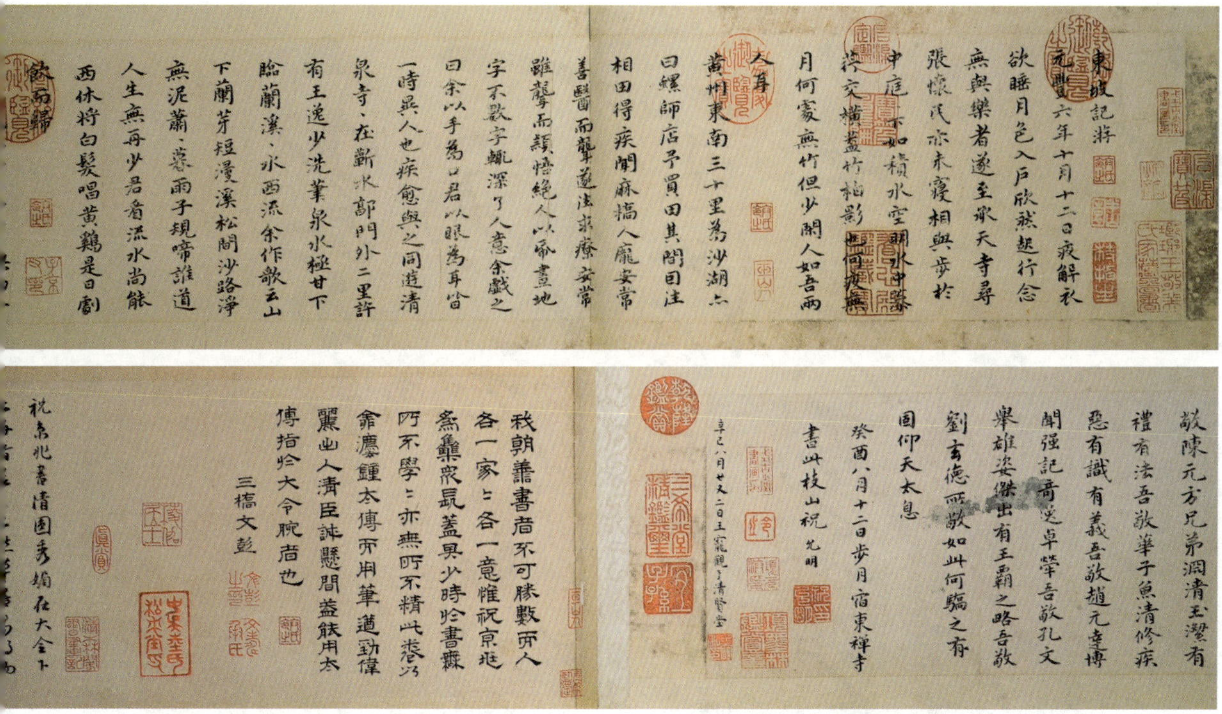

明·祝允明楷书《东坡记游卷》（上、下）

意为此画实乃珍品，要子子孙孙传下去，世代保存。而且，这些印章的印泥色泽几乎相同，很明显是专用的宫廷专用印泥原料，无论存世多久，都不会变化。

本是故宫的国宝级藏物，为何会流落至吉林通化呢？这和清代紫禁城众多流失的国宝有着相同的经历，也是溥仪以赏赐溥杰为名盗宝出宫，后带至伪满皇宫。1945 年 8 月，伪满垮台之际，溥仪仓皇出逃通化大栗子时，精选了钱维城的这幅《山水画册》，后在通化散佚。

钱维城擅长山水画，他的绘画远学元代“四家”（即黄公望、倪瓒、吴镇、王蒙），近学清初“四王”（即王时敏、王鉴、王徽、王原祁），而且还直接得到董邦达的指点。钱维城投身科举时，很少有人知道他擅长书画，直到状元及第后，在随乾隆狩猎时，乾隆射中一只老虎，于是钱维城受命创作《射虎图》，作品完成后乾隆连连称赞，并下令将此画刻在木兰围场的石头上，从此钱维城在画坛上名声大振。在钱维城的绘画中，带棱角的石形、双勾少皴的树干，以及中锋含蓄的细笔、淡墨勾皴的线条，都存有董邦达的笔意，但他更擅长缜密的用笔和青绿、赭石

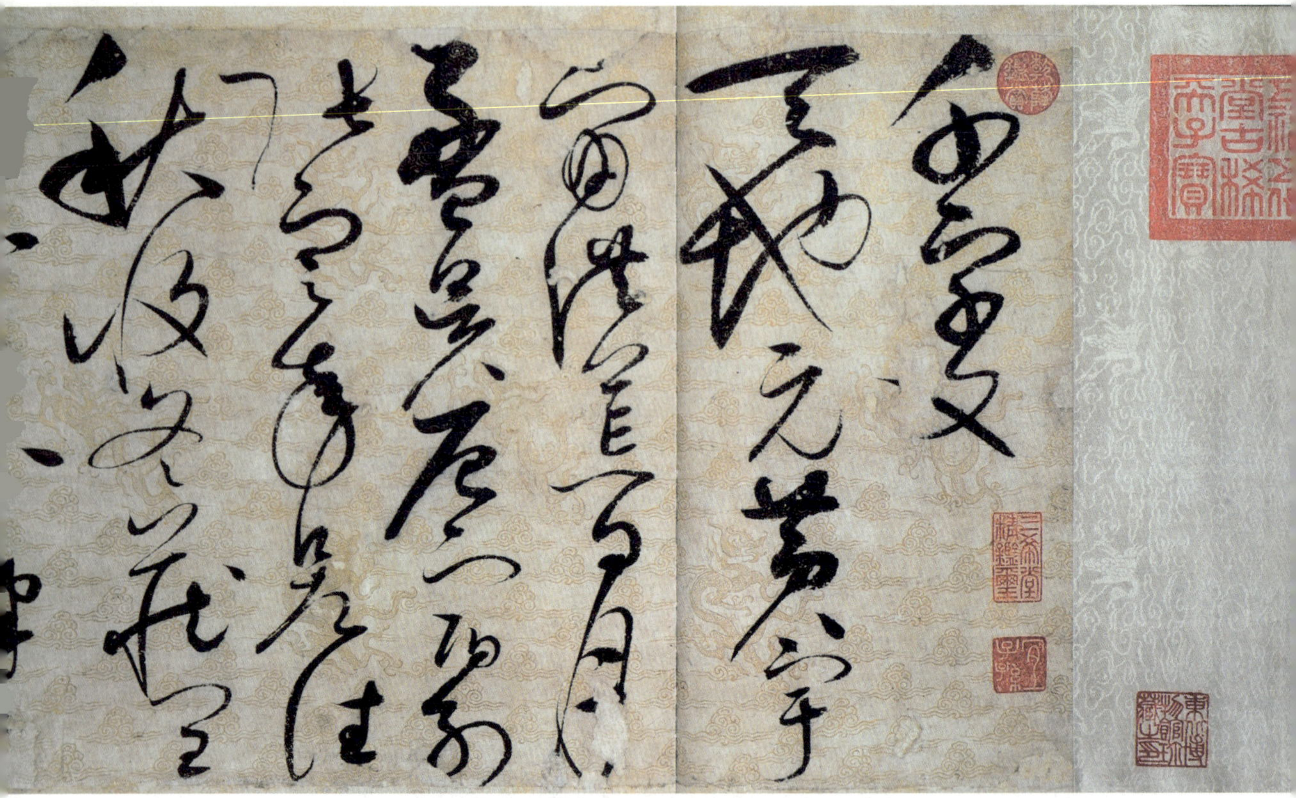

宋徽宗赵佶草书《千字文》

相间的设色，其中也显示出清初“四王”的流派风格，他的作品呈现出来的通常是一派宫廷富贵气息。

提到清代画坛，人们便会想到“四僧”和“四王”，然而在皇家禁苑的宫廷里，除了皇室成员偶有涉足翰墨者和宫廷御用画师之外，还活跃着一群能书善画的朝臣。他们一般都是通过科举考试进仕的，由于他们都有善于绘画的技能，公务之余，也会因皇帝的喜好而受命作画，作品款书多为“臣某某恭绘”字样，这个群体被称为“词臣画家”。

“词臣画家”的出现与清代的科举制度和宫廷文化有着复杂的关系，而这些画家的艺术创作，也对清代画坛的发展产生了深刻影响，这是清代绘画史中一个别有趣味的现象。在这众多的画家中，名声显赫者如王石谷、王原祁，以及董邦达、董诰、钱维城、张宗苍等。而无论是艺术成就还是市场表现，钱维城都是众多“词臣画家”中比较突出的一位。钱维城在“词臣画家”中很有威望，又深得乾隆赏识，作为业余画家能画得如此水平，乾隆认为是一种荣耀和安慰，因此乾隆皇帝经常请钱维城作画，花卉、蔬果、山水、人物等各类题材都有，他的作品很多。

根据《秘殿珠林石渠宝笈续编》和《钦定石渠宝笈三编》的统计，仅前者即收录有钱维城书画作品 121 件，其中绘画 95 件、书法 26 件；而后者共收录有钱维城书画作品 87 件，其中绘画 70 件、书法 17 件。两书累计收入钱氏书画作品 208 件，绘画藏品多达 165 件。同样，在艺术品拍卖市场上，以个人作品上拍量、最高成交价来看，钱维城无疑也是“词臣画家”中的佼佼者。数据显示，自 2000 年至今，钱维城上拍作品 250 件，成交 160 件，总成交额达 3.87 亿元。其中，2010 年春北京保利古代书画拍卖专场中，钱维城设色《雁荡图》手卷，估价高达 5000 万元至 8000 万元，最终以 1.3 亿元成交，创造“词臣画家”作品拍卖纪录。

2009 年 6 月，中国嘉德春季拍卖会古籍善本专场中，一套海外归来的《宋版六经图》吸引了众人的注意力。珍罕善本依然受到市场追捧，《宋版六经图》为明万历南京吏部刊本，宫装原函原封，开本阔大，刻印精美，为清宫天禄琳琅旧藏之物，以 268.8 万元成交。

此套《宋版六经图》原为美国刘树义先生所收藏。刘树义之父刘燕夫早年曾任职于国民党中央监察委员会，1946 年抗战胜利之后，检察院国民党参政会和国民党中央监察委员会共同组成日产接收清查团，赴各地清查接收过程中的弊端。刘燕夫为东北清查团干事，与监察委员金毓黻、国民参政会王寒生等成员一同赶赴东北。

清查团到达长春后，年轻的刘燕夫在伪满洲国皇宫附近的古玩店

唐·欧阳询《仲尼梦奠帖》

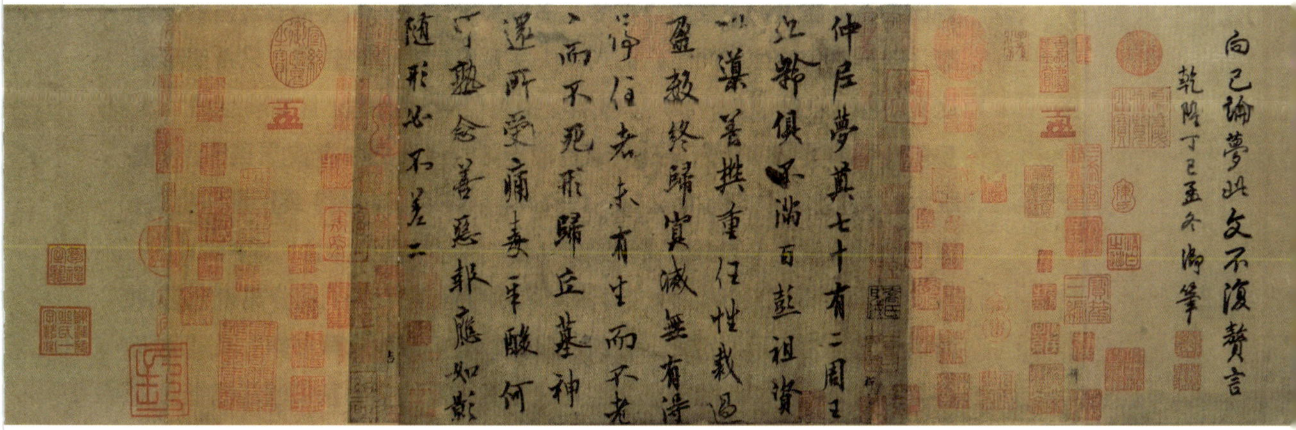

起移交给中国政府。此后，溥仪作为战犯被送到抚顺战犯管理所进行思想改造，他藏宝的皮箱最后则交到东北人民政府。最终，这批价值连城的金银珠宝珍品中的一部分收藏在北京故宫博物院，绝大部分都成为沈阳故宫的馆藏品，溥仪御用的皇家珍品在经历了多年风雨之后，终于回到祖国和人民的手中。

抚顺战犯管理所原副看守长杨玉德及负责保管溥仪所带珍宝的工作人员孙世强，曾回忆说，苏联政府向我国移交关押在苏联的伪满洲国战犯溥仪等人时，连同他们剩下的这部分贵重物品一并移交给我国政府。当时，由东北人民政府公安部执行科保存，抗美援朝战争结束后，又将这些珍品转交给关押战犯的抚顺战犯管理所。

在战犯管理所里，管教科对面的房间存放着伪满战犯逃跑时带走的稀世珍宝。1953年10月，战犯管理所自哈尔滨迁回抚顺以后，领导派管教科懂外文的谢连璧和杨玉德到沈阳原东北公安部八纬路招待所五楼接收那些珍宝。老杨和老谢在那里一件一件地清点了一个多月，原东北公安部及最高人民检察院等单位均派人参加。这些东西都是苏联政府移交过来的，有七八箱子，仅溥仪的东西就有二三箱（其中，钟表类就有三十多种，还有稀世珠宝、玉器，包括慈禧太后用的有绿、黄、白、古铜各色的佛珠，镶嵌着各种宝石的珐琅发簪等）；张景惠的东西有一箱，其中有金盾、翡翠手镯等。其他伪满大臣的东西约有三四箱，经一一清点、登记造册之后，抚顺战犯管理所派战士押运至抚顺，并指定专人保管。

溥仪被遣送回国时，还随身携带了另一部分贵重物品，这些珍品是在苏联被关押时，由溥仪的侄子爱新觉罗·毓嵒等人帮助他密藏在一个立方形黑色皮箱的夹层中。溥仪入监登记时未被发现，之后，经过一段时间的耐心教育，毓嵒最先揭发检举，溥仪主动交给了抚顺战犯管理所。溥仪从苏联带回来的物品中有一件国宝——乾隆田黄石印。1951年年初，溥仪受全国人民掀起的为支援抗美援朝战争捐献飞机大炮的运动所感动，在哈尔滨期间，他主动将这颗玉玺献给了国家。

1956年以后，由于参观的客人逐年增多，有不少中央、省、市级领导出于好奇，除了要求看一眼溥仪、张景惠之外，还都纷纷要求看看溥仪等人捐献的以及带走的稀世珍宝。这样，每拿出一件都非常麻烦，杨玉德担心把一些小钻石弄掉。当时，战犯管理所所长金源同志想出了一个办法，在管教科办公区腾出一个房间，花5000元钱订购了展览柜，将溥仪等人的贵重物品摆出来，供各级首长及客人来所观瞻。

1959年12月4日，遵照中华人民共和国国家主席颁布的特赦令，关押在抚顺战犯管理所的溥仪等十名战争罪犯获首批特赦释放。组织上考虑到溥仪刚刚获得新生，为了他今后工作和生活的方便，经上级主管领导批准决定，虽然他的一切贵重物品都是由北京故宫盗窃出来的，理应全部归还给人民，但考虑到他今后工作的方便，允许他在这些贵重物品中挑选一块表，供他私人使用。就这样，溥仪来到展览室，最后，挑选了一块金壳怀表。为了完结手续，他写了一张收据："今收到政府发给我的金壳怀表一块。"

溥仪于1959年12月被特赦以后，全国各省市各级领导凡来辽宁公出的，都想来抚顺战犯管理所参观，虽然这时已看不到溥仪本人，但溥仪从故宫带出的这些贵重物品，却成了参观者的一个观瞻内容。杨玉德把溥仪告诉他的每件物品的名称、用途及来历等如实介绍给观众。当然，每次接待来访者，还都要带领各级领导参观一下溥仪等人住过的监舍。

1964年9月12日，周恩来总理在公安部党组《关于处理伪满战犯溥仪等人贵重财物问题的请示报告》上批示："处理这些贵重财物，同意不再经过法律手续，但是必须经过行政手续，不应由一个机关单独处理，应由公安部、法院、财政部、文化部和政法办公室（为主）五个单位负责处理，然后给国务院作一报告结束此案。"

根据周总理的指示，公安部令抚顺战犯管理所将这些物品如数送至北京。于是，战犯管理所派管教科科长王奇壮和杨玉德，于1964年10月的一天，包了两节软卧车厢，携带着溥仪的贵重物品和张景惠、荣源等人从伪满皇宫中带出去的珍宝，由沈阳押运到北京。

交接工作是在北京故宫博物院办公区进行的。公安部派蒋石介同志参加，故宫博物院、北京特种工艺公司派多名专家参加。他们对这批贵重物品逐件进行鉴定、评价、验收。过去，在抚顺战犯管理所办小型展览时有六个翡翠戒指，杨玉德认为没有展览价值，一直锁在箱子里没有拿出来展览。这次交接时，杨玉德和蒋石介用手在桌下估计，杨玉德伸出了三个手指头，蒋石介问后面有数没有，杨玉德说"有一个零"，指的是价值30元。蒋石介摇摇头说"后面应该是两个零"，指的是价值300元。这时，两人都等待专家们评估。专家们几经商讨，最后定价为4000元。交接中，有一块钻石有一个大手指头那么大，专家们和故宫博物院唐院长等人认定是西太后帽子上的镶物，仅这一块钻石就认定为4000元。

经过一个多月的移交和专家们对每件物品进行鉴定、评价，终将1169件物品全部交接完毕，最后作出了万无一失的结论。

后来，溥仪这批珍宝中的"乾隆田黄三链章"等少数珍品由北京故宫博物院收藏，其他的包括绝大部分金银器、玉石器及御用男女表则转交到东北人民政府。这批珍宝先是保存于东北博物馆，20世纪60年代整批转入沈阳故宫博物馆（沈阳故宫博物院前身）收藏。这就是目前沈阳故宫博物院所收藏的溥仪御用珍宝的来源。沈阳故宫博物院现在

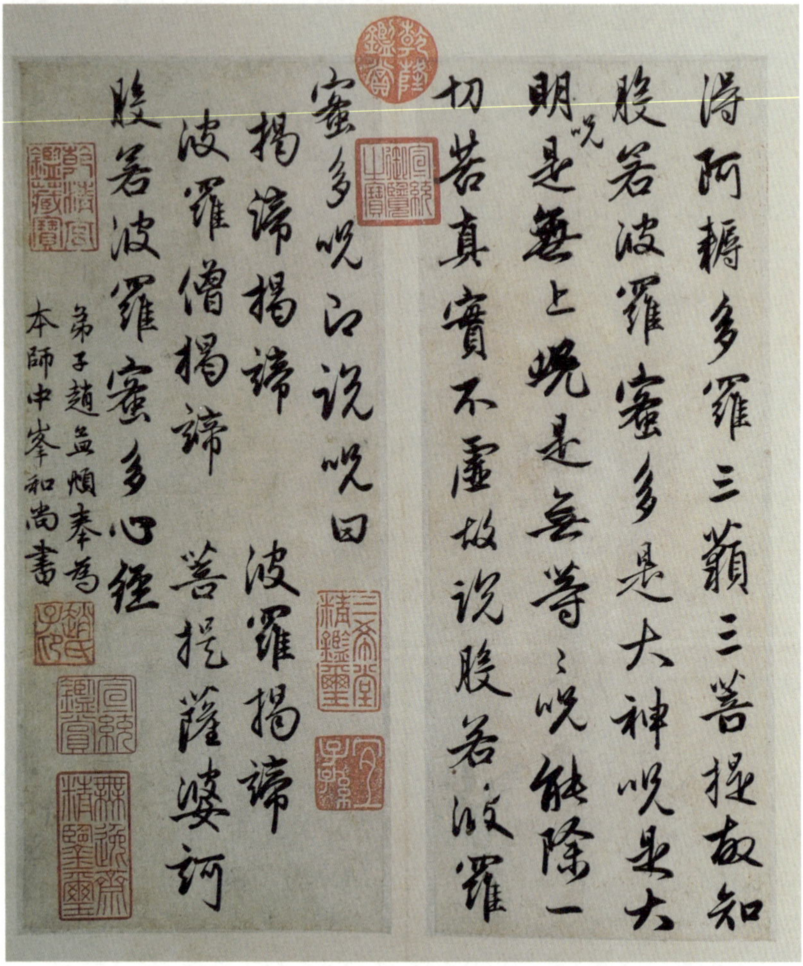

元·赵孟頫行书《般若波罗蜜多心经卷》

所藏溥仪御用珍宝共有454件（套），其中包括清代中晚期宫内制造的玉器、宝石器，由国外购买的各类用表，以及民国时期和伪满洲国时期制造的溥仪御用金银器皿和少量首饰。这些都是做工精细的稀世珍品，系清宫廷所藏旧物，有内务府造的，有地方进贡的，还有外国进献的精制工艺品，具有重要的历史价值和艺术价值。

沈阳故宫所藏溥仪御用金银珠宝藏品，以其实际使用功能划分，可以分为首饰、佩饰、陈设、文房用品、器皿、佩表、首饰散件等几大类。其中，首饰类有项链、手链、手镯、戒指、戒面、发簪、扁方、头簪、耳环、耳坠等；佩饰类有朝珠、念珠、手串、胸佩、腰佩、佩穗、扳指、鼻烟壶、带钩、表杠、翎管、顶珠、帽花等；陈设类有三足炉、清供、人像等。

文房用品类有印料、笔架、笔筒、水丞、镇纸等；器皿类有杯、壶、瓶、碗、盘、碟、盒、盆等；实用类有佩像、烟嘴等；佩表类有怀表、坤表、球形表、戒指表等；首饰散件则包括有大量的珍珠、宝石等首饰残件及未加工的新品。这批珍宝藏品若以其材质进行划分，可以分为十余类品种，有翡翠、玛瑙、璧玺、珍珠、珊瑚、水晶、其他玉石类、金银制品及琥珀、蜜蜡、枷楠木、仿钻石、仿水晶等。

沈阳故宫院藏溥仪御用金银珠宝器中的绝大部分，为清代中晚期所制造，也有少量的金银器皿制造于伪满时期，这部分金银器皿的底部多刻有年款或生产制造的店款。其中最值得注意的是一件“烧珐琅八宝花开金勋章项链”。这个项链为钢质镂空开金制成，链身共有四十三节，其中正面正龙绕珠纹链饰一节，八宝图案链饰八节，八卦“乾”、“坤”二字链饰各一节，均为绿、蓝色珐琅质（烧蓝）工艺制成，另有镂空纯梅花形的链饰十节、盘肠形的连接链二十节，均为抛光开金制成。这个项链已经缺失龙饰下部的星形勋章，但仍不失为伪满皇帝御用的代表之物。从此件勋章项链的纹饰、工艺及制造水平看，应为当时日本人制造并颁赠给溥仪的荣誉勋章项链。沈阳故宫所藏其他溥仪御用金银器皿，基本以实用餐具为主，包括“义虞永和”款刻花银碗，“北京宝华楼”款刻瓜瓞双喜银碗，“大同元年”款双喜银碗以及银筷、叉、匙等餐具等。

沈阳故宫现藏溥仪御用金银珠宝物品中，有一项非常重要的高档实用品，即十余件镶嵌有宝石、珍珠的各类御用的怀表、手表、戒指表和观赏表，其中以精美的大小怀表居多，它们多为金、银胎或开金所制，表面及表带也多镶有名贵宝石。这些名表制造于十八十九世纪至二十世纪初，均产自英国、瑞士两国，其中绝大多数是清宫原藏，少数为民国时期溥仪婚后购置，有的则是他赠送后妃的礼品表。清宫原藏的名表为清代中晚期入藏，大多为亲信大臣等进贡、西方传教士奉献或是由粤海关等处由欧洲直接购买，因而具有较高的历史价值。其中，有一些是世界著名品牌，这些名品在今天也是显赫一时，如有世界顶级的“积家”（Jaeger）、“ROXY”、“Bovy”等著名品牌。这批难得一见的藏表原来的市场价值即已不菲，又因末代皇帝溥仪的珍藏和使用，因而具有极为特殊的传奇色彩。

沈阳故宫所藏溥仪御用金银珠宝中的玉石类、宝石类首饰品，多数是成色纯正的翡翠、玛瑙、璧玺、珍珠、水晶等贵重宝石，其中的绝大部分为清代中晚期所制玉石、宝石佩饰和首饰品。在这批珍宝当中，佩饰品主要有：翡翠、玛瑙、璧玺、水晶、珊瑚等雕刻的佩坠60余件，璧玺、珍珠、琥珀、蜜蜡、伽南香木雕刻的朝珠10余件，翡翠、玛瑙、璧玺、水晶、珍珠等雕刻的串珠10余件，翡翠、玛瑙等雕刻的扳指10余件，翡翠、玉、红宝石等雕刻的带钩、带扣近10件，翡翠、玛瑙、璧玺、珊瑚等雕刻的鼻烟壶10余件，翡翠、璧玺、珊瑚等雕刻的帽花、翎管、顶珠等10余件；首饰品主要有：翡翠、璧玺、珊瑚、穿珍珠等制发簪、扁簪近50余件，钻石、宝石、水晶、珍珠等制项链近10件，翡翠、玛瑙、珊瑚、珍珠、琥珀、金银、玉制手镯近30件，翡翠、玛瑙、珊瑚、珍珠、琥珀、金银、水晶、人造水晶、镶钻、玉等制戒指50件，各种戒面近20件，翡翠、璧玺、玛瑙等耳坠、珥饰近30件。由以上统计可知，溥仪御用珍宝中的佩饰约有120件，首饰约有 190 件，两者合计数量已达到 310 件，占这批金银珠宝总数的三分之二还多。

沈阳故宫博物院所珍藏的溥仪御用金银珠宝藏品，是中国封建社会最末一代王朝、最末一位皇帝的特殊见证之物。末代皇帝溥仪的一生可谓起起落落、一波三折。他一生中的御用之物至今得以保存的也不在少数，但能够像沈阳故宫院所藏这批金银珠宝如此集中又如此具有历史价值、文物价值和商品价值的藏品，并不是太多。

北京故宫博物院珍藏的文物中，有一批是溥仪在战犯管理所时交还给国家的。这批文物有戒指、领针、手镯、耳环、佩饰、表链、手串、小怀表及戒面等，质地有红宝石、蓝宝石、翡翠、祖母绿、猫眼石、珊瑚珠、珍珠、钻石等金胎烧蓝、金镶嵌，等等。

这批文物中，数量最多的是戒指，形式有两种：一种是由一块宝石雕琢而成的，另一种为戒托、戒面组合在一起的镶嵌戒指。前一种戒指多采用巧作的工艺技法，将一块质地优劣相间的材料费尽心机相材琢磨，优者做戒面，劣者成戒圈。例如，有两枚翡翠戒指，通体劣色、只有戒面处呈深绿色，无瑕无绺，美观大方。其余戒指制作工艺属后种，在黄金、白金的戒托上，镶嵌红宝石。这些戒指，大多为清乾隆时期遗物。

除戒指以外，小手表、小怀表数量亦不菲。手表、怀表于 18 世纪进入宫廷，成为清宫帝后赏玩的珍品。这批表多用黄金做表壳，外加烧蓝。烧蓝，又名透明珐琅，是从欧洲传入我国的工艺，这种工艺在乾隆时期非常流行，但因工艺难度大，成品甚少，流传下来的精品多为清宫帝后使用，如金胎烧蓝扇形小怀表，烧蓝圆形盘扣表、戒指表及首饰表等都是清代同治、光绪时后妃使用的。

特别值得一提的是，这批文物中有两枚大钻石戒面和两件祖母绿戒面、两件祖母绿领针最为名贵。

两枚钻石戒面中的一枚直径为 16 毫米，重 16.34 克拉，另一枚直径 14 毫米，重 10.28 克拉。钻石戒面上圆下尖，呈锥形，面为多面几何体，透明度极高。曲光折射达 58 面之多。折射面有镜子一样的功能，即光线由外部射入，底面即使之发出强烈的光泽，光彩夺目。钻石起初称金刚石，石而似金，有光彩，可以刻玉。在清代宫廷后妃的首饰中，以钻石钻嵌者数量有限。清康熙六十一年（1722 年），曾从锡兰、阿拉伯等地经广州口岸进口钻石，广东粤海关将此进贡清宫。逢年、节、皇帝生日时，粤海关也有进贡钻石戒指的记载，但仅数枚而已。

另外四件祖母绿戒面与领针，亦为罕见之物，是翠料中最为名贵的一个品种。祖母绿是含有微量元素铬的矿物质，质地坚硬，色泽艳美，深绿色结晶透明体内有细小的龟裂纹，能闪出一条蜻蜓翅膀似的脉线，十分美丽。

辽金时期，中原地区始见祖母绿，来自西域的色目商人带来当地所产珠宝首饰换回

宋·杨无咎《雪梅图》

中原的茶叶、皮货和丝绸。在他们出售的宝石中就有形似玻璃而莹之的祖母绿。前面提到的四枚祖母绿最大的为戒面，长3.5厘米、宽2.8厘米，其余三枚均为长1.8厘米、宽1.8厘米。除清宫之外，恐难见到这么大的祖母绿。

1955年，溥仪将随身携带的珍宝主动献给国家。抚顺战犯管理所在征得有关部门的同意后，这批珍宝终于重归北京故宫。

在重归故宫的珍宝中，特别值得一提的是乾隆田黄三链章。溥仪在被驱逐出北京故宫的时候，偷偷带走了许多珍宝，其中有一件虽然很小，却特别珍贵，在以后的许多日子里，溥仪都一直把它带在身边。溥仪秘密收藏的这件东西，是清朝第六任皇帝乾隆——爱新觉罗·弘历的私人印章，叫乾隆田黄三链章，也叫乾隆田黄三联玺，由三枚印章组成。这三枚印章由三条石链连成一个整体，深得乾隆皇帝的喜爱。像这样造型奇特的皇帝印章极为罕见，这件三链章造型虽然小巧，可其中却大有名堂。无论是材质的选择、图文字样的篆刻，还是做工方面的技巧，田黄三链章都有着不同寻常之处。乾隆田黄三链章三枚印章中有两枚是正方形，一个刻有“乾隆宸翰”，一个刻有“惟精惟一”，另外一枚呈椭圆形，刻有“乐天”字样。三链章上的玺文“惟精惟一”、“乐天”都出于儒家经典，乾隆皇帝想以此来表明自己精益求精、专一其心、不偏不倚的施政思想和乐天知命的处世态度。

“乾隆宸翰”和“乐天”玺文，被处理为印章的凸起部分，“惟精惟一”则是印章的凹陷部分，这两种刻印方式就是篆刻中所说的阳文

溥仪收藏的名表

字，并钤上了双龙小印。

北宋王朝的建立，始终不能解决与北方辽、金、西夏等政权纷争的问题。1126年，金兵大举南下，直抵汴京，把宋徽宗、宋钦宗以及各种文物、图书、档案、天文仪器和技艺工匠等全部掳掠而走。但《清明上河图》却没有归入金朝皇宫，而是流落于民间。

后来，蒙古人灭金吞宋建立元朝之后，统治者到处搜刮财宝、名人名迹，《清明上河图》第二次进入宫廷，为皇家所有。据图后尾纸上的记载，到元代后期的至正年间，宫内有一个装裱匠趁装裱这件作品之机，用一个临摹本把真本偷换出宫，悄悄地卖给了某贵官，《清明上河图》第二次被盗出宫。

某贵官后来被派到真定（今河北省正定）驻守，负责保管这幅画的人又偷偷把它卖给了杭州人陈某。这一偷盗情节被得宝者详细记录在图后尾纸上。元末至明嘉靖年间，这幅名画至少易手八九次，后博雅好古之士杨准在京搜访古名家笔迹，得到这个消息，倾尽囊中所有，以重金买了下来。明嘉靖三年（1524年），《清明上河图》转到长洲人陆完的手里。

陆完死后，其子急等钱用，便将《清明上河图》卖至昆山顾鼎臣家，后被严嵩父子强行索去。隆庆时，严嵩父子被御史邹应龙弹劾，终于官场失势，严世蕃被斩，严府被抄。据查抄严家财产登记账记录，确实有张择端《清明上河图》一卷，在明朝隆庆时没收到了宫廷，这是《清明上河图》第三次进入皇宫。

《清明上河图》第三次入宫以后不久，又第三次被盗出宫。偷窃者是万历时期飞扬跋扈的太监冯保。冯保得到《清明上河图》以后，还忍不住在画上加了题跋，如系皇帝赏赐，在题跋中一定大书特书，但冯保却只字未提，显系盗窃到手。

但在抄没冯保家产时，并没有这件作品，因此它再也没有进入明代宫廷。这有可能是因为冯保在抄家之前就已经秘密脱手了，要不然就是藏匿他处而未查抄到。自冯保以后，一直到清代乾隆年间此画下落不明，这两百余年中《清明上河图》究竟几易其主，无人知晓。也正是在这段时间内，社会上伪本《清明上河图》广为流行，目前世界各地所藏这类伪品不下二三十本。

溥仪交出的部分珠宝

真本《清明上河图》在清代的第一个收藏者是陆费墀，接着由毕沅收藏。毕沅是乾隆二十五年（1760 年）进士，累官至湖广总督。在毕沅死后的第四年，即清嘉庆四年（1799 年），湖广一带发生百姓反抗朝廷的斗争，清政府追究地方官的责任，将他的家产没收入宫。这样，《清明上河图》便第四次进入皇宫了。清廷将《清明上河图》收入宫廷以后，便将它收在了紫禁城的迎春阁内。嘉庆帝对其珍爱有加，命人将它收录在《石渠宝笈三编》一书内。此后，《清明上河图》一直在清宫珍藏，虽然经历了 1860 年英法联军以及 1900 年八国联军两度入侵北京，洗劫宫室，但居然逃过了劫难，均未受损。

《清明上河图》第四次进入宫廷以后，到了 1911 年，清王朝被孙中山所领导的民主革命推翻，但溥仪仍然留住宫中。溥仪以赏赐其弟溥杰为名，将宫中的重要文物偷运出宫，《清明上河图》即在其中，这是它第四次出宫。

《清明上河图》由溥仪盗出宫廷后先存放在天津，伪满政权成立后就带到了长春伪满皇宫。1945 年伪满政权垮台前夕，在硝烟弥漫的炮火声中，溥仪仓皇出逃，将部分珍贵的古代法书名画和金玉财宝随身携带至通化大栗子，《清明上河图》亦在其中，幸免一次劫难，安然无恙地被保留了下来，先存放在东北博物馆，后拨交给了故宫博物院。这

的是五六百年生的一支老人参，是伪满通化省献给溥仪的贡品。收缴国宝工作组专门研究了包装、起运及安全措施等问题。之后，他们亲自包装，责任到人、到车，总共装了二十八个皮箱，在警卫部队护送下，用汽车运抵通化，按军事系统上交。武清禄在回忆材料中写道："收缴的国宝首先交给刘西元同志，他当时任通化支队司令员兼政治委员，刘司令又上交给东北民主联军后方司令部司令员朱瑞同志。之后，又交给了通化省委，再后又上交给东北局，最后交给了东北博物馆。"

长春市公安局送交的《清明上河图》

1950 年春的一天，一个步履匆匆的年轻人出现在长春火车站的站台上，他手里紧紧攥着一个包裹，快步登上了开往沈阳的列车。

这个年轻人名叫杨树森，解放初期在长春市公安局工作。六十多年前的这次沈阳之行，至今仍然令老人记忆犹新。

"1950 年的春天，我二十岁，赵鼎处长（已过世）找我谈话：组织研究决定派我到沈阳出差一次。要我穿便衣去并要记住我拿的这个画比你的生命都金贵，因为它是不可再生的国宝，不能有任何一点闪失。到了沈阳，东北公安部的汽车接我。我一递上那个护照和介绍信，就给我送到了东北人民政府文化部。接待我的是一个四川人，三四十岁吧，叫杨仁恺。我为啥印象这么深呢？一个是年轻，另外上级有嘱咐的'这重要重要……'我后来才知道，这个杨仁恺，他本人就是国宝，专门搞文物鉴定。他到这里用放大镜一看，边戴上白手套，边用四川话跟我说：'小鬼，你们长春市公安局是立了功的，你晓得不，这是国宝啊！'他又说：'我们这也不能留，我们得很快上报到东北人

北宋·张择端《清明上河图》局部一

民政府，派专人送到北京，不得有任何损坏。你看看（这画），历代皇帝都打着戳，很长的画啊。’

中央电视台《国宝档案》栏目播出的《清明上河图》我看了，好像前些年在《北京晚报》上也读过，说是哪个地方又出现了一幅《清明上河图》，但我认为那些都不是真品。因为后来我一了解啊，像这种贵重的东西，赝品分两类，一类是当代的（如宋代时就有的赝品），一类是后代的，即后人仿制的。只有溥仪的那个是真的，是经过我手送的。”

杨树森的回忆，让我们知道了曾经发生的一些历史片段，主要有以下几点：

其一，1950 年春，这是个重要的时间节点。

其二，长春市公安局破案收缴了《清明上河图》，怎么破的案杨树森不清楚。

其三，杨树森去沈阳，将《清明上河图》送交到东北文化部并亲手交给了杨仁恺，还得到了杨仁恺的表扬和肯定。

至于送的是哪个版本的《清明上河图》，文中没有提到，但几次强调他送的是真的。这倒符合历史实际，因为有多少种版本，杨树森是不清楚的，至于其所说的有些情况是后来知道的。但他知道是溥仪的东西，是从伪满皇宫中流散出来的国宝，所以他才认定只有他送的这幅是真的，其他的都是假的。

北宋·张择端《清明上河图》局部二

1950 年冬，杨仁恺在东北博物馆临时库房鉴定收缴的溥仪的字画时发现了《清明上河图》真迹。因为送交的国宝字画肯定有一整套严格的交接程序和固定且集中的收藏地点，所以从长春送交的国宝也应是和大栗子等地收缴的国宝统一集中保管在东北博物馆，那么杨仁恺所看到的三幅《清明上河图》中，应该包括杨树森送交的那幅。

《清明上河图》的发现与回归

1949 年 7 月 7 日，东北博物馆（现辽宁省博物馆）在沈阳成立并开馆，成为新中国第一个开放的博物馆。东北博物馆的大部分展品为东北人民银行拨交、东北民主联军从溥仪处缴获的名贵书画、珠宝翠玉饰品。

杨仁恺负责对从各方收缴来的大量字画进行整理鉴定。历来，以张择端之名流传的《清明上河图》繁多，杨仁恺过目的就有十余件之多。1950 年秋，从东北人民银行拨交来的一批《佚目》书画尚未整理。当时，杨仁恺在东北博物馆临时库房里整理书画作品时发现有三件名为《清明上河图》的作品，他认为这些都是过去常见的“苏州画片”一类的东西，根本没想到会在此中出现奇迹。

当杨仁恺打开一卷残破的画卷时，顿时惊呆了，这幅长卷画面呈古色古香的淡褐色，画中描绘人物、街景的方法体现着独特古老的绘画法式。杨仁恺随后对这幅画卷进行了认真的研究和细致的考证，这幅长卷气势恢弘，笔法细腻，人物、景物栩栩如生，画上虽然没有作者的签

北宋·张择端《清明上河图》局部三

名和画的题目，然而历代名人的题跋丰富、翔实，历代的收藏印章纷繁复杂，仅末代皇帝溥仪的印章就有三枚之多。尤其是画卷之后金代张著的题跋中明确地记载："翰林张择端，《清明上河图》，选入神品，藏者宜宝之。"难道这就是被历代皇宫、贵族争相收藏的稀世神品——北宋张择端的《清明上河图》吗？

使杨仁恺大为出乎意料的是，数百年来始终存在于传闻中的宋代张择端的《清明上河图》真迹，会在这个偶然的时间、偶然的地点被意外发现！杨仁恺顿时"目之为明，惊喜若狂，得见庐山真面目，此种心情之激动，不可言状"。正是真本解开百年谜。

至此，杨仁恺才真正了解到，苏州画片的作者根本没有见过《清明上河图》原作，只是参照历来文字记载构图铺陈而成的。

三件《清明上河图》中既然已经发现了真迹，其余两件自然便是赝品。然而，另外一个奇迹又在杨仁恺面前出现了：两件中的一件作品，竟然是仇英的重彩工笔《清明上河图》，并具名款。该作品参照了张择端《清明上河图》的构图形式，但描绘的是苏州社会生活现实内容。由此，揭开了苏州画片的奥秘：明代苏州坊间所绘制的《清明上河图》，原来都出自仇英此图。由于历来的《清明上河图》赝品均以仇英的《清明上河图》临本为背景，于是仇英临本也就成为衡量《清明上河图》真伪的一个条件。

北宋·张择端《清明上河图》局部四

杨仁恺将这幅画卷的照片发表于东北博物馆编印的《国宝沉浮录》中，立即引起了国内外专家学者的高度关注，时任国家文物局局长郑振铎将这幅画卷调往北京，经专家学者进一步考证、鉴定，确认这幅绘画长卷就是千百年来名闻遐迩的《清明上河图》，遗失多年的稀世国宝于1955年终于再一次入藏北京故宫博物院。

虽然关于《清明上河图》的发现和回归画上了圆满的句号，但历史研究从来都是求真求实的，贵在探讨互相关联的细节，所以在此我们还是要梳理、分析一下大栗子收缴的和长春上交的哪一幅是张择端的《清明上河图》。

中国第一历史档案馆根据故宫所存的档案资料公布了《溥仪赏溥杰皇宫中古籍及书画目录》，溥仪赏给溥杰的四幅不同版本的《清明上河图》如下：

1922年12月30日，溥仪一次赏给溥杰三十幅书画，其中包括“仇英仿张择端清明上河图一卷”。

1923年1月4日，溥仪一次赏给溥杰三十五幅书画，其中包括“张择端清明上河图一卷”。

1923年1月17日，溥仪一次赏给溥杰三十幅书画，其中包括“谢遂仿明人清明上河图一卷”。

1923年1月24日，溥仪一次赏给溥杰三十幅书画，其

北宋·张择端《清明上河图》局部五

中包括“张择端清明上河图一卷”。

杨仁恺所著《国宝沉浮录》一书中的第八章“故宫已佚书画总目简注”中，介绍了五幅《清明上河图》及收藏处：

北宋张择端《清明上河图》，《石渠宝笈》三编著录，真迹，原藏原东北博物馆，后上调转故宫博物院。

北宋张择端《清明上河图》，《石渠宝笈》初编著录，明代苏州画片，辽宁省博物馆藏。

明仇英《张择端清明上河图》，《石渠宝笈》重编著录，真迹，辽宁省博物馆藏。

清谢遂《仿明人清明上河图》，《石渠宝笈》三编著录，真迹，原在天津金石山房处。

清罗福旼《清明上河图》，《石渠宝笈》著录，真迹，伪满宫廷禁卫军王恩庆交出，故宫博物院收藏。《佚目》小物。

通过上述资料可知，中国第一历史档案馆公布的“书画目录”中，溥仪赏溥杰的书画从1922年12月30日到1923年1月24日之间的四次赏赐中，分别有一幅不同版本的《清明上河图》。而在杨仁恺先生的统计中则是五幅，为什么会多出一幅呢？因为在故宫博物院所存的“溥仪赏溥杰书画目录”的登记之外，还有一些书画已流散出去，但没有登记，也就是没有记入账册。杨仁恺统计的第五幅也许就是这种情况，但

明·仇英《清明上河图》

其流传的来龙去脉清晰，是伪满宫廷禁卫军王恩庆从伪满皇宫小白楼抢出去又上交的清代罗福旼的《清明上河图》，并已入藏故宫博物院。以此来看，很显然也是溥仪从北京故宫中盗运出去并收藏在伪满皇宫的。其余的四幅，记载完全相同，张择端画的那幅收藏在故宫博物院，仇英画的那幅和明代的那幅苏州画片收藏在辽宁省博物馆，清代谢遂仿画的那幅原在天津。

溥仪从北京故宫盗运的五幅不同版本的《清明上河图》，其流传过程和最后的收藏之处基本清楚，但张择端那幅溥仪是否带到通化大栗子，是在此收缴的还是在伪满皇宫流散的，是不是由长春市公安局收缴并上交的那幅呢？这一切因目前尚未发现翔实准确的资料和记载，有的只是个别当事人的回忆，暂无佐证，所以还不能令人信服地解开这一谜团，就让我们进一步挖掘史料努力去破解吧。

但是，不论这个谜能否解开，毕竟张择端的《清明上河图》已经完好无损地回归了，这是国宝的幸事，也是绵绵流长的中华民族文化的幸事。

附录 溥仪赏溥杰宫中古籍及书画目录

爱新觉罗 · 溥仪在所著《我的前半生》一书中曾写道，1922年为筹措出洋经费，以赏赐之名，将紫禁城中最值钱的古籍和字画运出宫外，存到天津租界。此时，溥杰正在皇宫伴读，每天下学回家让他带走一个大包袱，持续半年从未间断。据溥仪回忆，存在宫中乾清宫之西昭仁殿的全部宋版、明版书之珍本，约200种，全部运走。另外，从各殿运出字画手卷1000多件、挂轴和册页200多种。现据中国第一历史档案馆所藏溥仪档案全宗之敬事房档案以及内容相同的宫中档案全宗，将1922年9月6日至1923年2月3日运出皇宫之书籍和字画目录，予以公布，以为研究参考。

辛亥革命后，紫禁城后宫仍由清朝皇帝及后妃们居住，有内务府等机构为其服务，并沿用溥仪的宣统年号，为保持其原貌，目录中宣统年号未予改动。

“宣统十四年”七月十三日

宋版毛诗四册
宋版韶语阳秋一套
宋版玉台新咏一套
宋版卢户部诗集一套
宋版五经一匣四套
宋版纂图互注南华真经一套
宋版和靖先生文集一套
御题宋版尚书详解一套
宋版帝学一套
宋版孙可之文集一套

七月十四日

宋版周易本义一套
宋版冲虚至德真经一套
宋版玉台新咏一套
宋版元包经传一套
宋版唐英歌诗一套
明钞本诗经解颐一套
宋版南丰曾子固先生集一套
宋版新纂门目五官音注扬子法言一套
宋版大广益会玉篇一套
宋版古文苑一套

七月十五日

宋版说文解字一套
宋版纂图互注南华真经一套
宋版夏侯阳算经一套
宋版画继一套
宋版班马字类一套
宋版周易辑闻一套
宋版说文解字韵谱一套
宋版说文解字韵谱一套
宋版云溪友议一套
宋版权文公诗集一套
宋版周易一套
宋版纂注图互注尚书一套
御题宋版三礼图一套
仿宋版尚书孔传一套
宋版帝学一套
宋版春秋繁露一套
宋版钞本唐史论继一套
仿宋版周易王注一套

宋版书苑菁华一套

七月十六日

宋版家语一套
宋版纂图互注南华真经一套
宋版周礼一套
宋版班马字类一套
宋版周髀算经一套
宋版春秋意林一套
宋版丽泽论语集录一套
影宋钞本琴史一套
宋版西京杂记一套
宋版帝学一套

七月十八日

宋版花间集一套
宋版韦苏州集一套
宋版梁溪漫志一套
影宋钞本坡门酬唱一套

七月二十日

钞本宋谢谔孝史一套
宋版无为集一套
宋版仪礼一套
宋版通典治原之书一套
宋版名臣言行录一套
宋版横浦先生文集二套
宋版淮海集二套
宋版集千家注批点杜工部集二套
宋版漫唐刘先生文集二套
宋版童溪易传二套
宋版吕氏家塾读书记二套

八月初六日

宋版自警编一套
宋版元包经传一套
宋版太元经一套
御题宋版易传一套
宋版佩觿一套
宋版三礼图考一套
宋版广韵一套
宋版演繁露一套

宋版班马字类一套
宋版战国策二套
宋版梦溪笔谈一套
宋版文章正宗一套
宋版东莱博议一套
宋版抱朴子内篇一套
宋版欧阳文集一套
宋版纂图互注荀子一套

八月初七日

宋版汉隽一套
御题宋版唐陆宜公集二套
宋版扬子法言一套
宋版东都事略一套
宋版礼记二套
宋版三苏先生文粹二套
宋版唐柳先生集二套
宋版班马字类一套

八月初八日

宋版史韵一套
宋版中庸辑略一套
宋版会稽志二套
宋版春秋志二套
宋版周礼订义二套
宋版豫章先生遗文一套
宋版春秋集注一套
宋版毛诗郑笺二套

八月十四日

宋版四六膏馥一套
宋版重广补注黄帝内经一套
宋版刘子二套
宋版自警编二套
宋版重刊许氏说文五音韵谱二套
宋版家语二套
宋版大广益会玉篇二部各一套
宋版真文忠公续文章正宗二套

八月十五日

宋版东莱先生晋书详节二套
宋版事类赋二套

宋版重广补注黄帝内经二套
宋版附释音尚书注疏二套
宋版古史二套

八月十六日

宋版论衡二套
宋版古今文章正印四套
宋版标题三苏文二套
宋版韦苏州集一套
宋版十一家注孙子一套

八月十七日

宋版春秋经传集解四套
宋版万首唐人绝句四套
宋版晦庵先生文集二套

八月十八日

宋版重广补注黄帝内经素问二套
宋版鲍氏国策二套
宋版群书会元截江网二套
宋版纂图互注六子全书四套

八月十九日

宋版重广补注黄帝内经素问二套
宋版仪礼二套
宋版增修东莱书说二套
宋版春秋集注二套
宋版绍兴十八年同年小录一套
宋版群经音辨一套
宋版三礼图一套
翻宋版群经音辨一套
宋版啸堂集古录一套

八月二十日

宋版后付居士集四套
宋版续资治通鉴长编六套

八月二十一日

宋版诗集一套
宋版玉台新咏一套
宋版临川先生文集四套

八月二十二日

宋版增刊校正王状元集注分类东坡先生诗一部四函

宋版王状元集诸家注分类东坡先生诗一部四函

宋版春秋经传集解一部二套

八月二十三日

宋版后村居士集一部四套

宋版朱文公校昌黎先生集一部四套

宋版大易粹言一部四套

宋版新编证类图注本草一部四套

八月二十四日

宋版通鉴纪事本末一部六套

宋版经典释文一部四套

八月二十五日

宋版记纂渊海一部八套

宋版重广分门三苏先生文粹一部四套

八月二十六日

宋版唐文粹一部四套

宋版南史一部四套

宋版朱文公校昌黎先生集一部四套

九月初一日

宋版通鉴总类一部八套

宋版大易集义一部四套

九月初二日

宋版通鉴总类一部四套

宋版六家文选一部六套

九月初三日

宋版唐书一部十八套

九月初四日

宋版新增合璧联珠万卷菁华一部十套

宋版巾箱本礼记一部四套

宋版诗集传一部四套

九月初六日

宋版古今合璧事类备要一部二匣

宋版昌黎先生集一部二匣

宋版韦苏州集一部一匣

宋版六臣文选一部四匣

九月初七日

宋版六臣文选一部八匣

九月初八日

宋版六臣文选二部各四匣

九月初九日

宋版六臣文选一部六匣

九月十一日

朱版六臣文选一部六匣

九月十二日

宋版十七史详节一部十二套

宋版前后汉记一部四套

九月十三日

宋版通鉴总类一部四套

宋版春秋经传集解一部六套

宋版春秋经传一部二套

九月十四日

宋版春秋经传集解一部四套

宋版目马氏书仪一套

宋版礼记一部四套

宋版节孝先生文集二套

宋版汉隽一套

九月十五日

宋版通鉴总类一部四套
宋版名臣碑传集一部四套
宋版韵补一套
宋版六经图一套
宋版冲虚至德真经一套

九月十八日

宋版资治通鉴一部十八套

九月十九日

翻宋版文章正宗一部四套
翻宋版说文解字一部二套
翻宋版文选类林一部二套
翻宋版吕氏家塾读诗记一部二套
翻宋版广韵二部二套

九月二十日

宋版文选双字类要一部一套
宋版泳斋近思录衍注一部一套
翻宋版史记一部八套

九月二十一日

影宋钞孟子一套
翻宋版玉台新咏一套
翻宋版广韵一套
翻宋版玉篇一套
翻宋版巾箱本九经一部二套
影宋钞本春秋繁露一套
影宋钞本唐开元礼一部二套
御题影宋钞本班马字类一套
影宋钞本春秋张氏集注一套

九月二十三日

宋版六家文选六十一本
影宋钞本易小传一部二套

九月二十五日

元版韵府群玉一部四套
元版屏山集一套
元版陶靖节集一套
元版增韵换联诗学拦江网一部二套
元版孔丛子一套
元版增修事类聚翰墨全书后丙集一套
元版绝妙词选一套
元版稽古录一套
元版元经薛氏传一套
元版增广注释音办唐柳先生集一部二套
宋版楚辞集注一部二套

九月二十八日

南宋卤簿玉辂图一卷（静字二百二十六号）王原祁秋山书屋图一卷（静字一百五十四号）

李公麟西园雅集图一卷（静字三百六十一号）唐人游骑图一卷（静字二百三十七号）

宋高宗书马和之画唐风图一卷（静字四百一十一号）

夏迷秋江风雨一卷（静字六十九号）

阎立本孝经图褚遂良书一卷（静字六十八号）

宋孝宗赐周必大手敕一卷（静字三百十八号）宋高宗书马和之画陈风图一卷（静字二百一十六号）

赵孟頫水村图一卷（静字六十六号）

赵孟頫书归去来辞一卷（静字一百八十四号）

九月三十日

萧云从山水手卷一卷（静字三百四十七号）
董浩画秋英益寿手卷一卷（静字二百五十号）
钱选花鸟手卷一卷（静字一百〇五号）
蒋廷锡三益图手卷一卷（静字三百九十二号）
黄鼎云山图手卷一卷（静字五十八号）
李升山水手卷一卷（静字三百九十七号）
陈淳写生手卷一卷（静字一百四十九号）

文同画盘谷图并书叙手卷一卷（静字一百五十五号）

钱维城雁荡图手卷一卷（静字三百〇五号）
周之冕百卉图手卷一卷（静字二百八十三号）

唐寅临李伯时饮仙图手卷一卷（静字一百四十八号）

陈淳画花卉手卷一卷（静字二百二十二号）

十月初六日

方士庶山水一卷（静字一百九十号）
无瓘画梅竹一卷（静字二百一十四号）
元人雪江渔艇一卷（静字一百八十九号）
元人三体书无逸篇一卷（静字三百七十七号）
方从义云山图一卷（静字一百四十号）
李篙货郎图一卷（静字二百五十五号）
弘旿画都畿水利图一卷（静字七十五号）
唐寅毅庵小照一卷（静字一百三十一号）
邵弥载鹤图一卷（静字三百三十九号）
钱选青山白云图一卷（静字三百三十一号）
盛颖马鳍烟雨图一卷（静字三百五十四号）
马远松泉居士图一卷（静字二百〇二号）
文徵明书前赤壁赋文从简补图一卷（静字三百九十八号）
董邦达仿荆浩层岩邀涧真迹一卷（静字三百一十三号）
蒋廷锡五清图一卷（静字三百一十四号）
宋榻定武兰亭诗序一卷（静字二百三十二号）

十月十一日

王翚画潇湘雨意手卷一卷（静字六十五号）
李公麟山庄图手卷一卷（静字二百六十九号）
陆游诗翰（静字三百五十号）
唐人画女孝经图并书卷一卷（静字一百三十二号）
王振朋龙舟图手卷一卷（静字一百十三号）
董其昌书王公弼诰手卷一卷（静字三百七十六号）
宋赵昌花卉翎毛手卷一卷（静字四百〇九号）
永瑢画溪山清远手卷一卷（静字三百四十号）
马远四皓图手卷一卷（静字二百一十号）
马远江山万里图手卷一卷（静字三百二十九号）
王原祁西岭云霞图手卷一卷（静字二百九十号）
御题名画截句手卷一卷（静字九十一号）
马远千岩竞秀图手卷一卷（静字三百〇二号）
陈淳云白山寿图手卷一卷（静字三百七十号）
唐寅春风酒盏图手卷一卷（静字九十七号）
明人临马和之风稚八篇图手卷一卷（静字三百〇七号）
钱选杨妃上马图手卷一卷（静一百三十六号）
明人墨迹手卷一卷（静字二百五十三号）
宋徽宗四禽图手卷一卷（静二百〇五号）
卫贤高士图手卷一卷（静字一百四十三号）

十月十一日

宋元宝绘册页一册
钱维城画群英撷秀册页一册
董其昌临古法帖册页一册
张鹏翀历宗万书画合璧册页一册
王谢雨后中郎二帖册页一册
钱维城灵岩八景图册页一册
文震亨画唐人诗意册页一册
王原祁草堂十图册页一册
王致诚十骏马图册页一册
董邦达画西江胜迹册页一册

十月十七日

文徵明三友图一卷（静字六十号）
董邦达仿黄公望溪山佳趣一卷（静字一百三十七号）
燕文贵溪风图一卷（静字三百号）
恽寿平载鹤图一卷（静字三百八十四号）
李赞华射鹿图一卷（静字二百四十七号）
陈粱写生花卉一卷（静字三百五十一号）
顾闳中画韩熙载夜宴图一卷（静字一百一十四号）
钱维城四序同春图一卷（静字三百三十二号）
钱縠山河图一卷（静字三百六十三号）
孙知微江山行旅图一卷（静字二百九十三号）
文天祥书木鸡集序一卷（静字三百一十二号）

十月十七日

艾启蒙十骏犬图一册（八号）
董邦达画山水一册（八十五号）
宋揭皇甫诞碑一册慎德堂珍藏（一百一十七号）
御制洋菊诗谱一册邹一桂画（十四号）
钱维城画泉林八景一册（四十一号）
慎郡王允禧画山水一册
弘旿画山水一册（四十五号下册）
马湘兰画册一册

宋榻圣教序一册（一百〇二号）
宋人名绘一册（三号）

十月十八日

钱维城花卉一册（十六号）
慎郡王画山水一册（内一千六百九十八号）
董邦达画山水一册（十五号）
文徵明书卢鸿草堂十志一册
晋王右军鹅群草书一册（静字三十一号）
董其昌书画合璧一册（七十三号）
宋榻佛遗教经一册（五十五号）
钱维城画点花一册（七十四号）
唐欧阳询化度寺邕禅师碑一册（五十七号）
明董其昌临颜真卿争座位帖一册（五十二号）

十月十八日

李世淖嵩祝图一卷（静字七百四十三号）
陈原舒山厨时蓄一卷（静字六百五十七号）
宋太宗书蔡行敕一卷（静字五百七十八号）
元释大佑书慧顺行实一卷（静字七百〇七号）
李东阳春园杂诗一卷（静字四百五十一号）
黄公望溪山雨意真迹一卷（静字六百五十八号）
赵孟坚自书梅竹三诗一卷（静字七百十号）
唐周昉调婴图一卷（静字四百四十七号）
御笔洒粉雪景山水一卷（静字七百〇五号）
吴元瑜荔枝图一卷（静字四百一十六号）

十月十九日

御制盛京赋二册（五十四号）
御制平定两金川告成大学碑文二册（五十二号）
御制开惑论二册（五十五号）
御制白居易新乐府成五十章并效其体诗二册（五十三号）
御制载月十咏诗意一册永溶画
弘旿画山水一册上册

十月十九日

宋人唯阳五老会图一卷（静字四百五十九号）
董其昌画锦堂图并书记一卷（静字四百九十五号）
张宗苍画梧馆新秋一卷（静字五百四十八号）
董邦达画苍岩古树一卷（静字八百十五号）
王蒙仙居图一卷（静字五百四十九号）
吴伟仿李公麟洗兵图一卷（静字八百二十九号）
邹一桂万松图一卷（静字六百八十七号）
董其昌岩居图一卷（静字四百六十四号）
明宣宗武侯高卧图一卷
张若霭岁寒三友一卷（静字五百八十二号）

十月二十日

张宗苍画飞阁流泉一卷（静字六百二十二号）
方从义云林钟秀一卷（静字五百〇一号）
董源潇湘图一卷（静字五百五十一号）
赵雍竹西草堂图一卷（静字七百二十三号）
乔仲常后赤壁赋图一卷（九百一十一号）
董邦达仿王蒙松壑仙卢一卷（静字七百六十八号）
钱维城仿黄公望山水一卷（静字七百四十八号）
钱维城金山胜览图一卷（静字七百七十六号）
徐渭泼墨十二种一卷（静字五十四号）
胡环番马图一卷（静字四百四十三号）

十月二十日

陆治写生一册（七十一号）
文徵明小景一册（十五号）
恽寿平书扇面一册

十月二十一日

钱维城小春图（静字四百三十号）
吴彬山阴道上图（静字七百七十七号）
董源溪山雪积图（静字八百〇五号）
元明书画合璧（静字四百二十五号）
莫是龙画山水（静字五十号）
王原祁富贵春山图（静字四百九十八号）
周郎杜秋图（静字六百四十一号）
高克恭画云山（静字六百七十号）
毛益牧牛图（静字六百八十一号）
马和之袁安卧雪图真迹（静字一千一百二十二号）
吴麟临王蒙太白山图（静字八百五十七号）

张若澄画江村渔浦（静字四百三十四号）

关全大岭晴雪图（静字七百一十号）

虞世南积时帖（静字二百八十五号）

李公麟画女史箴真迹（静字八百三十三号）

韩滉七才子图（静字一千一百四十四号）

十月二十二日

唐寅垂虹别意图一卷（静字六百四十号）

沈周仿王蒙山水一卷（静字四十六号）

陈子睿桐阴书屋图一卷（静字七百二十七号）

马和之瑶池醉归图一卷（静字八百七十一号）

文徵明林榭煎茶图一卷（静字六百五十一号）

王原祁溪山无尽图一卷（静字五百三十二号）

米芾自书吴江舟中诗一卷（静字七百五十七号）

董源重溪烟霭图一卷（静字四百三十九号）

宋高宗书马和之画豳风图一卷（静字四百九十四号）

文璧仿米友仁云山图一卷（静字三百六十七号）

御制庭梅四声诗意一卷（静字六百〇一号汪承沛画）

邹一桂双清图一卷（静字六百七十六号）

王时敏仿赵孟頫山水一卷（静字七百四十四号）

黄公望溪山雨意图一卷（静字七百三十九号）

张雨浴牛图一卷（静字五百二十四号）

王翚溪山清远图一卷（静字四百三十一号）

十月二十五日

郭熙长江万里图一卷（静字四百六十号）

慎郡王画山水一卷（静字三十七号）

米友仁画云山图一卷（静字四百九十四号）

李升画山水真迹一卷（静字五百六十九号）

杨晋写生花果一卷（静字六百五十九号）

顾安风雨竹一卷（静字五百八十七号）

王蒙修禊图一卷（静字九百〇二号）

萧云从画秋山红树一卷（静字七百七十三号）

孙克柯写生花卉一卷（静字四百七十九号）

王原祁层峦茂树图一卷（静字三十号）

元五家合绘一卷（静字一千三百八十一号）

李唐长夏江寺图一卷

弘昨三友图一卷（静字四百四十号）

鲜于枢书王安石杂诗一卷（静字五百四十三号）

沈周画松一卷（静字十九号）

永瑢画云岚晴翠一卷（静字四十四号）

十月二十七日

宋徽宗雪江归掉图一卷（静字七百六十号）

沈周林壑幽深一卷（静字六百三十二号）

钱穀冰錁蘖斋图一卷（静字六百八十号）

弘昨画知仁乐寿一卷（静字六百九十二号）

元人集绘一卷

陈淳画荷花一卷（静字八百二十二号）

董其昌江山秋霁图一卷（静字五百六十二号）

弘昨画翠屏云绣一卷（静字五百一十六号）

王守仁龙江留别诗一卷（静字六百九十号）

沈周墨竹一卷（静字七百八十号）

姚公绶梅花一卷

王时敏仿宋元诸家画一卷（静字五百四十七号）

米友仁五州烟雨图一卷（静字七百四十五号）

宋高宗书马和之画郑风五篇图一卷（静字九百号）

张洽临卢鸿草堂图一卷（静字六百二十六号）

杨婕妤百花图一卷棠村珍藏（静字七百三十号）

十月二十八日

唐岱仿关仝庐山白云图一卷（静字四百九十九号）

董其昌书东余山居诗一卷（静字五百三十六号）

陆治石湖图一卷（静字四百五十二号）

高宗御题董邦达仿巨然夏山欲雨图一卷（静字四十一号）

明董其昌书浚路马湖记一卷（静字六百九十三号）

明宣宗莲浦松荫图一卷（静字四百四十四号）

钱维城飞云洞图一卷（静字七百九十八号）

宋人画九歌图一卷（静字六百七十二号）

吴镇山水一卷（静字五百〇七号）

赵元剡溪云树一卷（静字八百〇四号）

文徵明游元墓图并自书诗一卷（静字八百二十一号）

明王祓万竹秋深图真迹一卷（静字八百二十四号）

周之冕花卉一卷（静字四百一十四号）
王庭筠画幽竹枯槎一卷（静字四百一十七号）
辽陈及之贞观便桥会盟图一卷（静字十一号）
宋徽宗画柳鸦芦雁一卷（静字六百十九号）

十月二十九日

唐周昉调婴图一卷（静字四百七十七号）
宋织庆寿图并米芾书一卷（静字十八号）
文徵明游西山诗并绘图一卷（静字四百六十八号）
陈淳源东图并书岳阳楼记一卷（静字五百三十号）
祝允明自书诗一卷（静字四百四十二号）
李公麟临洛神赋一卷（静字七百二十四号）
王祓诗画合璧一卷（静字四百二十号）
祝允明书前后赤壁赋一卷（静字七百九十七号）
仿高克恭云壑烟林一卷（静字四百六十五号）
杨基书郑元佑撰陶爆行状一卷（静字六百〇九号）
宋人文姬归汉图一卷（静字四百六十一号）
王祓万里江山图一卷（静字七百十二号）
仇远自书诗一卷（静字七百七十二号）
陈继儒莫是龙仿米芾云山图一卷（静字九百一十号）
宋高宗书马和之画小雅南有嘉鱼之什六篇图一卷（静字七百四十九号）
董邦达仿黄公望烟村野构一卷（静字七百八十九号）

十一月初一日

吴宽记园中草木诗一卷（静字八百二十五号）
倪瓒苔芷霜溪山图一卷（静字七百七十四号）
宋僧法常花卉翎毛真迹一卷（静字四百四十一号）
王祓湖山书屋真迹一卷（静字八百四十号）
王守仁自书诗帖一卷（静字七百七十号）
董其昌诗帖真迹一卷（静字六百四十五号）
钱选临顾恺之列女图一卷（静字七百〇六号）
阮郜女仙图真迹一卷（静字四百二十七号）
关种秋山平远图真迹一卷（静字六百〇二号）

沈周石泉图一卷（静字七百九十五号）
慎郡主画山水一卷（静字九百五十号）
文徵明东林避暑图一卷（静字八百一十二号）
文徵明做怀素草书一卷（静字四百七十六号）
张屋临李龙眠九歌图一卷（静字五百一十号）
倪瓒黄公望合璧山水一卷（静字八百三十二号）
董其昌临张旭郎官辟记一卷（静字五百三十三号）

十一月初二日

周文矩太真上马图一卷（一千一百六十三号）
宋榻兰亭叙并宋人摹萧翼辨才图一卷（静字七百六十五号）
沈启南春岫高林卷一卷（静字七百五十四号）
朱竹托隶书断句一卷（静字六百八十六号）
文徵明画松一卷（静字六百八十四号）
周天球画丛兰竹石一卷（静字七百六十六号）
马麟荷乡清夏图一卷（静字七百五十九号）
李公麟山庄义训一卷
春山平远图一卷（静字六百七十八号）
揭傒斯自书诗草一卷（静字六百二十号）
明文徵明江山初霁图一卷（静字八百六十七号）
宋缂丝米芾书一卷（静字六百〇七号）
宋徽宗手敕一卷（静字五百六十一号）
陈淳写生花卉一卷（静字五百十九号）
姚廷美有余闲图真迹（静字七百〇四号）
钦定补刻端石兰亭图缂丝全卷一卷（静字六百二十七号）

十一月初三日

展子虔游春图一卷（静字六百四十八号）
夏昶竹泉春雨图一卷（静字五百五十七号）
吴彩鸾书唐韵一卷（静字四百二十八号）
御题黄钺画长城岭春晴揽胜一卷（静字六百五十号）
唐人会昌九老图一卷（静字七百一十八号）
李成茂林远帕真迹一卷（静字四百五十五号）
弘旿画瀑岩澄观一卷（静字五百七十七号）
明文徵明书醉翁亭记一卷（静字五百六十号）
文徵明秋林飞瀑一卷（静字四百八十七号）
元延佑院画卤簿图一卷
宋缂丝仪凤图一卷（静字一号）

高宗御制拟香山问月诗一卷（静字四十七号）
王诜烟江叠嶂图一卷（静字八百一十号）
吴镇清溪垂钓图一卷（静字二百五十八号）
宋高宗书马和之画小雅鸿雁之什六篇图一卷（静字一百二十五号）

宋院本金陵图一卷（静字三百六十九号）
宋徽宗槟榔双雀图一卷（静字五十二号）
沈粲沈度合书一卷（静字一百七十二号）
欧阳询书千文真迹一卷（内一千八百三十号）
董其昌书禅悦一卷（静字二百一十三号）
郭熙树色平远二卷（静字七十号）
董源山口待渡图一卷（静字二百〇四号）
陈自明花卉一卷（静字三百〇一号）
沈周盆菊图一卷（静字三百五十九号）
张若霭仿明季各家朱竹书画一卷（静字二百八十六号）

十一月初四日

宋人春江渔隐图一卷（静字三百四十二号）
文徵明桃源问津图一卷（静字二百四十五号）
宋懋晋摹诸家树谱一卷（静字四百十二号）
张旭四帖一卷（静字五十一号）
宋人摹郭忠恕四猎一卷（静字七十一号）
何浩万壑松涛一卷（静字一百四十二号）
御制题洋菊诗汪承霈书并画菊一卷（静字三百二十八号）
五代人别院春山图一卷（静字一百八十八号）
王穀祥摹赵孟坚水仙一卷（静字三百八十一号）
韩干神骏图一卷（静字二百七十八号）
宋徽宗金英秋禽图一卷（静字五十三号）
御题天鹿锦一卷（静字三百五十六号）
王翚画庐云诗话一卷（静字五十七号）
宋高宗书和之画鲁颂三篇图一卷（静字三百二十四号）
元三家书诗词一卷（静字二百一十九号）
沈周千人石夜游图一卷（静字二百四十九号）
莫维贤西湖草堂图一卷（静字三百五十二号）
孙位高逸图一卷（静字二百二十九号）
黄庭坚书李白忆旧游诗一卷（静字三百九十五号）
文徵明四时读书图一卷（静字三百九十一号）
王铎花卉一卷（静字二百八十五号）
赵黻江山万里图一卷（静字二百九十七号）
董其昌临褚遂良书庾信枯树赋一卷（静字一百五十三号）
王庭吉凌波图一卷（静字三百二十六号）
宋高宗书马和之画周颂清庙之什图一卷（静字一百一十号）

十一月初五日

大驾卤簿图一卷（静字三号）
唐人执扇仕女一卷（静字二百四十八号）
明宣宗宪宗三鼠图一卷（静字一百十五号）
崔白寒雀图一卷（静字三百六十二号）
吴镇万峰幽壑一卷（静字七十四号）
宋孝宗书马和之画齐风六篇图一卷（静字八十一号）
顾恺之列女图一卷（静字五十四号）
萧照瑞应图一卷（静字一百〇二号）
弘旿石匣龙潭图一卷（静字三百六十七号）
夏圭江山无尽图一卷（静字三百十九号）
游似藏开皇刻兰亭诗序一卷（静字七十二号）
唐寅画兰享文徵明诗序一卷（静字三百一十一号）
郑思肖画兰一卷（静字九十三号）
卓迪修禊图一卷（静字一百六十九号）
高蔺探梅图一卷（静字三百七十五号）
宋徽宗王济观马图一卷（静字三百四十五号）
开皇刻兰亭诗序一卷（静字二百〇三号）

十一月初六日

陈闳画八公图一卷（一百三十号）
御制甲午春帖子一卷董诰书并图（五号）
张宗苍云林寺图一卷（六号）
燕文贵秋山萧寺一卷（一百五十二号）
陈淳画水仙一卷（ 四十七号）
董其昌采菊望山图一卷（一百三十六号）
马逵久安长治图一卷（一百四十号）
御制壬辰春帖子一卷董诰书并图（六号）
周朗佛郎国献马图一卷（九号）
文伯仁平桥远水一卷（十八号）
张照临董其昌临苏轼杂帖一卷（一百二十八号）
张南本华封三祝图一卷（一百一十三号）
钱维城画台山瑞景一卷（十四号）
张宗苍层楼曲栈图一卷

米芾临王羲之疗疾帖一卷（三十六号）
董邦达静寄山庄十六景图一卷（三十三号）
杨文骢画兰竹一卷（五十一号）
米友仁画姚山秋霁图一卷（七十八号）
元人白描花卉一卷（二十一号）
赵伯骕仙嶠白云图一卷（八十四号）
文徵明石城草堂图一卷（五十五号）
马轼李在夏芝分作归去来辞图一卷（五十三号》
沈周画山水一卷（二十六号）
张宗苍兰亭修六安禊图一卷（一百三十二号）
王蒙听松图一卷（一百三十八号）

十一月初七日

赵伯驹弘文雅集图（一百三十五号）
李公麟五马图（八十二号）
李公麟吴中三贤图（一百〇九号）
文嘉钱穀文伯仁半偈庵图合璧（一百〇八号）
文徵明松鸿草堂图（三十二号）
仇英摹周昉真妃上马图（一百四十三号）
姚绶杂画（五十四号）
梁楷画右军书扇图（一百二十五号）
沈周画西山雨观（一百一十五号）
唐寅文徵明书画合璧（一百一十七号）
任仁发出圉图（一百四十二号）
元人相马图
周文矩重屏会棋图（十九号）
董其昌临乐毅论（九十三号）
欧阳询墨迹
唐寅桐山图（四十二号）
文伯仁潇湘八景图（三十四号）
王齐翰江山隐居图（一百四十九号）
董其昌自书封敕藁本（一百四十一号）
钱维城狮林全景图（一百五十一号）
吴镇画竹谱
赵孟頫临皇象急就篇（一百一十号）
张宗苍画云栖胜景（三十号）
陆冶上元宴集图（一百一十一号）
赵孟頫浴马图（八十三号）

十一月初八日

王翚仿柯九思曹知白笔意（三号）
唐人春宴图（二十四号）
沈周舟行图
宋高宗书毛诗陈风马和之补
宋人豳风图
董邦达仿黄公望山水
宋岳飞文天祥真迹
倪瓒水竹居
宋徽宗临古
文徵明人日诗画（三十三号）
钱选观鹅图真迹（一百二十六号）
李公麟临韩干师子骢图（七十七号）
夏珪长江万里图（三号）
廓尔喀瑛咭唎缅甸南掌四国所贡舆盖图
孙克宏画花鸟（一百一十四号）
唐临黄庭经
唐摹万岁通天帖（二十六号）
宋克书急就章（十七号）
董邦达仿王诜渔村小雪（一百二十四号）
倪瓒诗画合璧
宋人百花图（十六号）
仇英画秋原游骑（四十四号）
弘旿画降魔图（八十六号）
元人洛社耆英会图（十三号）
宋人仿郭忠恕雪霁江行图（五十二号）

十一月初九日

宋刘松年香山九老图
陆居仁书茗之水诗
仿陆广松壑云涛董邦达恭画
赵松雪常清静经康里子山跋
赵伯骕万松全阙图
宋人画晋贤图
恽寿平画梅
北宋勾龙爽西成民乐图真迹（十号）
吴镇渔父图
元赵孟頫元白山轴
董邦达画溪山深静（一百五十九号）
董文敏临燕文贵山水真迹
秋郊大猎图并赋（八十九号）
仇英百牛图
苏轼春帖子词
北宋李伯时演教图（一百〇一号）
仿唐寅竹泉烟霭董邦达画
方方壶风雨归舟图
无款山水
周鲲山溪渔乐画卷（一百五十五号）

朱德润秀野轩图（一百〇五号）
李衎四清图（一百五十八号）
晋王献之保母帖
隋人书史岑出师颂
范成大自书四时田园杂兴诗

十一月初十日

王著书千字文真迹一卷（一百五十号）
张宗苍雪溪帆影图一卷（一百三十三号）
沈周写生一卷（一百二十号）
颜辉煮茶图一卷（一百一十六号）
宣和写生翎毛一卷（二十号）
王宠临唐人书一卷（四十四号）
果罗洛纳延南城咏古一卷
曹知白溪山平远图一卷（一百二十二号）
杜琼九峰云影一卷（三十七号）
蔡襄洮河石砚铭一卷（二十二号）
莫是龙杂书一卷
燕文贵画雪山行旅一卷（七十九号）
宋旭西湖图一卷（一百四十五号）
仇英观鹅图一卷（八号）
赵孟頫书潘岳藉田赋一卷（十九号）
文俶画戏蝶一卷（二号）
张照临董其昌临苏轼杂帖一卷(一百四十六号）
文徵明洛原草堂图一卷（二十五号）
苏轼书杜甫桤木诗一卷（六十五号）
明诸家画朱竹一卷（二十二号）
黄筌柳塘聚禽图一卷（五十六号）
沈士允仿宋元十四家笔意一卷（十一号）
黄霮雪猎图一卷（一百四十五号）
朱德润画山水一卷（六十二号）
钱维城画塞山雪景一卷（一百五十三号）
杨凝式韭花帖一卷（二十三号）
沈周画莲塘小隐一卷（四十一号）
宋高宗赐岳飞批答一卷（十四号）
文徵明画姑苏四景一卷（十八号）
王振鹏圣母贤妃图十册一卷（二十八号）

十一月十一日

程嘉燧达摩苇渡图一卷
李公麟列仙图一卷
丁观鹏摹丁云鹏画罗汉一卷（五号）
戴文进画达摩至慧能六代像一卷
钱选四明桃源图一卷
周昉地官出游图一卷（七号）
董其昌秋兴赋一卷（四十二号）
诒晋斋诗卷一卷钱樾谨题（一号）
李公麟列仙图传一卷
周臣长江万里图一卷
赵孟頫摹卢楞伽罗汉像一卷
严宏滋白描献寿图一卷（十号）
丁观鹏摹丁云鹏罗汉一卷（东字一号）
吴伟画十六应真像一卷
释明本画罗汉一卷
牟益西岳降灵图一卷
高克恭秋山暮霭图一卷（十五号）
御制泾清渭濁纪实并誌事诗二首一卷
林逋苏轼诗帖一卷（一百三十七号）
御制元旦日雪诗董诰书并画一卷
董源溪山风雨图一卷
苏轼二赋一卷（九十四号）
张即之书楼钥汪氏报本庵记一卷（十号）
御制己丑春帖子一卷（八号）
赵孟吁画盆花一卷（三十一号）
赵伯驹六马图一卷（七十八号）
董其昌画苏轼诗意一卷（五十号）
张雨自书台仙阁记一卷（五十三号）
御制径清渭濁誌事诗纪实文一卷（隆三十五号）
王炳摹黄公望江山胜览一卷（二十三号）

十一月十二日

丁云鹏画罗汉一卷
李公麟莲社图一卷
御制职贡图一卷第二卷
元人揭钵钵图一卷（六十四号）
唐褚遂良书倪宽赞真迹一卷（四十三号）
岩弘滋应真图一卷（六号）
丁观鹏摹张胜温法界源流图一卷（七号）
御制八征耄念之宝记一卷
董其昌题荆溪图一卷
北宋勾龙爽田家移居图一卷（八号）
董其昌画峒关蒲雪图真迹一卷
赵文敏书勉学赋一卷（三十四号）
陈鉴如竹林大士出山图一卷
元人临黄庭经一卷
赵孟頫书四十二章经一卷
丁观鹏仿陆探征佛母图一卷（四号）

国铨书善见律一卷
程福生书道德经一卷（六十九号）
五代刻丝经纲经一卷
董其昌书罗汉颂一卷
唐人画十六应真一卷
尉迟乙僧画华盖天王图一卷（二十五号）
丁观鹏摹张胜温蛮王礼佛图一卷（八号）
钱选洪崖移居图一卷
赵孟頫东土第一祖像一卷
赵光辅蛮王礼佛图一卷
钱选画维摩相真迹一卷（三十四号）
邹一桂五百应真图一卷（二号）
元人老子授经图书画合璧一卷(八十一号)
丁观鹏摹丁云鹏罗汉一卷（三号）

十一月十三日

唐人燃灯佛授记释迦文图真迹一卷
御制职贡图一卷第一卷
宋迪书华严经一卷
明仇英灵台图一卷
钱维城画江天秋霁一卷
陈所翁见龙图一卷（四十一号）
燕文贵仿卢鸿草堂图一卷（四十七号）
吴镇画山水一卷
李公麟华严变相图一卷
文徵明画老子像一卷
御制职贡图一卷第四卷
黄鼎仿李成溪山雪霁一卷（十二号）
宋人仿顾恺之洛神图一卷（七十三号）
王翚辋川雪意一卷（六号）
赵孟頫画山仙一卷（二十九号）
宋人田畯醉归图一卷（七十六号）
吴兴赵氏三世人马图一卷（二十七号）
褚宗道松阴书屋图一卷（三十五号）
张若霭画五君子图一卷（十八号）
徐贲吴兴清远图一卷（四十一号）
董其昌书画合璧一卷（六十七号）
唐人倦绣图一卷（七十二号）
钱选三蔬图一卷（三十三号）
钱选观梅图真迹一卷（三十二号）
慎郡王允禧画江山雪界一卷（一号）
杨昇蓬莱仙奕图一卷（二号）
马琬幽居图一卷（四十四号）
文徵明桃源行书画合璧一卷（五十三号）
范仲淹二札一卷（九号）

仇英仿张择端清明上河图一卷

十一月十四日

御制廓尔喀所贡象马至京誌事诗贺清泰播廷章图一

卷董诰书（一号）
唐寅琢云图一卷（五十号）
文徵明画兰竹书西苑诗合迹一卷(七十一号)
谢时臣仿卢鸿草堂十志图一卷(六十九号)
赵孟頫洪范授受图并书一卷（二十五号）
严宏滋上元赐福图一卷
严宏滋中元普度图一卷
严宏滋下元灵佑图一卷
文同晚霭图一卷
王原祁九如图一卷（十号）
王振鹏江山胜览图一卷（三十九号）
宋徽宗摹张萱虢国夫人游春图一卷(七号)
钱维城绘平定准噶尔图一卷
林藻深慰帖一卷
宋人七贤过关图一卷
任仁发五王醉归图一卷（ 三十四号）
蒋廷锡临李迪荔枝图一卷（四十一号）
陆复墨梅一卷（七十号）
恽寿平渡江图一卷（九号）
沈士充四时山水一卷（六十三号）
朱熹自书读道书有感诗一卷（二十三号）
陈书四子讲德论图一卷（十三号）
赵霖画唐太宗六马图一卷（二十四号）

十一月十五日

唐人书金粟山大藏菩萨戒一卷（宿字）

唐人书金粟山大藏阿毗达摩识身足论一卷（卷第一·荒字）

宋沈礼书文殊经一卷（第一之第四甲三）

宋人书毗尼摩得勒伽一卷（卷第六甲十）

唐人书金粟山大藏阿毗达摩大毗婆沙论一卷（卷第四十七宇字）

丁云鹏画五像观音于若瀛书楞严经全部合璧一卷

唐人书大般泥洹经金纲身品一卷（甲二）

贯休应真高僧像

宋人书摩诃般若波罗蜜经一卷（卷第三十四甲九）

唐人书金粟山大藏放光摩诃般若波罗蜜

经一卷（卷第八昃字）

宋人列仙图真迹一卷

宋人书续高僧一卷（卷第十二甲十一）

唐人书金粟山大藏中阿含经七法品一卷（卷六之十地字）

唐人书金粟山大藏杂阿含经一卷（卷第二十五元字）

唐人书金粟山大藏大般若波罗蜜多经一卷（卷第五百五辰字）

董其昌书宗门茶话一卷

唐人书金粟山大藏出曜论一卷（卷第六日字）

唐人书金粟山大藏开元释教录卷第二十月字一卷

唐人书大般若波罗蜜多经一卷（卷第一百五十九甲一）

王绂画观世音书金刚经合璧一卷

座右良规一卷

宋人书大方广佛华严经一卷（卷第二十七甲八）

宋人书大般若波罗蜜多经一卷（卷第八十九甲五）

唐人书金粟山大藏阿毗达摩顺正理论一卷（卷第四十七宙字）

唐人书金粟山大藏守护国界主陁罗尼经一卷（黄字卷第六）

宋人书古今译经图记（六十一号）

李公麟画罗汉

唐人书金粟山大藏佛说无极宝三昧经（盈字）

吴彬画十八应真

唐人书金粟山大藏大般若波罗蜜多经一卷（天字卷第三百八十）

十一月十六日

赵孟頫法莲华经卷一卷（三百七十八号）

沈周纲庵图一卷（海字四十七号）

王毂祥写生一卷（海字五十七号）

刻丝后赤壁赋图一卷（长字四十五号）

林子焕豳风图一卷（海字二十二号）

王回仿王祓山水图（长字七号）

肖云从画秋山行旅一卷（长字十一号）

刘松年宋中兴四将图一卷（海字十九号）

周臣春泉小隐图一卷（长字五十八号）

宋旭五岳图一卷（梅字六十一号）

钱维城画秋田绥顺图一卷（长字二十四号）

董邦达仿燕文贵红树青山一卷（长字十九号）

文嘉周光书画合壁一卷（海字六十六号）

董邦达静宜园二十八景图一卷

苏轼阳羡帖一卷（海字十号）

圣漠广运图一卷臣钱维城恭画（长字二十五号）

永瑢长江帆影图一卷（长字二号）

宋人画赵通泸南平夷图一卷（海字七十五号）

明太祖仁宗宜宗三帝书一卷（海字四十号）

蒋溥国学瑞槐图一卷（长字十七号）

张照草书韩愈石鼓歌一卷（长字十五号）

御题洋菊四十四种一卷钱维城画（长字二十六号）

沈周游西山图一卷（海字四十六号）

董其昌书姜宝诰命一卷（海字六十四号）

赵士雷画湘乡小景一卷（海字十四号）

赵孟吁画十八罗汉应真一卷

唐人书金粟山大藏阿毗达磨法蕴足论卷一卷（洪字第一号）

赵孟頫书四十二章经真迹一卷

郑重画十八罗汉一卷

宋冯预书历代三宝一卷（第八号）

十一月十七日

王翚画唐人诗意一卷

张宗苍画云栖山寺一卷（长字三十二号）

徐扬画平定回部献俘礼图一卷

王祓北京八景图一卷

赵孟頫书苏轼烟江叠嶂图诗沈周文徵明补图一卷（海字二十六号）

御扬画西域舆图一卷（长字四十四号）

御制蜀道难诗意一卷董邦达画（长字二十一号）

丁观鹏摹郭忠恕四猎骑图一卷（长字三十四号）

陈居中舜歌薰风图一卷（海字二十一号）

陈谆书千字文一卷（海字五十六号）

胡瑰卓歇图一卷（海字四号）

弘昨画岱岩齐寿一卷（长字号）

李唐谭道图一卷（海字十七号）

钱继城画栖霞山全图一卷（长字二十九号）

明初人书画合壁一卷（海字五号）

十一月十八日

沈度沈粲各体书一卷（三百四十三号）
沈粲书千文一卷（二百五十二号）
张择端清明上河图一卷
王紱画竹真迹一卷（一千四百二十号）
唐明皇赐毛应佺知恤诏一卷
唐钩王羲之干呕帖一卷（二百六十五号）
王羲之破羌帖一卷（三百七十一号）
宋徽宗临怀素书一卷（三百五十一号）
宋高宗书马和之画小雅节南山之什图一卷
唐寅西山草堂图一卷(永字三百三十四号)
马远水图真迹一卷（七百九十三号）
仇实父饯行图一卷（八百九十三号）
宋高宗书女孝经马和之补图一卷下卷（一千一百五十四号）夷
居节画杨继盛小像一卷(一千一百三十三号)
董其昌杂书一卷（三百三十四号）
解缙自书杂诗一卷（一千三百八十八号）
钱选秋江徐渡图真迹一卷(八百七十五号)
王羲之曹娥碑真迹一卷（二百三十二号）
元盛懋烈妇刺虎图一卷
宋人周南诗意一卷（一千一百〇八号）
赵孟頫篆书千字文一卷（四百九十三号）
文徵明自书诗一卷（四百九十号）
司马光通鉴藁一卷（二百八十四号）
赵孟頫书千文一卷（静字二百五十一号）
韩滉丰稔图真迹一卷(静字二百九十六号)
张先十咏图一卷（静字二百二十七号）
董其昌画钟贾山阴望平原村景一卷（静字六十四号）
宋高宗书养生论真迹一卷（静字一百七十九号）
钱维城画宜园四景一卷(静字二百六十一号)
宋赵葵画杜甫诗意一卷(静字一百六十四号)
杨文骢兰石一卷（静字八十二号）
李公麟临韦偃牧放一卷（静字一百一十一号）
董邦达仿曹知白云壑仙庐一卷（静字三百九十三号）
御笔补宋马和之画邶风七篇图一卷（静字二百〇八号）
沈周大夫松图一卷（静字一百〇四号）

十一月十九日

张中画菊一卷（静字一百二十九号）
阎立本步辇图一卷（静字二百二十四号）
董其昌书旨帖一卷（静字一百八十一号）
王蒙太白山图一卷（静字一百六十七号）
李嵩画钱塘观潮图一卷
阎立德职贡图一卷（静字三百九十六号）
王原祁仿黄公望翠岑精舍一卷（静字八十八号）
钱维城画雪浪石一卷(静字一百九十二号)
董邦达仿王祓溪山深秀一卷（静字一百九十一号）
钱谷芙蓉潮赠别图一卷(静字二百四十六号)
唐寅事茗图一卷（静字二百一十二号）
明宣宗万年松图一卷(静字三百六十一号)
陈叔起王祓合作潇湘秋意图一卷（静字三百六十号）
胡瓌番骑图一卷（静字一百二十七号）
弘旿画渭亩同春一卷(静字二百九十二号)
董其昌临苏轼杂帖一卷(静字一百二十二号)
唐人百马图一卷（静字二百号）
钱穀溪阁高闲一卷（静字九十四号）
顾恺之洛神图一卷（静字三百五十三号）
僧温日观葡萄一卷（静字二百一十五号）
宋高宗书周颂闵予小子之什马和之绘图一卷（静字三百二十三号）
宋高宗书马和之画商颂图一卷（静字一百五十号）
王宠诗帖一卷（静字二百四十三号）
王原祁仿赵孟頫桃源春昼一卷（静字八十二号）
宋旭画山水一卷（静字三百一十号）
陈枯写生游戏一卷（静字一百六十五号）
李公麟明皇击毬图（静字一百二十四号）
黄公望江山胜览真迹一卷（静字二百八十一号）
阎立本萧翼赚兰亭图一卷(静字四百六十号)
项圣蕃且听寒响图一卷(静字四百〇二号)
李公麟画商山四皓会昌九老二图一卷(静字二百六十五号)
邹一桂云阿访隐图一卷(静字三百六十五号)
鲜于枢书杜诗一卷（静字二百二十一号）
周昉仕女图一卷（静字三百一十七号）
宋徽宗瑞鹤图一卷（静字二百九十九号）

十一月二十日

丁观鹏九歌图一卷（一千〇九十八号）
王诜渔村小雪（永字三百三十九号）
御定大驾卤簿图（一千八十五号）
董邦达仿王蒙松崖苔磴（静字二百六十号）
邵弥画赤壁图（静字二百七十二号）
米芾秋夜诗真迹（一千四百十号）
宋人牧牛图（静字二百一十一号）
女史陈书仿陈淳水仙（静字一百七十三号）
李公麟九歌图（静字二百七十一号）
江参林峦积翠（静字一百〇三号）
朱熹二帖（静字四百一十三号）
王原祁仿米友仁云山新霁（静字八十四号）
王原祁仿董源疏林浮黛（静字八十五号）
王原祁仿吴镇溪山无尽（静字八十七号）
王原祁仿惠崇江南春色（静字八十六号）
杨慎禹碑考证（静字二百四十号）
赵昌写生蛱蝶图（静字一百七十八号）
文徵明存菊图（静字一百五十八号）
王原祁西岭春晴（静字三百三十七号）
宋高宗书洛神赋（静字二百〇一号）
祁序江山放牧图（静字一百三十三号）
周砥宜兴小景沈周铜官秋色合卷（静字二百六十四号）
宋骏业绘南巡图（永字四百〇三号）
何澄画陶潜归去来辞张仲寿书（一千九十号）
陈书罗浮叠翠图（永字四百四十四号）
明人画百花图（永字三百九十八号）
高克明溪山雪意图（八百四十八号）
董邦达绘秋江万里图（永字五百六号）
董邦达摹李成林茂远岫（永字三百六十号）
赵伯驹江山秋色图（永字三百九十九号）
王原祁西湖十景（永字三百三号）
唐人洛神赋全图（永字三百七十五号）
宋元梅花合卷（静字七十九号）
元人君子林图（静字七十八号）
曹知白十八公图（静字八十号）

十一月二十一日

赵伯驹莲舟新月图一卷（永字四百十八号）
朱子自书城南唱和诗一卷（永字四百九十号）
米芾书苕溪诗一卷（永字四百二十二号）
南岳全图一卷（永字四百三十六号）
米芾拜中岳命诗一卷（永字四百二十号）
山枫江郭图一卷（永字三百四十七号）
郭熙山水一卷（永字三百四十九号）
杨一青自书诗一卷（永字三百二十六号）
宋四贤尺牍一卷（永字二百八十二号）
燕肃春山图一卷（永字三百〇四号）
孙过庭书千字文第五本一卷（永字三百十五号）
赵孟頫书洛神赋一卷（永字三百八十七号）
董其昌书内景黄庭经一卷（永字四百号）
欧阳修自书诗文草稿一卷（永字二百九十六号）
虞集书虞允文诛蚊赋一卷（永字三百十九号）
平定准噶尔图一卷（永字四百七十号）
宋人长江万里图一卷（永字三百十八号）
宋人溪山无尽图一卷（永字三百八十八号）
蒋廷锡花果写生一卷（永字四百五十号）
张照杂书一卷（永字三百一十六号）
宋儒遗墨一卷（永字三百七十三号）
董其昌自书诗帖一卷（永字二百八十四号）
三元人合卷一卷（永字四百二十四号）
马麟荷香清夏图一卷（永字三百五十八号）
宋濂自书戴曾伯序文一卷（永字三百八十六号）
倪瓒狮子林图一卷（永字四百四十三号）
文天祥遗像家书一卷（永字三百九十号）
邹一桂画菊花百种一卷（永字五百〇七号）
米芾尺牍一卷（永字三百一十号）
白玉蟾尺牍一卷（永字三百一十七号）
吕纪芦雁一卷（永字三百〇九号）
晋王羲之二谢帖真迹一卷（永字四百六十号）
五元人墨迹卷（永字四百二十九号）
陆居仁杨维祯书一卷（永字三百五十一号）
赵孟頫一门合礼一卷（永字三百三十六号）

十一月二十二日

文徵明浒溪草堂图一卷
董邦达万壑松风一卷（永字四百五十四号）
五代人雪霁捕鱼图真迹一卷（永字三百五十二号）
锡林雪景一卷（永字五百一十号）
宋徽宗书千文一卷（永字二百九十二号）
程梁饮中八仙图一卷（永字二百八十一号）
唐杜牧之张好二诗一卷（永字三百一十一号）

邹一桂花卉一卷（永字四百四十五号）

元人为周文英作诗志传一卷（永字四百四十二号）

鲜于枢书御史箴一卷（永字三百六十一号）

杨补之雪梅真迹一卷（永字十二号）

仇英仿赵伯驹桃源图一卷（永字四十八号）

李成寒鸦图一卷（永字十一号）

张雨自书诗帖一卷

宋米芾书天马赋真迹一卷（永字四十三号）

赵令穰湖庄清夏图一卷（永字四十九号）

宋克书陶潜诗并画竹石小景一卷（永字五十四号）

董其昌书杜甫三诗一卷（永字五十七号）

董其昌临王帖三种一卷（永字四百三十四号）

张即之书唐诗一卷（永字二百九十一号）

宋度宗手敕一卷（永字四百五十五号）

弘旿画素濑松喻一卷（永字二百七十七号）

御笔补书明人临马和之画召南八篇一卷（永字四百〇五号）

董邦达庐山图一卷（永字三百七十六号）

赵孟頫书万寿曲一卷（永字四百三十二号）

仇英汉宫春晓图一卷（永字四百二十三号）

张英补书明人临马和之画鄘风四篇图一卷（永字四百〇六号）

杨维祯书张栻城南诗一卷（永字四百九十二号）

夏珪江山佳胜一卷（永字三百六十五号）

徐贲仿臣然惠崇二家笔意（永字二百六十号）

马远豳风图一卷（永字一百八十五号）

宋高宗书马和之画小雅鹿鸣之什图一卷（永字四百一十二号）

董其昌书功臣传赞一卷

仇十洲赤壁图一卷（永字三百五十七号）

徐鼎臣右篆千文一卷（永字三百三十一号）

十一月二十三日

弘旿画万年瑞松图一卷（永字一百九十二号）

李唐画晋文公复国图一卷（永字一百八十八号）

王宠书庄子内七篇一卷（永字三十九号）

仇英赤壁图一卷（永字五十二号）

鲜于枢草书襄阳歌一卷（永字三十六号）

王振鹏伯牙鼓琴图一卷（永字一百一十号）

宋徽宗书千文一卷（永字二百二十号）

米芾书绝句诗一卷（永字六十七号）

蒋廷锡画塞外花卉一卷（永字六十六号）

董其昌书五言古诗一卷（永字一百一十八号）

钱维城九秋图一卷（永字四十四号）

康里书颜真卿述张旭笔法一卷（永字二百三十七号）

怀素论书帖一卷（永字二百〇四号）

董其昌书燕然山铭一卷（永字七十八号）

陆曜六逸图一卷（永字一百四十九号）

范仲淹道服赞一卷（永字一百〇七号）

徐渭书千文一卷（永字七十二号）

唐摹王羲之干呕帖一卷（永字六十号）

董其昌临枯树赋一卷（永字一百二十九号）

赵雍自书诗词一卷（永字八十九号）

吕纪画蔷薇一卷（永字一百〇六号）

蔡襄茶录一卷（永字二百〇八号）

周昉画宫人调鹦鹉图一卷（永字一百四十三号）

邹一桂江行雨霁图（永字二十四号）

赵孟頫管道升尺牍合璧一卷（永字二百一十号）

赵孟頫书秋声赋一卷（永字二百五十二号）

陆游自书诗帖一卷（永字十三号）

盛世滋生图一卷（永字二百二十八号）

徐玫江南春一卷（永字一百一十七号）

宋人胡茄十八拍图一卷（永字一百八十六号）

文天祥书谢昌元座右辞一卷（永字七十七号）

韩琦尺牍一卷（永字六号）

米芾书易义一卷（永字一百二十五号）

燕文贵夏山图一卷（永字二百〇二号）

王原祁秋山不老图一卷（永字九十五号）

十一月二十四日

陆深自书白雁诗一卷（永字一百一十五号）

祝允明书东坡记游一卷（永字九十一号）

夏圭画山水一卷（永字九十六号）

赵孟頫三札一卷（永字二百五十一号）

赵孟頫杂书一卷（永字二百四十四号）

孙虔礼草书景福殿赋一卷（永字二百四十七号）

董其昌书东方朔答客难并自书诗（永字一百九十五号）

钱维城山阴道士图一卷（永字二百三十号）

邹一桂百花图一卷（永字二十二号）

永瑢梅谷携琴一卷（永字二百号）

宋法书六种一卷（永字三十二号）
钱维城富春秋色一卷（永字二百五十号）
董其昌书龙神感应记一卷（永字二百四十九号）
董其昌自书诗帖一卷（永字二百二十一号）
祝允明书兰亭叙文徵明补图一卷（永字二百二十二号）
黄筌写生珍禽图一卷（永字五百〇八号）
赵氏尺牍三帖一卷（永字一百九十四号）
陈洎自书诗帖一卷（永字四十七号）
沈粲书千字文一卷（永字六十二号）
张若霭临李迪荔子图一卷（永字一百五十一号）
宋徽宗画王济观马图一卷（永字七十四号）
元人支遁洗马一卷（永字一百七十九号）
唐岱秋山不老图一卷（永字一百二十三号）
张即之书杜甫春日戏题诗一卷（永字一百〇二号）
张照临宋四家书一卷（永字一百十四号）
唐寅夜饮图并书歌一卷（永字二百三十九号）
苏轼古柏图张即之书画松诗一卷（永字一百五十四号）
苏轼书御书颂一卷（永字二百十二号）
蒋廷锡花卉一卷（永字一百七十一号）
董其昌临李邕大照禅师塔铭一卷（永字十八号）
唐摹王献之元度来迟帖一卷（永字一百五十六号）
宋赵伯驹仙山楼阁图一卷（永字八十二号）

十一月二十五日

王宠书出师二表一卷（永字一百六十一号）
李鲜四季花卉一卷（永字二百三十五号）
俞和临乐毅论一卷（永字一百一十二号）
赵孟頫杂书四帖一卷（永字六十五号）
张照书千多文一卷（永字一百五十九号）
宋徽宗书七言律诗帖一卷（永字二十号）
钱维城画洋菊一卷（永字一百三十一号）
任仁发二马图一卷（永字一百七十八号）
张珪神龟图一卷（永字二百六十七号）
班惟志二体千字文一卷（永字一百八十二号）
赫奕烟树山亭一卷（永字五百〇三号）
梁师闵芦汀蜜雪一卷（永字一百七十五号）
江贯道千岩万壑一卷（永字一号）
黄庭坚摹怀素书一卷（永字二百〇七号）
李思训海天落照图一卷（永字五十五号）
赵孟頫尺犊一卷（永字二百五十六号）
任仁发三骏图一卷（永字二百五十七号）
赫奕仿董其昌宿雨含烟一卷（永字一百五十号）
邹一桂百花图一卷（永字五百十五号）
欧阳元春晖堂记一卷（永字二百六十六号）
米芾摹王羲之此月帖一卷（永字八十五号）
董其昌书云笈一卷（永字二百二十五号）
杨凝式夏热帖一卷（永字二百六十八号）
宋人蚕织图一卷（永字二百五十九号）
杨铉摹董源待渡图一卷（永字一百九十八号）
沈周邃庵图一卷（永字二百五十四号）
董邦达仿宋迪潇湘秋晚图一卷（永字七十六号）
黄鼎烟江叠嶂图一卷（永字二百十八号）
王原祁西湖十景一卷（永字二百十五号）
梁师闵芦汀密雪一卷（永字二百十九号）
元人秋猎图一卷（永字二号）
王希孟千里江山图一卷（永字五十一号）

十一月二十六日

张雨自书诗帖一册第一卷
张雨白书诗帖跋一册（第三册）
赵孟頫书法华经一册（二号）
张照书了义经一册
董其昌杂书一册（十号）
恽寿平书画合璧一册（长字五号）
张照临黄庭经一册（三十七号）
宋人书大方广佛华严经一册（三十七号）
明章藻书楞严经十册一匣（如字十号）
褚奂临诅楚文一册（四号）
佛说阿弥陀经妙法莲华经观世音菩萨普门品首楞严
经大势至菩萨圆通法门般若波罗蜜多心经千手千
眼大悲心陁罗尼大佛顶首楞严神咒一册（十五号）

十一月二十七日

宋人名流集藻一册
董邦达绘西湖四十景四册
赵孟頫心经墨迹一册
宋刊细字妙法莲华经一册（四十四号）

永瑢画山水二册
明人西山胜景书画合璧一册(海字十九号)
烟云集绘三册
唐宋元集绘一册(海字十四号)
张雨自书诗帖一册(第二册)
赵孟頫书金刚经一册
张即之书度人经一册

十一月二十九日

燕文贵仿王维江干雪霁一卷
篱高万寿图一卷僧世鉴画(九十三号)
董其昌书燕然铭一卷
北宋许道宁秋日山居图真迹一卷
米襄阳墨迹一卷
御制仲春六日成亲王五十寿辰诗以赐之一卷成亲王书
肖云从画山水一卷
戴文进长江万里图一卷
陈元素行书二律一卷神品可竹居珍玩
御制复古说一卷董诰敬书
御制播圭说一卷董诰敬书
御制圭瑁说一卷
赵士雷竹堤鹌鹑图典迹一卷
赵千里尽过秦论图子昂隶书真迹(神品)
钱古仿沈周山水一卷
文徵明仿米家山水卷一卷王穀祥文嘉彭年题
董文敏真迹一卷
李唐天台图一卷
葛守昌写生蔬菜一卷
华封三祝一卷杨大章敬绘恭
周翰南屏烟雨图一卷
董其昌书大道攒真迹一卷
文嘉仿米芾苕溪春色一卷
赵孟頫画园林胜集一卷
赵孟頫画秋郊饮马一卷
宋赵昌花鸟真迹一卷
易元吉秋景獐猿一卷
赵孟頫临李公麟自描五柳先生图真迹一卷
张雨森仿赵伯驹湖山春艳一卷
御制广陵涛疆域辨一苍王燕绪敬书

十二月初一日

御制大禹治水图题语卷臣沈初敬书(十号)
汪由敦临王宠书诸葛亮出师二表一卷(四十三号)
戴进升平村乐图一卷(三十六号)
南巡纪道图一卷徐扬恭画(六号)
谢遂仿明人清明上河图一卷(七十四号)
黎明仿范子艰珉牧牛图一卷(一号)
汪由敦书古诗一卷(一百二十三号)
御制陶庄河神庙碑记并图一卷弘旿书(四号)
张照书阿难偈一卷(二十号)
御制济水考一卷(十三号)
董其昌画山水一卷(十六号)
徐熙翎毛花卉一卷
梅行思荫子图一卷
御制像设说一卷董诰敬书
宋勾龙爽岁丰图一卷
钱维城画回部四果一卷
一真六逸图一卷
御制读史一卷嵇璜书
董其昌书律诗九首一卷
董其昌书画合璧一卷
赵孟頫楷书千字文一卷
董宗伯西园雅集记一卷
赵昌花蝶图一卷
董其昌春山图一卷
赵昌花鸟一卷
盛懋崇写生花卉一卷
王宠行草书一卷
廖鸿章历代帝王巡幸图一卷
江承霈摹兰亭图一卷
御题澄海楼诗一卷裘日修书并图

十二月初二日

蓝瑛画山水一卷
仇十洲兰亭修禊图一卷
汪由敦恭和诗稿一卷
马摩缪佚小景一卷
御制哨鹿赋一卷臣观保敬书
御制题洋菊四十四种一卷
董其昌仿高克恭云山图一卷
文徵明忆昔诗一卷
金润溪山真赏图一卷(一百三十一号)
祝允明书姜夔读书谱一卷(十七号)
董邦达临马远潇湘八景一卷(七十号)
春深乐意图一卷
李思训采莲图一卷

宋徽宗六鹤图一卷
董其昌书陶潜诗一卷
文嘉画盘谷图一卷
丁观鹏春夜宴桃李园图一卷（一百号）
张宗苍画竹坞林亭一卷（三十〇九号）
钱选西旅献獒图一卷
梁祚画山一卷
宋徽宗御画天马图一卷（九十六号）
钱维城绘龙井图一卷（一百五十六号）
李公麟莲社图一卷（十六号）
沈周芝田图真迹一卷
王宠自书色山诗一卷
林良画禽鸟一卷
御制阳关考一卷
元任仁发摹宋徽宗食鼠图一卷
宋人画花鸟一卷（十五号）
弘旿画川岳朝宗一卷（十四号）

十二月初三日

御制掖辇纪庆颂一卷（八十七号）
钱榖黄冈竹楼图一卷
吴彬迎春图一卷（四十八号）
李公麟石鼎联句图一卷（五十一号）
赵孟頫画十八罗汉一卷
周官临李公麟书罗汉一卷
盛懋葛洪移居图一卷（五十四号）
赵雍牧马图刘恭临米芾天马赋合璧一卷
张廷彦仿宋人越王宫殿图一卷（四号）
勾龙爽香山九老画一卷（八十五号）
李篙画海屋添筹一卷（八十号）
仇内史画大士像一卷
宋刻丝米芾书一卷（二十八号）
方琮摹黄公望富春山居图一卷（二十一号）
冯宁仿杨大章画宋院本金陵图一卷（三号）
瞿杲画鱼虎一卷（三十八号）
文嘉画白居易琵琶行董其昌书一卷（三十五号）
张英书瀛台赐宴赋一卷（四十六号）
王望观梅图一卷（二十一号）
御制集角解说一卷董邦达隶书并图
唐岱仿关仝溪山雪霁一卷（四号）
祝允明家书一卷（三十九号）
董其昌仿古山水一卷（二十号）
仇英画山水一卷

弘旿画平远山川一卷（十五号）
艾启蒙考牧图一卷（七号）
董其昌临钟王三帖一卷（十四号）
丁观鹏摹阎立本萧翼赚兰亭图一卷（二十六号）
江由敦临董其昌书舒元舆牡丹赋一卷（十九号）
董其昌画山水一卷（十三号）

十二月初四日

御制白塔山五记一卷董诰画
项圣漠天寒有鹤守梅花图一卷
高克恭渔村烟浦图一卷
倪瓒画山水一卷
廓尔喀暎咭唎缅甸南掌四国所进舆盖图一卷
曹夔音临赵孟頫长江万里图一卷
御制御门日作诗一卷
王问万松图一卷
丁云鹏画应真渡海一卷
刘铎画罗汉一卷
丁云鹏散花图一卷
御制卜噬说一卷董浩书（天字五十六号）
宋惠崇柳塘鹭鸶图一卷
御制平定回部告成太学碑文一卷
仇英赤壁图文徵明书前后赋真迹一卷
徐渭朽画真迹一卷花卉
李公麟揭钵图一卷
李啼古系人物山水一卷
明女史崔绣天罗汉像卷
北宋陈居中出猎图一卷（九十一号）
御制五福五代堂记一卷
易元吉云山戏猿图一卷
宋徽宗书后赤壁赋一卷（五十四号）
北宋米元章白云翠岫懯图真迹一卷
崔懯茶花玉兔图一卷
董文敏荔枝赋一卷
沈周溪山行乐一卷（三十号）
宋人画八高僧故实真迹一卷
吴彬画十六应真一卷
管道并画阿弥陀佛一卷

十二月初五日

元人十八学士图一卷（七十五号）
御制土尔扈特全部归顺记一卷（二十三号）

王蒙芝兰室图一卷（ 三十八号）
文徵明长江万里图一卷（五十二号）
金廷标竹溪六逸图一卷
文伯仁秋山萧寺图一卷
黄增火井盐井图一卷
汪承霈普天胪庆图一卷
仿古四时山水一卷董诰画
仿古四时花卉一卷董诰画
赵孟頫饮马图一卷
严宏滋竹林七贤图一卷
文永丰山水一卷
祝允明论书一卷
邱余庆画花鸟一卷
胡桂偃松图一卷
南宋赵昌有余图一卷
元赵孟頫清溪渔隐图一卷
王士元画石勒问道图一卷
仇英摹李公麟十八应真一卷
董其昌赤壁图并书词真迹一卷
吴彬临李公麟画罗汉一卷
元王振鹏丹台春晓图一卷
陆遵书春景山水一卷
沈周画簷蒲一卷
宋李章太平春色图一卷
万笏朝天图一卷
董其昌书宋人兰亭跋诗真迹一卷
赵孟頫荷溪进艇图一卷
吴彬画烟江叠嶂董其昌书苏轼诗一卷

十二月初六日

赵伯驹仙山楼阁一卷
陈奕禧书一卷
文徵明字一卷
御制后哨鹿赋一卷臣谢墉敬书
顾正谊仿黄公望天池石壁图一卷
黎明仿画丁观鹏法界源流一卷
丁云鹏画应真一卷
赵伯驹仙山楼阁一卷
唐寅画秋声图一卷祝允明书赋
万年乐恺图一卷臣钱维城恭画
宋人尧民系壤图一卷
宋许道宁云山清啸图一卷
御制福禄寿三星赞一卷
赵千里荷亭消暑图一卷（四十二号）
陈奕禧书一卷
吴镇墨竹谱一卷
文徵明千岩万壑图一卷
希由道人枯木寒雅图一卷
于敏中书孙绰游天台山赋一卷
仇十洲花卉真迹一卷（十八号）
仇十洲方竹图一卷
张子中正梅雀一卷
吴镇溪山无尽图一卷
李迪花卉鸟一卷
姚文瀚画序图一卷
御制丁酉春帖子一卷董诰书并图
御制阅武楼诗一卷弘旿书
御制反白居易阴山道乐府并恭和诗一卷钱陈群书
顾铨仿严宏滋上元天官图一卷
贾全仿严宏滋中元地官图一卷三卷共一匣
杜元枝仿严宏滋下元水官图一卷
王炳仿文徵明山水一卷
御制集张照书千文成春帖子词四十首一卷臣于敏中恭摹并排次
御制大禹治水图题语一卷

十二月初八日

沈周秋窗客话图一卷（静字一百五十九号）
张廷彦庆灯市集图一卷（静字四百三十八号）
沈周仿李唏古山水一卷（静字七百八十七号）
黄希宪江村图一卷（静字八百八十六号）
张崟秋色图一卷（静字七百六十四号）
张择端清明上河图一卷（静字四百八十号）
钱选观梅觅句图真迹一卷（静字四百三十五号）
明王宠自书诗一卷（静字七百三十六号）
项圣漠云壑高松图一卷（静字八百〇二号）
御制蜀信诗 卷附诸臣恭和（静字六百七十号）
周昉调琴啜茗图一卷（静字六百三十四号）
元人合笔陶九成竹居诗画一卷（静字七百五十一号）
御题徐扬归庄图一卷（静字六百七十七号）
吴镇墨竹一卷（静字七百六十一号）
尤求画文姬归汉图一卷（静字七百十六号）
王毅祥梅竹一卷（静字四十号）
沈周溪山苑舍真迹一卷（静字八百一十九号）
徐本历代钱谱一卷（静字五百四十号）

文徵明湖山新霁图一卷（静字七百一十四号）
沈周春郊散犊图一卷（静字五百八十一号）
绣谷恒春一卷臣董诰恭画（静字七百八十二号）
明人题百岁毛翁南山真意图一卷（静字七百八十六号）
张宗苍画杜甫诗意一卷（静字二百九十四号）
陈元素诗翰一卷（静字三百七十四号）
宋朱玉灯戏图一卷（静字五十九号）
管道升碧琅图一卷（静字一百号）
黄公望溪山雨意一卷（静字二百三十号）
沈周穹窿古梅图一卷（静字六百五十四号）
文徵明自书杂咏一卷（静字五百七十九号）
孙克弘文窗清供一卷（静字五百〇三号）

十二月初九日

汪由敦书周子道书一卷（静字一百十八号）
李公麟丹霞访庞居士图一卷（静字三百四十九号）
董其昌杂书一卷（静字二百五十六号）
宋人西旅贡獒图一卷（静字九十八号）
钱选荔枝图一卷（静字三百二十一号）
钱贡城南雅逸图一卷（静字一百四十六号）
黄公望沙碛图一卷（静字二百〇六号）
董其昌书画合璧一卷（静字三百七十三号）
沈树玉画罗浮巨蝶一卷（静字七十三号）
高克恭夜山图一卷（静字五百六十七号）
御制盛京赋一卷（静字四百一十九号）
王縠祥写生真迹一卷（静字九百五十号）
周陈锦溪图一卷（静字五百八十号）
韩道亨书李白蜀道难张宏补图一卷（静字五百七十四号）
宋刘松年香山九老图一卷（静字八百三十号）
朱一樗草书千文一卷（静字七百七十一号）
沈荃书千文一卷（静字七百三十四号）
李早寒林猎骑图一卷
钱维城画云岩听瀑图一卷（静字四百三十七号）
陈淳携琴图一卷（静字四百八十六号）
御制夜亮木赋一卷（静字五百四十八号）
御制喜雪诗一卷（静字五百三十七号）
张羽怀友诗图合璧一卷（静字四百六十九号）
钱维城画云壑林庐一卷
王敬铭仿赵孟頫云峤长寿图一卷
李公麟君明臣良图真迹一卷（静字五百五十六号）
御制嘉平月朔开笔述志诗元韵一卷（静字五百九十二号）
文徵明自书诗帖一卷（静字七百一十九号）
邹典金陵胜京一卷（静字立十七号）
钱维城画牡丹二十四种一卷（静字六百四十三号）

十二月初十日

御制得雨敬感诗一卷附诸臣恭和（静字六百九十五号）
御制戊戌春帖子词一卷臣弘旿敬书恭绘（静字六百八十三号）
御制舟行杂兴三十首一卷臣刘统勋敬书
文从简寒山寺图一卷（静字六百五十二号）
元人瘤女图一卷（静字六百八十九号）
文徵明自书诗帖一卷（静字六百八十二号）
方琮画溪桥深翠一卷（静字八百号）
余省画花卉草虫一卷（静字四百二十八号）
圣功善述一卷臣于敏中臣黄钱敬书（静字七百三十三号）
徐渭写生一卷（静字七百五十八号）
沈周青园图一卷（静字五百二十二号）
静宜园二十八景图一卷张若澄绘（静字五百二十五号）
董其昌仿黄公望笔意一卷（静字七百九十一号）
项圣漠仿唐棣红树青山图一卷（静字五百七十六号）
沈全书唐人截句一卷（静字三百五十四号）
李东阳书各体诗一卷（静字四百八十八号）
宋夏珪搜山图真迹一卷（静字四百六十七号）
徐扬画庆灯儺乐一卷（静字六百五十五号）
邹一桂云溪风壑图一卷（静字八百三十一号）
孙枝五湖钓一叟图一卷（静字七百九十九号）
御制东巡盛京诗一卷（静字八百〇四号）
喜起赓歌一卷臣黄钱恭绘（静字九号）
御制豳风时序歌一卷（静字四百四十五号）
宋人西园雅集图一卷（静字七百四十二号）
文徵明山水一卷（静字六百六十六号）
商琦春山图一卷（静字四百二十四号）
祝允明书离骚一卷（静字六百六十八号）
赵孟頫画渊明故实一卷（静字八百〇六号）

吴镇携琴观瀑图一卷（静字六百四十六号）
肖云从画崔华诗意一卷（静字六百七十三号）

十二月十一日

陈淳洛阳春色一卷（静字六百七十四号）
钱维城画平远溪山一卷（静字七百九十号）
董宗间窗论画一卷（静字七百一十号）
虞沅九秋图一卷（静字七百二十号）
宋人梅花诗意图一卷（静字六百六十二号）
朱之蕃马电金陵双桧图一卷（静字六百九十七号）
文伯仁山水长卷一卷（静字六百号）
文徵明书早朝诗一卷（静字六百十二号）
文彭临怀素自叙帖一卷（静字七百九十六号）
王祓万竹秋深图一卷（静字五百七十五号）
赵孟頫书画陶潜遗事一卷（静字四百九十六号）
李成小寒林图真迹一卷（静字四百九十七号）
夏昶湘江过雨图一卷（静字正百二十七号）
刘统勋书苏轼四绝句一卷（静字五百二十六号）
王诜画叠翠争流图一卷（静字五百六十六号）
李成画大禹泣辜图一卷（静字八百三十八号）
明人秋山萧寺图一卷（静字四百十五号）
李梦阳诗帖一卷（静字六百二十九号）
文伯仁江山无尽图一卷（静字七百八十八号）
文徵明自书诗帖一卷（静字八百二十一号）
恩图西淀记一卷（静字八百二十号）
钱穀画田家乐事一卷（静字四百八十二号）
倪瓒懒游窝图并记一卷（静字五百〇五号）
赵左仿黄公望富春大岭图一卷（静字五百七十一号）
高宗御题张宗苍画一卷（静字六百六十九号）
燕肃秋山晓霭图一卷（静字五百十八号）
张照书白居易琵琶行一卷（静字七百四十五号）
管仲姬画竹并书修竹赐真迹一卷（静字七百九十四号）
王原祁仿黄公望山水一卷（静字六百六十五号）
文徵明画新燕篇诗意一卷（静字六号）

十二月十二日

唐寅野航雨景一卷（九十四号）
周之冕花卉真迹一卷（七十七号）
易元吉聚猿图一卷（六十一号）
御制三叠津水早春词并恭和元韵于后（静字六百五十二号）
管道升修竹图一卷
沈周西山秋色图一卷（静字二十三号）
沈荃书汉诏一卷（静字五百五十八号）
赵孟頫乐志论书画合璧（八百十七号）
文徵明自书七律一卷（静字四百六十三号）
李公麟鹵凤图一卷（静字二十八号）
钱维城画塞山雪景一卷（静字六百三十五号）
马和之诗经图一卷（静字四百三十八号）
曹夔音摹潇湘秋意图一卷（静字四百五十六号）
陈淳牡丹一卷（静字八百二十三号）
明人上方石湖图咏一卷（静字四百七十二号）
沈周画山水一卷（静字七百十三号）
李公麟画前代故实一卷（一千一百六十四号）
沈荃临米芾天马赋一卷（六百十三号）
张镐瀛台赐宴图一卷
陆治云川图一卷（静字四百八十四号）
文徵明真赏斋图一卷（静字四百五十四号）
马远山秋爽图一卷（静字八百三九五号）
赵孟頫涞菊图一卷（静字七百三十一号）
赵伯驹蓬瀛仙馆图一卷（八十二号）
苏汉臣戏婴图一卷
文徵明赤壁赋图一卷（静字七百八十一号）
莫如忠自书诗帖一卷（静字六百〇四号）
宋人摹顾恺之斫琴图一卷（静字四百六十六号）
仇英画五百罗汉一卷
黄公望溪山无尽图一卷（静字四百三十二号）

十二月十八日

手卷三十四卷
御制南郊诗一匣六卷
御制诗
御制重修弘仁寺记
御制霜叶红于二月花诗意臣戴衢亨
沈周画云山
圣寿如南山图恭绘恭颂

戴进浙江名胜图
王炳仿王希孟江山千里图
钱穀兰亭修禊图
吴彤画五百罗汉
僧普光书金刚经
宋人书大方广佛华严经卷（第十甲七）
仇英蓬莱仙弈图
赵孟頫书常清静经
李公麟三马图苏轼赞
钱维城苗寨图
张照临董其昌书苏轼真一歌
元赵孟顺书道德经
宋徽宗翠禽荔子图
御制毓庆宫诗臣英和敬书
丁观鹏摹宋人四猎骑图
赵伯驹桃源图
宋高宗书汉高帝求贤诏
仇英兰亭修禊图
刘松年壶峤佺期图
盛懋画兰亭雅集
阎立本职贡图
吴宽书苏轼雪词
李公麟画李密迎秦王图

主要参考文献

1. 爱新觉罗・溥仪：《我的前半生》（全本），群众出版社 2007 年版
2.《溥仪离开紫禁城以后》，文史资料出版社 1985 年版
3. 杜春和等编：《北洋军阀史料选辑》，中国社会科学出版社 1981 年版
4. 赵雅丽：《宣统王朝》，中国青年出版社 2008 年版
5. [英] 爱德华・贝尔：《中国末代皇帝》，中国建设出版社 1989 年版
6. 罗振玉：《雪堂自述》，江苏人民出版社 1999 年版
7. [英] 庄士敦：《紫禁城的黄昏》，中国市场出版社 2007 年版
8. 陶菊隐：《北洋军阀统治时期史话》，三联书店 1983 年版
9. 章开源、林增平主编：《辛亥革命》（下册），人民出版社 1981 年版
10. 中国史学会主编：《辛亥革命（八）》（中国近代史资料丛刊），上海人民出版社 1957 年版
11. 向斯：《最后的紫禁城》，中国工人出版社 2007 年版
12. 爱新觉罗・溥仪：《我的前半生》，群众出版社 1964 年版
13. 爱新觉罗・溥仪：《我的前半生》（灰皮书），群众出版社 2011 年版
14.《晚清宫廷生活见闻》，文史资料出版社 1982 年版
15.《盛京时报》1922 ~ 1945 年
16. 潘际垌：《末代皇帝传奇》，通俗文艺出版社 1957 年版
17. 中国第一历史档案馆《清废帝溥仪档》
18. 中央档案馆国家处存藏抚顺战犯管理所战犯档案
19. 溥杰、溥任、韫和、润麒、毓嵒、毓嵣等知情人的回忆口述资料
20. 李淑贤、李玉琴、李国雄的回忆口述资料
21. 爱新觉罗・溥仪：《溥仪日记》，天津人民出版社 2009 年版
22. 爱新觉罗・毓嶦：《末代皇帝的二十年》，中国社会科学出版社 2000 年版
23. 俄罗斯国家档案馆藏中央档案 9401 号 98 卷
24. [俄]《复活的档案》，俄罗斯《人物》杂志 2010 年
25. 李国雄：《随侍溥仪纪实》，东方出版社 1999 年版
26. 伪皇宫陈列馆编：《伪满宫廷秘录》，吉林文史出版社 1993 年版
27. 辽宁省档案馆编：《溥仪私藏伪满秘档》，档案出版社 1990 年版
28. 刘晓晖、王文锋：《伪满国务总理大臣张景惠》，吉林文史出版社 1991 年版
29. 王文锋：《溥仪研究 1》，吉林大学出版社 2013 年版
30. 杨仁恺：《国宝沉浮录》，上海人民出版社 1991 年版
31. 刘金库：《国宝流失录》，辽海出版社 1999 年版
32. 张伯驹：《春游琐谈》，中州古籍出版社 1984 年版
33. 纪敏：《震撼世界的奇迹》，中国文史出版社 1990 年版
34. 纪敏：《伪满皇帝群臣改造纪实》，辽宁人民出版社 1992 年版
35. 秦翰才：《满宫残照记》，中国科学图书仪器公司 1947 年版
36. 陆明：《书画背后的故事》，西苑出版社 2007 年版
37. 向斯：《故宫国宝宫外流失秘籍》，中国书店 2007 年版
38. 王文锋：《末代皇帝溥仪在紫禁城》，吉林大学出版社 2013 年版
39. 溥杰：《溥杰自传》，中国文史出版社 2001 年版
40. 全国政协文史委：《晚清宫廷生活见闻》，文史资料出版社 1982 年版
41. 贾英华：《末代皇帝立嗣纪实》，人民文学出版社 2004 年版

元·钱选《秋江待渡图》局部